AF154983

Girolamo Benzoni, Nikolaus Höniger, Urbain Chauveton, Theodor de Bry

Amerikae

Das fünfte Buch

Girolamo Benzoni, Nikolaus Höniger, Urbain Chauveton, Theodor de Bry

Amerikae
Das fünfte Buch

ISBN/EAN: 9783744609395

Hergestellt in Europa, USA, Kanada, Australien, Japan

Cover: Foto ©Andreas Hilbeck / pixelio.de

Weitere Bücher finden Sie auf **www.hansebooks.com**

AMERICÆ
Das Fünffte Buch /
Vol schöner vnerhörter Historien / auß dem andern Theil Ioannis Benzonis von Meylandt gezogen: Von der Spanier Wüten / beyd wider jhre Knecht die Nigriten / vnnd auch die arme Indianer: wie die Spanier von den Frantzösischen Meer Räubern zum offtermal angriffen vnd geplündert worden / denn auch / wie sie erstlich das newe Spanien erfunden haben / vnd gantz erbärmlich mit dem armen Landtvölcklein daselbst vmbgangen sind.
Sampt kurtzer vnd nützlicher Erklärung der Historien / bey jedem Capitel.
Auch einer schönen Land Tafel / deß newen Spanien in America.
Alles mit schönen vnd kunstreichen Kupfferstücken vnd deren angehenckten Erklärungen / an Tag geben / durch Dietherich von Bry / Burger in Franckfurt am Mayn.
An den Durchleuchtigen Hochgebornen Fürsten vnd Herrn / Herren Moritzen Landtgrafen zu Hessen / etc.
Mit Röm. Keys. May. Privilegien begnadet.
Cum privilegio S. C. Maiestatis.

QVI RATE VELIVOLA OCCIDVOS PENETRAVIT A° 1492
PRIMVS ET AMERICAM NOBILITAVIT HVMVM
CHRISTOPHORVS COLVMBVS LIGVR INDIARV PRIM' INVET A° 1492
ASTRORVM CONSVLT' ET IPSO NOBILIS AVSV
CHRISTOPHOR' TALI FRONTE COLVMB' ERAT

Diterich von Bry / wundschet dem günstigen Leser / alle Wolfahrt.

GVnstiger lieber Leser / im vorigen Buch meiner Americanischen Historien / darinnen die wunderseltzame / vnd gantz gedenckwirdige Händel / so sich in der newen / vnd ohn lengst erfundenen Welt zugetragen haben / nicht allein schrifftlich erklert / sondern auch mit schönen Figuren vnd Kunst stücken fürgemalt worden / ist angezeigt / wie dieselbige Lande / durch deß berümbten Christophori Columbi von Genua gewagtes vnd vnverzagtes fürnemē / gantz wunderbarlicher weiß / wider alle Hoffnung vnd vertrawen der jenigen / denen er seinen Furschlag offenbaret vnd fürgehalten hatte / erfunden worden. Dieweil aber derselbige Christophorus Columbus ein sehr weidlicher hertzhaffter

Man war/vnnd von hohem Verstandt vnd grossem Gemüt. So haben beyde Königliche Wirden in Castilien, Ferdinandus vnd Isabella, sein Contrafayt gar eigentlich nach dem Leben durch einen furnemen berümbten Maler lassen abmahlen/ehe denn er von jhnen abgereiset ist/damit sie ein Gedenckzeichẽ von jhm hetten/im fall er von dieser Reyse nicht widerum̃ ankeme. Eben dieses Contrafaits Copien hab ich/von einem meinem günstigen Herrn vnd Freund/welches er von demselben Maler selbstẽ hatte zu wegen bracht/nachdem ich das vorher gehende Buch dieser Historien allbereit absoluirt hatte/nicht ohn sondere grosse Frewd vberkommen: welches ich denn dir/günstiger lieber Leser/auch gutwillig hab mittheilen wöllen. Hab auch derhalben dasselbige durch meinen Son in einer kleinere Form/so eigentlich als jmmer müglich gewesen/lassen nachstechen/wie ich dasselbig dir alhier zugegen in diesem Buch furstelle vnnd præsentir. Es hat in warheit dieses Columbi Tugent vnnd Manheit wol verdient/daß seine Conterfait allen frommen redlichen Leuthen furkomme vnd bekant werde: Sintemal er ein frommer/redlicher/hertzhafftiger/freundlicher/redsprächiger/holdseliger vnnd ehrliebender Heldt gewesen/welcher den Frieden geliebt/vnnd der Gerechtigkeit mit allem Ernst vnd Eiffer beygestanden ist. Hetten auch seine Nachfaren die Spanier seinem Rath vnd Anschlag gefolget/so were in denselbigen Landen bey weitem nicht so viel Vbels erfolget/vnnd sie selbsten hetten nicht allein wider jhre mancipia vnnd Leibeigene Knecht/wie auch wider das armselige Wehrlose Indianisch Völcklein nicht so grewlich gewütet/sondern hetten auch sich selbsten vnder einander nicht so schendlich erwürget vnd verfolget/wie denn auß folgender Historien klerlich abzunemen ist/darin̄en gnugsam erwiesen wird/daß dieses nachmals also ergangen sey/vnd dann auch/wie daß die zwey schnödeste Laster deß Menschlichen Geschlechts/nemlich der Ehrgeitz/vnd die Geltsucht sie durchauß verblendet/vnd vmb Leib vnd Leben bracht habe.

Damit aber GOtt der Allmächtige diese jhre grosse Schand vnnd Laster straffet/hat er nicht allein sie selbsten vnder einander zusamen gehencket/sonder hat jhnen auch frembde Frantzosische Meerräuber vbern halß geschickt/welche zugleich auß Abgunst/vnnd durch den Geitz getrieben wurden/daß sie die Spanier hin vnnd wider an allen Orten der newen Welt angriffen. Sie haben jnen auch viel Stätt vnnd Flecken geplundert/verheeret vnnd verbrennet/auch der Spanier selbsten viel grewlicher weiß auffgeopffert vnnd hingerichtet.

Es ist dieses eben der rechte verdiente Lohn/so allen den jenigen gebühret/die sich dem leidigen Teuffel zu eigen ergeben. Denn daran ist kein zweiffel/daß der Ehrgeitz vnnd die Geltsucht von dem Teuffel herkommen vnd allein daher jhren Vrsprung haben/daß auch alle die jenige/welche mit denselbigen Lastern behafft sind/sich dem bösen Feind leibhafftig ergeben haben. Denn der Ehrgeitz ist die erste Sünde gewesen/dardurch der Teuffel beide sich vnnd das gantze Menschliche Geschlecht ins euserste Verderbnüß gestürtzt hat. Die Geltsucht aber vnnd der Geitz deß Reichthumbs/sintemal er/wie der heilig Apostel lehret/für ein Abgötterey zuhalten ist/kan er keinen andern Stiffter noch Vatter haben

ben/als eben den leidigen Teuffel selbst. Derhalben wir GOtt wol fur augen haben/vnnd jhn mit allem Ernst anruffen sollen/ daß er vns vor diesen Lastern vnnd Sünden genediglich behüten vnnd bewahren wölle. Denn wir sehen täglich fur augen/daß die Leut dardurch zu vnsern zeiten also verblendet vnnd betöret werden/daß sie von wegen grosser Ehr vnnd Reichthumbs kein Bubenstück noch Laster schewen an zustifften/noch zu vollbringen: Martern vnnd plagen sich derhalben/daß sie weder tag noch nacht Ruhe oder einige gesunde stund haben. Im mund führen sie zwar das Wort/ geben sich für gute Christen auß/ aber an die Lehr vnsers HERREN Christi/da er vns ermahnet/ daß wir vor allen dingen das Reich GOttes vnnd die Gerechtigkeit suchen sollen/ darneben auch vns verheisset vnd zusaget/ daß als dann vns das andere alle heuffig zufallen werde/daran/ sag ich/gedencken sie sehr wenig.

Ferrner aber vnnd zum beschluß/soferrn mir der Allmächtige die Tage meines Lebens noch ein kurtze Zeit erstrecken wird/verhoffe ich dem günstigen Leser in kurtzem auch das vbrige Theil/vnnd was weiters zu dieser Historien gehört/ vollends mit zutheilen. Damit nun solches möchte also ins werck gerichtet werden/wil ich mich hiermit in deß frommen Gottsforchtigen Christlichen Lesers ernstes Gebet trewlich empfolen haben. Auch bitte ich Gott den Schöpffer aller ding/daß er menniglichen seine Genad verleihe/damit der günstige Leser diese Historien GOtt dem HERREN zu ehren vnnd seinem eigenen Fromen vnd Nutzen beschawen/verlesen/vnnd jhrer geniesen möge. Wöllest also hiermit dieses in allem besten annemen/vnnd GOtt dem Allmächtigen in seinen gnadenreichen Schutz vnd Schirm trewlich befohlen sein/ Amen.

Jnhalt oder kurtzer Begriff deß andern Buchs/ von der newen Welt.

DEmnach Benzo in dem vorgehenden Buch beschrieben vnd klärlich bewiesen hat/ daß die Jnsel Hispaniola vnnd andere Jnseln/ so gegen Occident gelegen/ seyen erstlich vom Columbo erfunden worden/ Darneben auch angezeigt der Spanier erschröckliche Tyranney vnnd Geitz/ so sie gegen den armen Jndianern geübet. So zeigt er folgents in diesem Buch an/ wie sie sich haben gehalten gegen den Mittelländischen Einwohnern/ als sie dieselbigen bestritten/ vnd erzehlet kürtzlich/ wie sie nicht allein gegen den Barbarischen vñ vnvernünfftigen Völckern jhre Gewalt vnnd Macht erschröcklich vnd stöltziglich geübt haben/ sondern auch mit jhren eigenen Knechten den Nigritten/ gantz vnbarmhertzig vnd erschröcklich sind vmbgangen/ vnnd sie jämmerlich geplagt vnd gepeiniget. Dargegen sie gleichfals/ als Räuber vnd Morder anderer Leuth Hab vnd Gut/ von andern Räubern/ nemlich von den Frantzosen/ offtermals sind auff dem Meer ergriffen/ vnd mit allem Raub hinweg geführet worden. Demnach beschreibet er daß die Spanier in mancherley Provintzen vnnd Landschafften deß Mittellandts mit Kriegßmacht vnd Heerskraffe seind gezogen vnder dem Schein/ daß sie den Christlichen Namen wolten pflantzen vnd auffbringen/ da sie doch in jhrem Hertzen vnd mit der That/ nichts anders gesucht haben/ denn allein Goldt vnd Silber/ vnd grosse Reichthumb/ darumb sie dann Gott der HERR auff mancherley weys vnnd weg offtermals erschröcklich gestrafft hat. Letzlich lehret er klärlich vnnd deutlich/ daß die Spanier mit so grosser Mühe vnnd Arbeit nichts anders außgerichtet vnd zuwegen gebracht/ dann daß sie allein die Barbarische vnd vnvernünfftige Völcker mit jhren scheinbarlichen vnd zierlichen Worten vnd Lehr/ mit der That vnd Leben der Spanier/ fürnemlich der Geistlichen personen dahin gebracht/ daß sie die Christenleuth/ vñ den Christlichẽ Glauben die hohe Göttliche Mayestät/ vnnd Christi vnsers Seligmachers vnnd Erlösers Ehr vnnd Lob fur nicht geachtet/ verlachet/ verspottet vnd gehasset. Daran allein die schandlosen Laster vnnd das vnzüchtige Leben der vnbarmhertzigen Kriegßleuthen ein Vrsach ist gewesen.

Xalisco portus
Ocotlan
Tepactitlan
Tepeguacan
Tecoalium
Cuyacac
Xalisco

HISPANIAE NOVAE SIVE MAGNAE, RECENS ET VERA DESCRIPTIO 1595
ORIENS
Mexico
S. Michaël
Queretaro

Newe vnnd warhafftige Histori

vnd Geschicht / von allen handlungen vnd Thaten der Spanier vnd andern Völckern / so sie zu vnsern zeiten / darinn begangen haben. Deßgleichen von der Indianer wunderbarlichen Sitten / Statuten / Religion / Glauben / Ceremonien / Gottesdiensten vnd andern Gebräuchen / etc.

Das ander Buch.

Wie die Spanier mit den Indianischen Leibeignen Leuthen

haben gehandelt / vnd wie sie mit den Nigriten / die sie auß Mohrenlandt dahin geführt (als sie keine Indianische Knecht mehr hatten) seyn vmbgangen / Darauß dann grosse Vnruh vnd Auffruhr von den Dienstknechten entsprungen / von wegen der Spanier Rauhe vnnd Strengigkeit.

Das Erste Capitel / deß andern Buchs.

NAch dem nun die Einwohner viel gedachter Inseln von wegen grosser vnd schwerer arbeit / vnd harter Dienstbarkeit / dermassen jämerlich waren vmbkomen / also daß auch sehr wenig auß jnen vberblieben / haben sich die Spanier noth halben mit andern Leibeignen Knechten müssen versehen vnd versorgen / deren sie ein zimliche anzahl mit sich auß der Nigriten Landschafft / genannt Guinea / geführt haben / so vor zeiten der König auß Portugal durch Kriegßgewalt erobert vnd vnder sich gebracht hatte. Vnd dieweil dazumal in den Bergwercken noch viel zu bawen ware / haben sie die Leibeignen als Bergleuth gebraucht / das Golt vnd Silberertz zubereitten. Als aber die Fundgruben keine Außbeuth mehr geben wolten / haben sie sich auff die Kunst deß Zuckersiedens / vnd was deren anhengig / müssen begebē / vñ pflegen sie auch noch heutigs tags / sich nit allein in deser hanthierung / sonder auch in allen dem jenigen was zu der Viehzucht gehört / vnd in andern jrer Herren notwendigen geschäfften fleissig zu vben.

Ferrner aber findet man vnder den Spaniern / welche nit allein nur schlechter weiß toben vnd wüten / sondern auch die grewlichste vnd vnerhörteste Tyran- (Spanier grausame tyranney gegen den Leibeignen Leuten.)

ranney gebrauchen gegen den armen Knechten. Dann so bald sie einen auß jhnen/der etwas hat verschuldet/in straff nemmen wöllen/ als nemlich/so etwa einer sein Tagwerck nicht aller ding/ wie sichs gebüret vollbracht hat/ oder sonst die tägliche verordnete Speiß vnd Tranck nicht verdienet/oder hat nicht so viel Goldt vnd Silberertz/als zuuor geschehen/gegraben/oder in andere wege seinen Herrn zu Zorn beweget/so ließ er denselbigen/ wann er auff den Abend von der Arbeit heim kompt/für essen vnd trincken/Nacket vnd Bloß außziehen/ Händ vnd Füß binden/mit gewalt zu boden reissen/ vnd also auff ein vberzwerch Holtz

Lex Baionæ. binden/das heißt bey den Spaniern Lex Baionæ, das ist/Das Recht vñ Statuten Baionæ/welche glaub ich/nicht von den Menschen/ sonder von dem Teufel selber/sind eingesetzt vnd gebraucht worden. Demnach zerschlagen sie den armen Menschen mit Knöpffechten Riemen/ vnnd geisseln jhn so viel vnnd so lang/ biß daß allenthalben an seinem gantzen Leib das Blut herauß dringet. Als dann nemmen sie ein Schüsselein voller heiß Bech oder Oel/ vnd lassen jm ein tropffen nach dem andern auff den Leib fallen/ zuletzt vberschütten sie jn mit Pfeffer/Saltz vnd Wasser/vndereinander vermischet/ vnnd binden nachmals den armen zergeisselten Knecht auff ein Brett/mit Leilachen oder Sergen zugedeckt/vnd lassen jn so lang mit grossem schmertzen liegen/ biß daß seinẽ Herrn bedüncket/er habe gnugsam straff für seine begangene Missethat erlitten.

Etliche aber auß den Spaniern/ wann sie einen Knecht so jämmerlich vnnd erbärmlich zugerichtet haben/stossen sie denselbigen in ein Gruben darzu bereitet/ darinnen er die gantze Nacht biß an den Kopff stehen muß/vnd brauchen diß gleich als für ein Artzney/dann sie geben für vnd sagen/ daß die kalte Erde das gerunnen Blut außsauge vnd herauß ziehe/vnd sollen also durch dieses mittel die Wunden vnd blutige Striemen desto geschwinder geheilet werden. Im fall aber daß einer von wegen grosses vnd vnleidlichen Schmertzens stirbt (wie dann solches offtermals geschicht) legt man seinem Herren kein andere Straff auff/ dann das er von Rechtswegen/nach den Spanischen Statuten/ dem König ein andern Leibeigenen muß darstellen/vnd an deß verstorbenen statt liefferń.

Als nun etliche auß den Nigriten solche vnmenschliche Marter vnd Pein in

4 keinem weg lenger dulden noch leiden kundten/seind sie verursacht worden auß

Leibeigenen Aufruhr wider die Spanier. jhrer Herren Dienst zulauffen/ vnnd nach dem sie also in der Insel/als die aller hoffnung beraubet waren/herumb zogen/sind noch mehr auß jren Gesellen darzu kommen/deren sich ein grosse menge in kurtzer zeit zusammen gerottet vnnd geheuffet hatte/daß sie den Spanischen Bawersleuten ein grosse Forcht vnnd Schrecken einjagten/vnd jhnen viel zuschaffen machten. Vnd dieweil die Könige vnd Völcker in Morenlandt stettigs mit einander kempffen vnnd zu Feldt liegen/als da sind die Quinci, Manicongri, Gialopi, Zapi, Berbesi, vnnd die jenigen so durch Kriegßrecht gefangen sind worden/ den Portugalesern verkaufft werden. Derhalben sind sie in gemeldtem Landt gar hessig vnnd neidig auffeinander/nicht derhalben/daß sie einander begeren schaden zuzufügen/sondern halten sich viel mehr zusammen/wann sie mercken/ daß sie von den Spa-

Moren einhelligkeit wider die Spanier. niern bekriegt sollen werden. Aber doch hat ein jedes Volck seinen eignen König vnnd Regenten/ welche allzeit von Kriegßleuten einen heimlichen Hinderhalt

haben/

haben/deßhalben köñten jhnen die Spanier nicht so viel Abbruchs vnd Schadens/wie sie gern wolten/zufügen/besonder weil sie im Krieg vnd Scharmützeln trewlich vnd einmutig bey einander halten.

Als aber ferrner dieser Inseln Obersten vnd Landpfleger vermerckten/daß der abtrünnigen vnd flüchtigen Morē Hauff von tag zu tag/jhe lenger jhe mehr zuname/vnnd sich sehr sterckten/auch sehen musten/wie sie mit den gefangenen Spaniern so grewlich vmbgiengen/vnd jnen viel vnd mancherley erschröckliche Marter vnd Pein antheten/ seind sie auß Noth gezwungen worden Kriegßknecht anzunemen/mit welchen sie allenthalben/wo sich die Leibeigene flüchtige Knecht hielten/die Insel besetzt haben. Vnd ist jhnen erstlich solches fürnemen glücklich vnnd wol von statt gangen/dann sie haben mit geschwinden vnd listigen Kriegßrencken vnnd Pratticken etlichen von den Moren sicher Geleit versprochen vnnd zugesagt/vnnd jhnen grosse Verheissung neben der Freyheit gethan/daß sie jhnen solten Weg vnnd Steg weisen/vnd anzeigen/wo jhre Geselschafft furnemlich sich auffhielten/vnnd jhre Schlüpffwinckel hetten. Haben derhalben die Kriegßleuth durch jhr weisen vnnd anleitung/ die Moren bey Nacht vnnd Nebel/welche nunmehr sicher vnd ohn alle sorg/wie das Vieh auff der Erden durch einander lagen vnnd schlieffen/heimlicher weiß vberfallen/ sie zum theil erschlagen/ zum theil aber gefenglich hinweg geführt.

Auffrührliche Knecht werden von den Spanier vberfallen vñ viel zu todegeschlagen.

Da nun die andern vernamen/daß die Spanier mit jhren Gesellen der gestalt gehandelt hatten/seind sie wackerer worden/vnnd auff jhr Schantz besser achtung gegeben/haben auch als bald angefangen Wacht zu halten/vnnd jhre Läger wol bestellen. Seind auch offtermals hinauß gefallen/vnnd mit Scharmützlen den Spaniern weit vberlegen/vnnd grossen abbruch gethan. Diß haben sie so lang getrieben/biß sie viel Volcks zusammen gebracht/vnnd/wie man mich/der ich dazumal in der Insel ware/fur gewiß berichtet/hat man jren Hauffen mehr als auff sieben tausent geschetzet.

Als ich im Jahr/tausent fünff hundert/viertzig fünff/auff dem Mittellandt verharret/kam das Geschrey/wie daß die Cimaroni (dañ also nennen die Spanier die Frembdling vnd Außländer) sich zur Gegenwehr gestellt/vnnd widerspennig weren worden/hetten auch vrplötzlich vnd vnuersehener weiß hin vnd wider durch die gantze Inseln gestreifft/darzu wer jhnen kein Schelmenstück zu viel/das sie nicht zu thun vnd zu vollbringen willens hetten. Derhalben seind die Obersten vnnd fürnembsten Rhät der Inseln Dominicæ, neben dem Lodoico Columbo deß Christophori Columbi Enckel/vnd Admiral/zu rhat worden/sie wölten an die auffrührische Cimaronos ein Legation oder Gesandten abfertigen. Welches sie auch gethan/vnnd sie freundlich vnnd vnderthenig gebetten vnnd ersucht/daß sie von solchem jhrem vnbillichen furnemmen wolten abstehen/vnnd sich zu Fried vnd Eynigkeit begeben: Deßgleichen solten sie auch von jhnen allezeit gewertig sein/vnd weren bedacht forthin jhnen in keinem weg beschwerlich zu sein/oder einigen Schaden zuzufügen. Sonder wolten viel mehr mit jnen in fried vnd eynigkeit/als gute Freund/leben vnnd wandlen. Auch so es jhnen gefellig were/wolten sie verschaffen/das Priester vnd Mönchen zu jhnen kommen solten/welche sie in den fürnemsten Stücken der Christlichen Lehr vn-

Spanier schicken ein Legation an die auffrhürer.

[illegible]

wiesen: Darauff haben die Außländer diese Antwort geben: Sie haben wol an dem/ was die Religion belangt/ ein guten genügen vnnd wolgefallen/ vnd seind bedacht deß HERREN Christi Lehr glauben zu geben/ vnnd derselbigen nachzufolgen. Aber jhrer Freundschafft vnnd Kundschafft/ die sie mit jhnen begeren zu machen/ wöllen oder können sie keines wegs annemmen/ dann kein Trew vnd Glauben/ ob sie schon grosse Verheissung thun/ bey jhnen zu finden seye.

Es seind auch daselbst viel Spanier/ die gentzlich vermeinten/ es würde die Insel von den Mohren vnnd Nigriten in kurtzer zeit gantz vnnd gar eingenommen werden. Haben derhalben die Regierer vnnd Verwalter derselbigen Insel mit höchstem Fleiß verhütet/ daß keiner auß dẽ Spaniern/ er were ein Kauffman oder nicht/ mit den Schiffen so in andere Orth der Landschafft Indien segelten/ solten fahren. Nach dem aber der Ceracus/ ein Licentiat vnd Oberster/ welcher in diese Insel geschickt wardt in Indiam/ das Königliche Mandat vnnd Befelch/ Daß nunmehr die Indianer fur freye Personen/ vnnd nicht mehr fur Leibeigene Knecht solten gehalten vnnd erkennet werden/ außzubreiten/ schiffete/ ward einem jeden der zu thun vnd zu handlen hatte/ ein freyer Paß vnnd durchzug vergönnet. Vnnd als sich etliche vnder den Burgern der Insel Dominicæ darwider setzten/ vnnd deßhalben dem Ceraco einredeten/ ward er zu Zorn bewegt vnnd sagte: Dieweil Keyserliche Mayestat die Indianer zu jhrer vorigẽ Freyheit widerum̃ zu bringen gentzlich entschlossen ist/ duncket michs nicht recht noch billich sein/ daß die Spanier wider Keyserlicher Mayestet wissen vnnd willen/ sie weiter solten für Leibeigene Knecht halten. Will derhalben diesem mir aufferlegtem Befelch mit trewem Fleiß nachkommen/ dieweil michs für gut ansihet/ daß die Indianer hin vnnd wider/ frey/ ledig vnnd loß/ können wandlen vnnd handlen.

Den Indianern wird jr alte Freyheit zugelassen.

Ceraci mannlich Gemüth.

Nach dem er aber vermerckte/ daß die Insel also öd vnnd verlassen ward/ daß kaum tausent vnnd hundert mehr darinnen zu finden/ vnnd sahe auch daß die Macht vnnd Stärcke der Einkümling vnnd Frembdling täglich stercker ward/ vnnd so sich wurde ein Tumult oder Lermen erheben/ wer zu besorgen/ daß jhnen die Spanier kein Widerstandt thun köndten/ vnnd also mit sampt der Insel Leib vnnd Leben verlieren/ führet er jhm solches alles zu gemüth/ vnnd bedacht sich eins bessern/ Wie er nemlich die Widerspenstigen Außländer mit gewalt zwingen/ vnnd jhren muthwillen zerstören vnnd wehren möchte. Aber heutigs tags/ vnder allen den jenigen/ welche sich der gefährlichen/ vnnd zum theil noch nicht gnugsam erkundigten Schiffart auß Hispanien in Indiam gebrauchen vnnd bey dieser Inseln anländen/ werden wenig gefunden/ die mit gutem Vorsatz darinn bleiben/ Sonder ist jhnen vmb nichts anders/ dann vmb groß Gelt vnd Gut zuthün/ dessen man jetzund nicht so viel/ als vor zeiten/ in gemelten Inseln finden kan.

Spanier ziehen auß den Ländern welche sie zu Einöden vnd Wüstẽ gemacht haben.

Erklerung

Erklerung etlicher Historien vnnd Wörter deß ersten Capitels.

DJE Landschafft Guinea, welche von den Einwohnern Guiné, vnd Genni oder Genna genannt wirdt/ vnnd sonsten in gemein das Land Canagæ, diese ist ein besonder Königreich der schwartzen Mohren in Aphrica/ vnnd stöst von Mitternacht an das Königreich Gualatæ, von Auffgang der Sonnen an das Königreich Tombutto, von Mittag aber an das Königreich Mellæ, von Nidergang hat sie das Meer. Denn das Land Africa/ welches eines ist der dreyen/ oder vielmehr der vieren fürnembsten theil der gantzen Welt/ wird zu vnsern Zeiten in vier Hauptländer eingetheilt: Das erste ist das Land so man nennet Barbarey: Das ander ist Numidien/ welches die Araber Bile Dulgerid nennen: Das dritte ist Libya von den Arabern Sarra genannt: Das vierte ist der Nigriten Landschafft/ so jhren Namen hat von dem Wasser Nigro, welches mitten dardurch hinleufft.

Nun wirdt diese Landschafft der Nigriten widerumb in andere funffzehen Königreich abgetheilet/ derẽ Guinea eines ist/ so anhebt vber dem promontorio oder Gebirg Capo de Vird, auff welcher seiten es an Barbarey grentzet/ vnd erstreckt sich beynahe biß an das Gestaden Mileguettæ. Ferrner ist zu wissen/ daß die Spanier vom Pfort Arqui an/ welches Barbarey von dem Königreich Guinea abtheilet/ biß an das Wasser Manicongræ, etliche Schlösser darzwischen auffgericht haben/ dergleichen denn eines ist an dem Wasser Comagæ, auch ist eines bey Serraliona, wie auch vnder andern eines ligt an dem Ort/ so man nennet Caput trium prominentiarum, das ist zu teutsch/ das Haupt der dreyen Ecken/ welches Schloß sie nennen Castellum fodinarum, auff vnser teutsch das Schloß auff den Ertzgrüben gelegen/ darauff der König auß Portugall stetig 25. oder 30. Soldaten hat in besatzung liegen/ beyd das Schloß vnnd die Goltgruben daselbst zu verwaren/ welche im Jar 1472. vnder dem König Alphonso V. allda sind erfunden worden/ vnnd dann auch daß sie mit den Mohren kauffschlagten/ welche auß den andern Oberlanden/ Golo/ Helffenbein/ Meleguetam (welches ist ein Art Specerey scharff vnd zimlicht am geschmack/ gleich dẽ Pfeffer) sampt andern Wahren derselbigen Landsart dahin bringen.

2 Auffruhr der Nigriten.

Der furnembste Tumult vnnd Auffruhr/ welchen die Nigriten in der Insel Hispaniola angerichtet haben/ ist furnemlich dieser/ welcher denn vnder andern wol werth ist/ daß seiner alhier gedacht werde. Es begab sich im Jar tausent fünffhundert/ zwantzig zwey/ daß zwantzig Personen der Nigriten/ so mehrer theil die Jolofitische Sprach redeten vnnd verstunden/ welche in einem Ingenio, darinnen man Zucker macht/ vnnd so dem Admiral Diego Columbo zustendig war/ arbeiten/ auff den andern Christag deß morgens darvon lieffen/ vnnd sich gesellten zu sonst noch anderen zwantzigen jhrer Geselschafft/ welche auff sie an einem gewissen bestimpten Ort warteten/ diese viertzig schwuren zusammen/ daß sie bey einander stehen vnnd halten wolten/ gut vnnd böß mit einander außstehen/ wie es jhnen fürkäme. Darauff greiffen sie auff dem Felde etliche Spanier an/ welche sich nichts arges zu jhnen versahen/ dieselbige schlugen sie zu tod/ vnd namen jhren Weg immer fort auff ein Dorff zu/ mit Namen Azua: Diese Geschicht zeigte der Licentia: Lebro, welcher derzeit eben zu feldt war/ den Burgern zu S. Dominico an/ darauff der Admiral Diego Columbus in grosser Eyl sich zu Roß auffmacht/ vnnd eilet jhnen mit etlichen Reutern vnnd Fußknechten geschwind nach/ gedacht sie zu vbereilen/ ehe denn sie sich in grosser Anzahl zusammen heuffeten. Zwen tag hernacher als er kam an das Wasser Nizao, in dem er jhnen auff der Spur nachstriche/ nimbt er Kundschafft ein/ vnnd erfehret newe Zeittung von jhnen/ nemlich wie sie durch das Dorff/ Melchioris de Castro eines Obersten/ neun meil von der Statt Dominica gelegen/ seyen hindurch gezogen/ haben nur einen Spanier im selbigen Dorff erschlagen/ das Dorff aber durchauß geplündert/ vnnd mit sich genommen jhrer Landsleut einen/ einen Nigriten/ vnnd dann noch zwölff andere Jndianische Leibeigene Knechte. Auff dem Weg aber im fort ziehen/ hetten sie neun oder zehen Spanier darzu vmbracht/ schlügen jhr Läger auff bey der Zuckersuden/ so dem Assessor zu Dominico Licentiaten Zuazo zugehörig sey/ Jn willens sie wolten dieselbige Zuckersuden deß morgens frue vor tag anfallen/ wolten auch etwan nur acht oder neun Christen darinn erwürgen/ vnd mit den andern jhren Hauffen stercken.

Es waren aber auff die hundert vnd zwantzig Nigriten in derselbigen Zuckersuden/ welche nichts liebers gesehen / als daß der bock were angangen: Demnach hatten sie jhnen furgenommen/ sie wolten nach dem Dorff Azua sich begeben/ dasselbig der massen anfallen / alles darinnen mit dem Schwert vnnd Fewer verheeren/ was jhnen fürkäme/ wolten auch alle Nigritten vnd Zuckersuden durch die gantze Insel auffrührig vnnd jhnen anhengig machen: welches sie denn leichtlich hetten thun können/ wo man jhnen nicht wer bey zeit zuuor kommen. Denn nach dem der Admiral deß Schaden so sie dem Landvolck zufügten verstendiget wurde / wuste auch nun vmb jhre Anschläg/ vnnd wo sie jhre Reiß hinauß wolten fürnemen / beschlosse er an dem Ort/ da er eben damals hielte/ dieselbige Nacht vber zu bleiben / sein Volck zu prouiantiren / vnnd auff das vbrige Volck/ so jhm von S. Dominica her solt zu kommen/ allda zu warten. In dem er nun sich darzu rüstete/ schlicht sie heimlich auß dem Lager hinweg/ der Melchior de Castro, dessen Dorff die Nigritten zuuor geplündert hatten/ wie oben angezeigt worden/ auch sonst noch drey oder vier mit jhm/ lassen nach der hand dem Admiral entbieten / wie sie vorher wolten ziehen / den Feindt außspehen/ er solte jhnen nur ein hinderhalt nachschicken / damit sie den flüchtigen Nigriten / die weg vnnd steg verlegen möchten / biß daß er mit dem hellen Hauffen ankäme. Der Admiral schicket Franciscum de Auila mit acht Reisigen/ vnnd etwan fünff oder sechs Fußknechten jhnen nach. Diese zwantzig Personen ohn gefehr/ streichen jmmer fort / warten nicht so lang biß der Admiral herbey kam/ sondern eilen jmmer auff die Feinde zu / treffen vnd greiffen sie mit gewalt an. Die zwen Obersten Melchior Diazius vnd Franciscus de Auila sampt jhren Gefehrden/ setzen mit scharpffen Speren in die Feinde/ da sie am dicksten waren/ zertrennen sie so bald / vnnd rennen mitten durch jhren Hauffen hindurch: Die Nigriten stellen sich widerumb zusammen/ werffen auff die Spanier mit Steinen/ schiesen auff sie mit Pfeilen / vnnd schlagen mit Hebeln zu/ was sie auß allen Krefften kundten vnnd mochten / verwundten auch der Spanier etliche. Aber die Spanier greiffen sie auffs new widerumb gantz grimmiglich an / vnnd jagen sie allesampt in die flucht/ schlagen etwan sechs oder sieben zu tod/ die vbrigen kommen darvon/ verstecken sich hin vnnd her in den Wälden vnnd in dem Gebirg / denn die Nacht kam jhnen zum besten. Der Admiral kam auff den Abend desselbigen tags auch dahin / schickte etliche auß / welche den außgerissenen Nigriten solten nachstreiffen/ bekam also jhrer fünff oder sechs / dieselbige ließ er an die Bäume auffhencken/ den andern zum Exempel / vnnd daß sie sich daran spigelten. Also hat sich nun derselbige Auffruhr der Nigriten vollendt zum ende abgelauffen/ aber sie haben sich nichts desto weniger von der zeit an zum offtermal viel Vffruhr vnnd Meuterey zu machen vnderstanden/ wie denn solches vnser Autor Benzo in dem gegenwertigen Capitel klerlich bezeuget vnnd zu verstehn gibt.

Die beste vnnd gewiste weiß aber solche Meuterey vnnd Auffruhr der Knechte/ ja auch sonsten anderer Vnderthanen/ vnnd offt wol gantzer Völcker/ zu stillen vnd denselbigen vor zu kommen/ ist diese: Nemlich/ daß jhre Herren sie nicht allein halten wie Menschen / so von GOtt dem Allmächtigen erschaffen seyen/ sondern sie auch regieren vnnd handhaben/ gleich denen die durch das bitter Leiden vnnd Sterben/ vnd das tewre Blut vnsers HErren Jesu Christi erlöset sind. Derl auch daß sie die Lehr deß H. Apostels Pauli in guter Gedächtnuß haben: da er also spricht: Ihr Herren beweiset ewren Knechten Billigkeit vnnd Gleichheit/ lasset ab vom schelten vnd Trawworten/ bedencket / daß jhr selbst auch noch einen HErren im Himmel habt/ vnd daß GOtt der HERR nicht auff die Person sehe/ noch daß einer fur dem andern bey GOTT mehr gelte/ oder höher geachtet werde.

Wie

Wie die Frantzösischen Meerrauber die Schiff so auß India kommen entpfangen/ vnd wie die Spanier so karg vnd nachlessig sind in zubereittung der Schiff vnd derselben Versehung mit notwendiger Kriegßrüstung.

Das Ander Capitel.

DIeweil ich der Scharmützeln vnnd Krieg/ so die Moren mit den Spaniern gehalten/ gedacht hab/ sihet es mich für gut an/ daß ich folgents auch meldung thue von dem grossen Schaden vnnd Nachtheil/ welchen die Spanier von den Frantzosen zu Wasser vnnd Land empfangen haben. Nicht lang hernach als die newe Landschafften seind gefunden wordē/ haben sich viel Frantzösische Meerräuber zusammen geschlagen/ dero hoffnung/ daß sie durch Plünderung der Schiff auß Indien grosse Schätz vnd Reichthumb erobern vnnd gewinnen wolten/ welches jhnen gar wol gerahten/ dann sie viel Schiff erlegt haben/ vnder welchen auch die fürnembsten/ die mit grossem Gut beladen geweßt/ von jhnen sind angriffen vnd geplündert worden. Diß haben sie alles vollbracht zu der zeit als die Spanier auß dē Königreich Peru ein vnsäglichen Schatz geführt habē. Ist auch darunder ein Schiff mit so viel klarē Goldt beladen gewesen/ daß einem jeglichen für sein theil in jhren kleinen Schifflein/ so sie Galonen vnd Gaculen nennen/ 800. Ducaten worden sind.

Frantzosen werden durch dz geschrey deß grossē Reichthumbs/ so von den Spaniern auß India gebracht/ zu rauben angereitzt.

Die fürnembste vrsach aber welche die Frantzosen bewegt hat/ daß sie so viel der Spanis. Schiff erlegt haben/ war diese/ dieweil die Spanier mit so grossem schändlichē Geitz allein nach Gelt vnnd Gut getrachtet haben/ welcher Geitz vñ vnersetlicher Gelthunger jhre Hertzen also besessen hatte/ daß die Schiffpatronē in zubereitung der Schiff mit Waar vnnd Leuthen so hefftig eiletē/ daß sie nicht gedachten/ wie sie sich mit grossen Stücken gnugsam versorgen möchten/ die sie im fall der noth gegen den Feinden brauchen köndten/ vnangesehen daß sie derhalben von dem Indianis. Rath vnd Kammer/ welche jhnen ein gewisse anzahl der Büchsen verordnet hatten/ vermahnet sind worden. Dann sie Befelch hatten/ daß man zuuor die Schiff/ ehe sie vom Landt abstiessen/ mit eim par grosser vnd auß Glockenspeiß gegossener Stück/ vñ zum wenigsten mit sechs eysernen Stücken/ vnnd andern kleinen/ zu solcher Expedition auffs beste solte verwaren vnd zurüsten. Zu dem benañten sie auch ein gewisse anzahl der Puluerthoñen/ vñ anderer Archeley vn Instrumenten/ so zu solcher Kriegßrüstung notwendig waren. Vber diß alles haben sie auch letzlich verordnet Auffseher vñ Außspeher/ dz sie solten mit allē fleiß auff die Schiff so auß dem Port Sant-Lucari genannt/

Der Spanier blinder vnd vnfürsichtiger geitz vnd kargheit in Schiffrüstungē.

führen/gut achtung geben/vnnd erkündigen ob sie auch allesampt mit Prouiandt vnnd andern oberzelten Stücken wol versehen vnnd versorget weren. Diese aber haben mit jhrer fürsehung nicht trewlich/wie jhnen befohlen war/ gehandelt/dann sie seind von den obersten Schiffpatronen heimlich mit Gelt bestochen worden/vnnd haben falschlich bericht gethan/vnnd fürgeben/es seye alles wol vnnd ordentlich zugerichtet/vnnd mit aller Notturfft reichlich vnnd vberflüssig dermassen versehen/daß auch ein einig Schiff vier Frantzösischen gnug zuschaffen geben köndte. Vnd zu mehrer vorgewisserung haben sie diesen jhren Bericht als sie gen Hispalim kommen/mit einem falschen Eydt/in dem Hauß der Indianischen handlungen befestiget vnd bekrefftiget. Auff diese arth vnnd weiß waren die Schiff zugerichtet/welcher vier zumal mit einander vom Land abstiessen/vnd welches auß jhnen auff das beste vnd Herrlichste zugerüstet war/darauff stunden zwey oder drey Eisene Stück halb verrostet/vnnd darneben ein Thonnen Puluers/das auch nicht viel taugete.

Spanier fahrlässigkeit.

Als sie nun wider zu rück zogen stieß auß jhrer Schiff eines/ein anders wolgerüstes vnd gebutztes Schiff/so sie nennen Celocem oder Mioparonem, das ist/ein Jagschiff. Dieweil aber den Frantzosischen Meerräubern wol bewust ware/wie liederlich die Spanier verwaret vnnd gerüstet weren/vnnd ob gleich anderthalb tausent oder zwey tausent Tonnen Puluers in dem Schiff gelegen weren/so haben sie doch nichts desto künlicher vnnd gantz vnuerzagt dasselbige angegriffen/vnnd erstlich durch das Meer in das Schiff ein grosse Kugel geschossen/vnd angefangen zu schreyen/Herbey/herbey für den König auß Franckreich. Do sie aber nach geschehenem Schuß nit bald die Segel liessen sincken/ welches ein anzeigung ist eines vnderthänigen Gemüts/namen sie grössere Geschütz für die Handt/vnnd schossen mitten in das Schiff mit solchem Gewalt/ als wenn der Tonner vnnd Hagel darein schlüge. Daruon die Spanier hefftig erschracken/vnnd damit sie jhr Leben fristeten/haben sie sich den Räubern mit Leib vnnd Gut ergeben. Da hat als bald der Oberste vnder den Frantzosen/den Patronen deß gefangenen Schiffs sampt einem Schreiber für sich lassen kommen. Der hat alles/was die Schiff vermochten von Goldt vnd Sylber/Perlen/Edlengesteinen vnnd andern köstlichen Kleinodern/inuentieret vñ verzeichnen lassen/vnnd nach denselben etlichen seiner Diener Beuelch geben/ diesen Schatz zu verwaren. Letztlich hat er den andern Macht vnnd Gewalt geben/in das gefangen Schiff zu springen/vnnd was noch vber blieben weg zu nemmen. Darzu seind sie gantz wacker/geitzig vnnd behendt gewesen/vnd für gute Kleider alte zerrissene vnnd abgetragene verdauschet. Darneben zu den Spaniern hönisch vnd spöttisch gesagt: Das Kleidt stehet dir wol an/deßgleichẽ mir das deine.

Frantzösischen Merräuber mañhat vnd kühnheit.

Spanier ergeben sich den Frantzös. Meerräubern.

Frantzosen berauben die Spanier.

Also hat dazumal der Spanier Tugendt vnnd Mannlichkeit/sehr wenig golten vnnd in gar geringem Wehrt gehalten worden. Sie haben auch alles/was da von Kisten gewesen/fleissig durchsuchet/aller Winckel vnnd Löcher wahr genommen/ob nicht jergendt die Spanier Goldt oder Kleinoder darinnen verborgen hetten.

Etliche aber auß den fürnemsten der Meerräuber habē die Schiff nicht viel

geachtet

geachtet/sonder allein nach der Waar vnd Außbeut getrachtet / vnnd viel der Spanier mit sich in Franckreich geführet. Wann sie dieselbigen mit sampt den Spaniern in Franckreich gebracht/haben sie daselbst die Spanier nach einander auff das Land gestellet/vnd ein wenig Gelt/als ob sie sich jhrer erbarmeten/ zusammen geschossen/vnd darmit heim lassen ziehen. Zu dem sind auch keine Spanische Obersten vnd Patronen sampt jhren Schreibern / die in Indien eine Schiffart gethan haben/so nicht zum wenigsten ein mal oder zwey weren gefangen vnd beraubet worden. Ich wil geschweigen was sie sonst für schaden gethan haben an Dörffern vnd Leuten in den Inseln/ die man Canarias nennet/ welche sie von Hauß vnd Hoff gebracht / vnnd alles jämmerlich verherget vnnd verwüstet haben. Ich geschweig hie der Schiff so mit köstlichem Gewandt/ Zucker/Wein vnd andern dingen beladen/von jhnen sind erobert vnd angegriffen worden. Nach dem aber solches alles den Obersten Assessorn vnnd Råhten der Indianischen Kammern kund vnd zuwissen gethan ward/vnd im Werck befunden / daß die Spanier von wegen jhres verzagten muts vnnd kleinmüttigkeit/ auch liederlicher Rüstung den Frantzosen gnugsam vrsach zu rauben gegeben/ haben sie mit eynhelligem Ratschlag diß Edict vnd Mandat lassen außgehen. Also/nemlich/daß sie es für gut ansehen/ dieweil järlich bey die sechtzig Schifflein klein vnd groß/auß Hispanien fahren/daß jhe eins auff das ander solte warten/vnd zu gleich vom Land abstossen. Darneben solten auch die Kauffleuth die fürsehung thun/das drey oder vier Schiff mit Kriegßleuthen wol verwaret/ die andern alle biß zu den Inseln Canarien sicher solten beleiten vnnd führen/Fürnemlich/dieweil auß Hispanien in gemelte Inseln vnsicher wer zuschiffen. Vnnd so sie der gestalt jhrem trewen Raht würden folgen/vnd nachkommen / zweifelten sie gar nicht/es würden sich forthin die Frantzosen darob entsetzen/ vnd nicht mehr so viel Schadens zu thun sich vnderstehen.

Frantzosen verhergen die Insel Canarias.

Was aber ferrner den schaden vnd abbruch / welchen die Indianer von de Frantzosen eingenommen haben/belanget. Ist daran niemandt schuldig/ dann allein etliche auß den Spaniern die dergleichen Schiffarth wol erfahren ware/ vnd die Frantzosen mit sich geführet haben/welches von jhnen geschehen/ entweder auß lauter Boßheit oder Neidt/oder aber daß sie gelegenheit dai mit gesucht haben/sich an den Frantzosen zurechnen. Vnnd zwar die Frantzosen/so erstlich von den Spaniern angeführt vnd in der Schiffart vnderwiesen wurden / sind nachmals so geschickt vnd im segeln erfahren gewesen/daß sie hierinen den Spaniern nichts zuuor gaben. Vnd als sie sich erstlich vmb die Inseln Hispaniolam vnd S. Joannis auffenthalten haben/alda hin vnd wider gestreiffet/kondten sie nicht so viel mit Rauben gewinnen vnnd erobern als sonsten geschehen. Derhalben zogen sie weiter auff andere Inseln/vnd kamen so weit / daß sie nicht allein zu Wasser /sondern auch zu Land raubeten / vnd nachfolgende fürnembste Stätt vnd Orth der Spanier in der newen Welt vnder sich brachten vnd verwüsteten/Als nemlich/erstlich in der Inseln Hispaniola Portum-Argenteum, das ist / den Silbern Porten oder Schifflende. Azuam, Iaquannam/ vnnd Maquannam erobert vnd geplundert / sampt vielen Schiffen hinweg geführt. Gleicher gestalt / hetten sie auch gehandelt mit der Statt Sant Dominici/

Spanier geben den Frantzosen vrsach zu rauben.

wann

wann jhnen nicht wer im weg gelegen/vnd sie von solchem fürnemmen abwendig gemachet hette/ein gewaltige herrliche Vestung/am Gestaden deß Wassers/welche mit grossen Stücken dermassen wol versehen war/ daß sie sich nit dörfften mit Heerßkrafft vnd Gewalt darwider setzen/wiewol etliche Frantzosen solches in willens gehabt haben. Besorgeten derhalben die Spanier/ es würden die Frantzosen jrgendt an eim andern Ort der Statt/weil sie mit Ringmauren nicht vmbgeben war/ein einbruch thun / darumb haben sie zur Kriegszeit starcke Schiltwach gehalten. Man sagt auch für gewiß/ es hetten die Bürger gerings vmb die Statt ein Wahl angefangen zuschütten/ mit diesem schein / als thetten sie solches viel mehr auß forcht der Mohren vnnd Nigriten/ dann der Frantzosen.

Frantzosen Kühnheit.

Erklerung der Historien deß andern Capitels.

ALs anfangs die newe Insulen/bald hernach auch das Fuß feste Land/so man die newe Welt nennet/erfunden/vñ offenbaret worden ist: hat man leichtlich können abnemmen vnd darauß schliessen/wie daß es höchlich von nöten were/daß man solche grosse wichtige Sachen durch einen besondern Raht vnnd Consistorium, oder Obrigkeit bestellen solte vnd müste/welchem alle Verwaltung der Landschafften/Zöllen/Rennten vnd Einkommens anbefohlen were/ auch welcher alle Sachen/so in denselbigen Prouintzen für fielen zu vrtheilen hetten: Ja so da zu verwalten vnd zu schalten hette/vber alle expedition/Kriegßrüstung/Schiffarten / vnnd sonsten vber alle ander Sachen/die Prouintzen in der newe Welt zubestellen vnnd mit Emptern zuversehen.

Derhalben haben anfangs beyde Catholische Könige Ferdinandus vnd Isabella in der Königlichen Statt Ciuilien ein Consistorium vnd Indianisches Cammergericht mit ausserwelten tüchtigen Personen besetzt vnd bestätiget. Durch deren Hülff/ Rath vnnd That/man den Landvögten/Gubernatoren vnd Amptleuten/welche auß Königlicher Maiestet befelch vnd erlaubnuß/inn die newe Welt segelen wolten/ Volck dieselbe Prouintzen zubesetzen/vnnd sonst Kriegßvolck darinn zu werben/auch Prouiant/Geschütz vnd andere Notturfft zu den Armaden gehörig auffs best bestellete/vnd in summa durch welche alles mit grossem fleiß vñ trewen versehen vnd verrichtet würde. Vber das solten bey diesen Consistorialischen Rähten / auch alle Kauff vnd Handelsleut/ welche auß Spanien in Indien Segelen werden sich anmelden / bey jhren Trewen vnd Glauben anzeigen/was vnd wie viel Wahren sie in Indien geladen hetten/ auch wenn sie widerumb weren glücklich auß Indien ankommen/jhre Rechnung vnd Verzeichnuß trewlich vbergeben/alles Golts vnd aller Kleinoder/so sie mit sich auß der newe Welt bracht vnd angelendet hetten. Dieses newe Cammergericht pflegt man in gemein zu nennen das Indianisch tractation Hauß/oder darauff man die Indianische Sachen verhandelt. Dieser angeregte Indianischer Rath vnd Consistorium hat nachmals im Jar tausent fünffhundert vnnd vier vnd zwantzig/Keyser Carl der Fünffte deß Namens / mit sonderbaren begnadungen vnd priuilegien bestetiget vnd sancirt mit offenen Keyserlicher Maiestet Diplomaten/Bullen vnnd Secreten bekrefftiget vnd versiegelt. Hat jnen auch allen vollen Gewalt vnd Iurisdiction vbergeben vnd zugestelt/sampt aller plenarien verwaltung/peinlich Halß vnd Malefitz gericht/straffen/begnadungen/Indulten/vnd was dem sonst anhengig sein mag. In summa/ er hat es dahin gericht vnd dermassen alles bekräfftiget/daß sie allen vollen Gewalt haben solten vnd hetten / alles zu schalten vnd zu walten/nach jhrem besten gefallen/ohn einiges eintrag/was auß newen Indien in Spanien möcht auff einige weiß/an die hohe Obrigkeit gelangen.

Wie

Wie ein Spanischer Herr Ancusses von den Frantzosen zu Wasser erlegt vnnd vberwunden ist worden. Vnnd wie die Frantzosen widerumb von den Spaniern gefangen worden. Wie auch die Insel Auana von den Frantzosen ist geplündert worden.

Das Dritte Capitel.

IM Jahr als man zehlt Funffzehn hundert/ viertzig drey/ hat Petrus Ancusses ein Oberster vber das Kriegsvolck der Inseln Nominis-Dei mit zweyen Schiffen vand einem Carauel in die Insel Dominicam geságlet/vnnd mit sich einen Schatz auff die hundert tausent Ducaten geführet. Vnnd nachdem er zu Iaquanna anlendete/ward jhm angezeigt/daß kaum vor sechs stunden ein Frantzosisch Schiff daselbst von Landt abgestossen hette/vnnd die darinnen gewesen/hetten alles geplündert/mit Fewer verwüstet vnnd zerstöret. Der Oberst als er das vername/gedacht er als bald etwas mannlichs vnnd Ritterlichs fürzunemmen/ das jhm zu Ehr vnd Lob würde gereichen. Läst in dem Port was von Goldt vnd Silber war liegen/ jaget eilendts dem Frantzösischen Schiff nach/welches er auff dem hohen Meer antroffen. Allda haben sie mit grossem Gewalt an einander gesetzet/vnnd wie sie beyderseits mit dapfferem vnuerzagten Gemüth gekempfft haben/ist in solcher grimmiger Schlacht der Ancusses sampt etlichen Schiffpatronen erschossen worden/darob die andern weil sie kein Obersten mehr hatten/hefftig sind erschrocken/vnnd sich zur Flucht begeben/widerumb sich in den Port Sant Dominicæ gelegert. Aber es hat in diesem Sieg der Frantzosisch Schiffpatron sein Glück vbersehen/vnnd hat den zertrennten Spanlern nicht nachgejaget/ vnnd hiemit den grossen Raub vnnd Gut so die Spanier in dem Port Sant Dominicæ hatten gelassen/versaumet. Anno 1543. Spanier werden von den Frantzosen im Schiffstreit vberwũdt.

Darnach im vorgemeldten Jahr/naheten zwey Frantzösische Schiff der Insel Dominicæ, daselbst wardt den Frantzosen ein Carauel genommen/ mit waar vnnd Gütern beladen/welche dem Port mit Namen Caput-Veli zu eileten. Die darinnen fuhren/waren Cantabri, welche sie sonst Biscaynos nennen/die warffen jhre Ancker auß an der seiten der Insel Monæ so gegen Morgen ist/verhoffende allda ein Außbeuth zu erschnappen. Die Insel Mona ligt zwischen den

Inseln Hispaniolam vnnd S. Johans de portu diuite siebentzehen Grad fern von der æquinoctial Liny gegen Mitternacht / ist ein kleine / ebene vnnd nidertrechtige Insel/begreifft in jhrem Vmbkreiß nicht vber die sechs tausent Schritt/ welches drey Welsche Meil machet. Sie wirdt von wenig Christen vnnd Jndianern eingewohnet. Sie ist gantz Fischreich / hat viel süsses Wasser / vnnd vber die massen gute Krebs. Es wirdt auch sonst noch ein andere Insel gefunden die also heist/ welche nahe bey dem Königreich Britannien ligt. Nach dem nuhn den obersten Amptleuthen der Insel Dominicæ zu wissen gethan ward/ daß die Frantzosen bey der Insel Mona hielten/ haben sie ohn allen verzug zwey Liburnische oder Schnabel Schiff/ein Raubschiff/vnnd zwey Jagschiff lassen zurichten/ vnnd darüber zum Obersten gesetzt Carionem Trianam. Den andern tag hernacher sahen die Frantzosen mit jhrem Hinderhalt ein grosses Schiff/ so man nennet prætoriam nauem / beneben einem Jagschiff vor andern herfahren/da vermeinten sie/es wer mit Gütern beladen/vnd führe stracks in Spanien/waren derwegen gutes Muts vnnd rüsteten sich zu streiten. Wie sie aber noch zwey andere Schiff vnnd ein Raubschiff ersahen/vnnd daß sie den geraden weg auff sie zu sägelten/besorgten sich die Cantabri, welche in dem einem Frantzösischen Schiff waren / sie würden in deß Königs auß Spanien/ dessen Vnderthanen sie waren / Händt vnnd Gewalt kommen / vnnd weil sie abgesagte Feindt des Königs vnnd Verrhäter weren / würde man sie grewlich straffen. Damit nun solches jhnen nit widerführ / haben sie jhr Geselschafft verlassen vnnd hindan gesetzt/vnnd vnehrlicher weiß / weil die Spanier ein wenig mehr als ein Meil noch von jhnen waren/ flüchtig worden.

Cantabri nemen die Flucht.

Der Oberste aber deß andern Schiffs/ wie er sahe/daß er von seinen Gesellen verlassen war/vnnd nunmehr die Spanier auff sie drungen / vnnd nicht wusten wo auß oder wohin/ war er gentzlich entschlossen / sich freywillig in der Feinde Handt zu ergeben. Vermahnete demnach die Kriegßknecht/ daß sie solten jhre Wehr vnnd Waffen niderlegen. Dann da nichts weiters zu hoffen were/würde auch jhnen/ wann sie sich würden zur Gegenwehr stellen / mehr zur Thorheit dann zur Fursichtigkeit gerechnet werden/besonder dieweil die Feindt jhnen weit vberlegen weren/vnnd fünff mahl starcker dann sie. Verhoffte auch wann sie sich gutwillig ergeben/so würden sich auch die Feindt desto billicher erzeigen/gleichfals wie sie sich pflegten zu halten gegen jhren Feinden/ wann sie jhrer mechtig würden. Mit diesen worten vnnd Ermahnung erzürnet er einen Obersten/ der vber das Geschütz gesetzt ware/der fuhr herauß vnnd schreye man solte sich keines wegs ergeben/sonder vielmehr dem Feindt vnder Augen fahren/ vnnd getrost kempffen / das were der andern aller bedencken vnnd Meinung/ wölte lieber ehrlich sterben/ dann sich den Feinden also schendlich ergeben. Vnnd wann der Oberste also zaghafft vnnd forchtsam were / warumb er dann wer zu kriegen außgezogen/vnnd wann gleich die Feindt fünff mal stercker/vnnd er nur allein were/so wolt er doch kein Pfifferling noch Haar vmb sie geben. Darzu weren die Spanier nicht also/wie man meint/in Schiffkriegen geübet vnnd erfahren/köndten auch mit den grossen Stücken nicht so wol vnnd geschwindt vmbgehn.

Frantzosen halten ein Gespräch vnder einander.

Vnd wann er nuhr vier guter Stück hette/ so wolte er jhr fürnembstes Schiff
zu grundt vnnd Boden schiessen/ vnnd in das Meer versencken/ so würden die
andern hernach bald die Flucht geben. Wann sich nur wider diese freuenliche
vnd stoltze Redt der Oberste Regent des Schiffs zum wenigsten nach seiner Au-
toritet vnd ansehen hette auffgelehnet/ vnnd sich jhme widersetzet/ were es jhnen
wol bekommen/ vnnd zu gutem erschossen. Aber dieweil sie gedachten/ sie mü- Frantzosen frevelkeit.
sten diesen prächtigen worten/ vnnd dapfferen Ermahnung stath vnd raum ge-
ben/ vnnd mit der That selbst bekrefftigen/ haben sie zu den Spanniern einen
Schuß gethan/ vnnd (als hetten sie schon das Schiff der Feindt inn jhrem Gewalt) mit stoltzem Gemüth geschryen/ herbey/ herbey für den König inn Franckreich. Da haben die Spanier hergegen widerumb so greulich zu jhnen hinein
gepfiffen vnd getondert/ daß nicht viel gefehlt hett/ sie weren alle zu grundt gan-
gen. Nichts desto weniger wolte der Schutzenmeister noch ein groß Stück auff Schiffstreit zwischen den Spaniern vnd Frantzosen.
die Spanier lassen brennen/ gedachte er wolte darmit gantz vnnd gar jhr Schiff
hinunder zu grund schicken/ dieweil im der erste Schuß wol gerathē war/ der ein
solch groß Loch gemachet hatte/ daß das Schiff viel Wasser albereit schöpffete/
vnd der Oberste vnder den Spaniern gnug hatten mit Waar vnnd verruckung
der Kasten zuuerstopffen. Aber es ward von dem Obersten verhindert/ der jhm
die bremmende Lundte auß der Handt reisse/ daß er nichts kendte außrichten. Also wardt das Frantzösisch Schiff ohn alles Bluturgiessen gefangen vnnd ero-
bert/ vnnd der Insel Dominicæ zugeführet. Da ist ein solche Frewd vnd Frolocken in der Statt gewesen/ als hetten sie gantz Franckreich vnder sich gebracht
vnnd gewunnen. Die Frantzosen/ die sie für die geschicktesten vnnd erfahr- Frantzosen werden von den Spaniern vberwunden.
nesten hielten/ wurden gefenglich eingezogen. Jhren Obersten versorgten sie
in deß Admirals behausung. Dem Schiff namen sie die Stück/ die Sägel/
Ancker vnnd alle zugehörung/ fürtens auff das hohe Meer/ vnnd schicktens im
Fewr gehn Himmel. Ich machte aber mit den Frantzosen/ als ich einen meiner
guten Freund der gefangen lag/ besuchte/ kundtschaffte/ vnnd redet allerley mit
jhnen/ vnder anderm gaben sie dem Oberstē allein die Schuld/ der sich so schänd-
lich vnnd lästerlich hette ergeben/ vnd sie darmit an den Orth gebracht/ da sie so
hart vnnd Elend gehalten würden. Nach diesem allein hat man die gefangene
in die Schiff so auß India kamen eingetheilet/ vnnd nach Hispanien geschicket.
Da hat es sich zugetragen/ daß auff dem Weg fünff Frantzosen auff einer Carauel fuhren/ zusammen gehalten vnnd geschworen hatten/ sie wolten jhre führer
einsmals ins Meer stürtzen/ welches sie auch vollbracht haben/ vnnd mit der Frantzosen Wackheit.
Carauel/ welche viel Zuckers vnd bey die funffzehen tausent Ducaten von Königlichem Rent vnd Zinsen vermochte/ geschwindt vnd ohn verzug mit freuden
in Franckreich gesegelt.

Im jar 1536. ist ein kleines Frantzösisch Raubschiff/ welches die Frantzosen Fa- Anno 1536.
tax nennē/ durch ein Fortun vñ vngewitter von dem Obersten Principal Schiff
verworffen/ vnd in dem Port Auanæ verschlagē worden/ vnd haben die so darin̄
gewest/ die Statt mit Gewalt eingenom̄en. Dieweil aber nur Höltzene Häuser
mit Stro bedecket/ in diser Statt waren/ förchtē die Spanier es möchte Fewr vō Spanier geben den Frantzosen Brandschatzung.
den Frantzosen eingelegt werdē/ habē sie den Frantzosen 700. Ducaten Brande-

schatzung müssen geben / an deren sie sich haben lassen benügen / vnnd widerumb jhren weg gezogen. Den nechsten Tag aber hernach als drey grosser geladener Schiff auß Newe Spanien an gemelte Statt anländeten / hat der Statthalter daselbsten Iohannes de Roia befohlen / man sol mit denselbigen Schiffen / doch zuuor von der Waar / vnnd was von Goldt vnnd Sylber vnd andern Kleynottern erleichteren / eylendts den Frantzosen nachjagen / vnnd das oberst Principal Schiff / voranhin schicken mit achtzehen kleinen Nachen. Wie solches geschehen / haben sie die Frantzosen nicht weit von der Statt hinder einem Berg / der sich in das Meer erstrecket / neben eines Fluß außgang ergriffen. Das Principal Schiff / dorfft für sich allein das Frantzösisch Raubschiff nicht wol angreiffen / sonder hielt die Büff auß biß die andern hernach kamen. Wie das die Frantzosen merckten / daß sich die Feindt säumeten / vnnd noch nicht daran wolten / haben sie etlich Geschütz auff sie abgelassen mit grossem prasslen / das nam den Spaniern den Mut / vnnd vnderstunden sich nicht zu wehren / sonder mit grosser Schand warffen sie das Hasen Panier auff / vnnd haben mit grossem getümmel nach dem Landt getrachtet. Die in dem andern Schiff nit weit hinden nachfolgeten / wie sie gewahr würden / daß denen im Principal vnd Haupt Schiff also ergangen war / theten sie dergleichen vnnd kerten bald wider vmb / vnnd wolten der grossen purgier Pillulen nicht erwarten. Die Frantzosen aber welche zum ersten etwas erschrecken waren / vnnd nicht anders meineten / dann sie müsten sich ergeben / haben die Oberhandt behalten / vnnd den Feinden drey Schiff abgejaget. Darmit seindt sie mit grossen Freuden widerumb nach der Statt Auana gefahren / vnnd nach dem sie den Spaniern deß Orths noch ein Schatzung / doch viel geringer als die erste / aufferlegten / seindt sie weiter fort gezogen.

Spanier eilen den Frantzosen nach.

Spanier flucht.

Von dieser zeit an liessen die Spanier gantz Steinene Gebew vnnd Häuser auffrichten / vnnd bauweten an dem Port ein Vestung mit sehr grossen herrlichen Stücken wol verwaret / darmit sie sich wider den anlauff der Frantzosen möchten beschützen vnnd auffenthalten. Es ligt aber offtgemelte Statt in der Insel Cuba nicht weit von dem Meer auff einer ebne gegen der Sonnen Auffgang / gleich als ein grosses Gebew mit Thoren vnnd Pforten wol verwaret. was aber gerings herumb liget / stehet alles offen / vnd ist mit keiner Mawr verschlossen / also daß ein jeder darein kan kommen. Wie nuhn die Frantzosen vernamen / daß sich die Spanier mit dieser Vestung jhres bedünckens wol hetten verwaret vnnd verpastevet / seind sie in der still vnnd heimlich biß zu dem Außgang deß Wassers Chiororæ / welches sechs tausent Schritt von der Statt gelegen / geschlichen / vnd von dannen haben sie sich zu Mitternacht an das Land begeben / vnnd nachmals vnuersehener weiß darzu mit grossem Lermen vnnd geschrey / ehe der Tag anbrach in die Statt gefallen / die Spanier so sich deß vhrplötzlichen vberfallens nicht hetten versehen / seind hin vnd wider auß jhren Bethen gesprungen / vnd für angst vnd zittern darvon geflohen / vnd ein jeder so gut er könt hat / sich versehen / vnnd in die nächste Wäldt verkrochen. Da haben die Frantzosen die Insel geplündert vnd jämmerlich verheeret.

Der Statt Auane gelegenheit.

Auana von Frantzosen geplündert.

Erklerung

Erklerung der Historien deß dritten Capittels.

DJe Jnsel Mona ligt zwischen der Jnsel Hispaniola vnnd der Jnsel Sant Iohannes de portu diuite, daß ist. S. Joan am Reichen Pfort / ist siebentzehen Grad weit von der AEquinoctial lynien gelegen / gegen Mitternacht. Jst nicht fast groß / ligt niderich hat ein eben Land. Hat im zirck oder im vmbkreiß sechstausent schritt / das ist sechs Frantzosische Meil. Es wohnen sehr wenig Christen / auch nicht viel Jndianer darinn. Sie hat viel schöne Fischteich / sehr gut süß Wasser / vnd vber die massen köstliche Krebs. Sonsten ist noch ein andere Jnsel dieses Namens. Nemlich auch Mona genandt / aber dieselbige ligt hart bey Britannia.

2. Auana: Dieses ist ein Stättlein / welches die Einwohner der Jnsel Cuba erbawt haben / vnd mit jhres Volcks Einwohnern besetzt / es hat einen Pfort oder Mehrhaffen / am Mittägischen Vffer derselben Jnsel gelegen.

Wie die Spanier die Frantzösen

hinderlistiger weiß/ als wolten sie mit jhnen ein Gespräch halten / vmbracht haben/ vnd wie sich die Frantzosen wider an jhnen gerrechnet haben/ in dem/ daß sie die Inseln Cubam, S. Joannis vnd Iamaicam geplündert vnd verheeret haben.

Das Vierdte Capitel.

IM jahr tausent/ funffhundert/ sechs vnnd fünfftzig/ zu der zeit als der Krieg zwischen Keyser Carolo dem fünfften/ vnnd Heinrico König auß Franckreich/ werete/ ist ein Frantzösisch Schiff mit 800. Landsknechten zu S. Jacob der Insel Cubæ fürnembstem Orth/ ankommen vnd die Statt eingenommen/ vnnd darinnen alles verwüstet vnd geplundert/ von dannen seind sie auff Auanam gezogen/ vnd bey dem Fluß Chiorera gehalten/ darnach ein stund vor tag fielen sie in die Statt/ beraubtē etliche Spanier/ etliche aber entrunnen jhnen/ lieffen in der Amtleut Häuser/ der Hoffnung/ sie würden allda ein gute Außbeuth erlangen/ ist jhnen aber mißlungen. Dann dieweil die Spanier offtermals von den Frantzosen seind gewitziget worden/ daß sie vorthin nicht mehr schaden erlitten/ haben sie jhr bestes Gut auff die Vorberg vnd Meyerhöff geflöchtet.

Vnder deß weil die Frantzosen alle Häuser durchsucheten/ vnd was jhnen gefiel hinweg genommen/ haben die Spanier zween Gesandten auß jhnen zu der Frantzosen Obersten abgefertiget/ anderer vrsachen halben/ nur daß sie durch diesen Schein begerten zuerkündigen/ wie starck jre Feindt die Frantzosen weren. Dergleichen auch mit jnen der Brandtschatzung halben handelten. Als nun der Frantzosen Oberster nach vielfaltiger vnderredung vnd Handlung sechs tausent Ducaten zu erledigung der von jhnen gefangen Spaniern/ begerte/ beklagten sie sich hefftig/ sie kondten Armut halben das nicht eingehen/ vnd treffe die vorgeschlagne summ Gelds mehr an/ dann sie alle an Leib vnd Gut vermöchten. Müsten derhalben dieses alles an die Herren deß Raths lassen gelangen/ ohn welcher wissen vnd Willen sie in dem fall nichts köndten versprechen vnd zusagen. Als jhnen solches von dem Obersten erlaubet war/ giengen sie auß der Statt/ verhiessen jnen darneben bey Trew vnd Glauben/ sie wolten mit einer gewissen antwort deren sie von dem Rathsherren gewertig weren/ alsbald sich widerumb einstellen.

Spanier listigkeit.

Nach

Nachdem aber Ioannes de Vries beneben andern Regenten der Statt allen Bericht von den Gesandten gnugsam hatte verstanden / auch der Frantzosen Anzahl vnnd Menge / vnnd wie viel Geldts sie begerten / von jhnen gehört vnnd innen worden / haben sie nicht einerley Sinn vnnd Meinung gehabt. Dann der mehrertheil gaben für vnnd hieltens für rathsam / man solte sich mit den Frantzosen als jhren ergsten Feinden / die nur deß Raubs gelebten / gantz vnnd gar in keinen Vertrag einlassen / sondern solte viel mehr die Geitzwänst mit Spieß vnnd Stangen / Kraut vnnd Loth / dann mit Goldt ersettigen / vnnd auß dem Landt treiben / daß sich forthin ander daran stiessen. Zu dem solte sich niemandt darob / daß jhrer viel wehren entsetzen. Dann man köndte sich leichtlich mit den Pferden / die den Spaniern vberblieben weren / zertretten vnd auffreiben. Andere rieten das widerspiel / vnnd gaben für / es were viel besser / vnnd hette weniger Gefahr / daß man die dringende Noth solte betrachten / sich gutwillig lassen finden / vnnd sich der zeit nach richten vnnd verhalten / dann sich also liederlich wagen vnnd all Hab vnnd Güter dem Glück heimstellen. Wer anders gesinnet wer / der gebe darmit sein Vnuerstendigkeit vnnd Vnfürsichtigkeit an tag / damit daß er den Feind verachtete. Were derhalben jhr trewer Rath / man schickte noch einmal Gesandten an die Feindt / jhr Gemüth was das Geldt betreffe / besser vnnd gewisser zu erforschen. Im fall aber daß sie an der vorgeschlagenen summa Geldts / garnicht wolten nachlassen / so begeren sie doch hierinnen jhnen gnug zu thun / vnnd zu frieden zu stellen. Daß sie jhr Trawen vnnd Glauben / wie sie versprochen / mit gantzem Fleiß wollen halten. Wann sie nun mit diesem beding vnd vorschlag nicht zu frieden were / köndte man jederzeit auff ander Mittel vnnd weg bedacht sein / vnnd was dann ein jeden für Nütz vnnd gut ansehen würde / zu Gemüth führen. Aber da hat viel mehr gegolten deß mehrertheils freuentliche vnnd vnbedachte Rede / dann der andern fürsichtige Vermahnung vnnd gutes bedencken / welchem sie nicht gefolget / sonder haben sich aller ding zum streitten vnd kempffen gerüstet / vnnd jhre Leibeigene Knecht / welche sie auß Numidia geführet hatten / Wehrhafft gemacht. Da sie aber vngefehrlich in die hundert vnd funfftzig Mann zusammen brachten / seindt sie bey Nacht vnd Nebel in die Statt gefallen / der Hoffnung / sie wolten die Frantzosen in jhrer besten Ruhe vberrasten / schrien mit heller Stimm San Iacob, San Iacob. Erschossen erstlich vier Frantzosen / vnder welchen gewesen war des Obersten Enckel / die andern Frantzosen aber seindt eilendts vnerschrocken ab jhren Betthen gesprungen / zur Wehr griffen / vnnd sich Mannlich vnd vnuerzagt gewehret / vnd dermassen auff die Spanier so grimmig geschossen / daß sie deß bleyern Hagelwetters nicht erwarteten / gaben Versengelt / vnd versteckten sich hin vnd wider in die Wäldt / vnd in andere Schlupffwinckel.

Spanier rathschlag / wie sie sich gegen den Frantzosen sollen verhalten.

Frantzosen werden heimlich von den Spaniern vberfallen.

Der Oberste aber vnder den Frantzosen hielt die gantze Nacht gerings vmb die Statt gute Wacht / vnd war mit hefftigem Zorn ergrimmet / daß er etliche vnder seinem Volck / vnd fürnemlich seinen Enckel verloren hat / klagt sich selber an / daß er den Spaniern so wol getrawet / vnnd jhrer zusag vnnd Verheissung Glauben geben het. Gab derhalben etlichen seiner Diener Befelch / sie solten als baldt der tag anbreche / alles Bech wo sie es köndten finden / zusammen suchen /

(dann

(dann es hatten die Spanier viel Thonnen mit Schiffbech / die Schiff darmit zuuergiessen in die Statt führen lassen) vnnd solten allenthalben die Thür / Fensterladen vnnd alles was von Holtzwerck gemacht wer / mit genanntem Bech vberziehen / Fewer darein werffen vnd die Gebew auff den Grundt zerschleiffen / daß alles dem Boden eben würde. Hat also nicht allein die Häuser verbrennen lassen / sonder hat auch der Kirchen nicht verschonet. Welches ein Spanier von weitem in dem Waldt ersahe / waget sich vnnd ritte zu dem Obersten / sprach ihn

Eines Spaniers Kühnheit.

vndertheniglich an / vnnd sagte / ob er nicht sein Mütlein gnugsam gekület het / in verstörung vnnd zerrüttung der gantzen Statt / vnnd hette noch vber das alles das Gottshauß angestecket. Darauff gab er im ein solche antwort / die Leut / sagt er / in welchen weder Trew noch Glauben ist / bedürffen keiner Kirchen noch

Auana geschleifft vnd verbrennt.

Gottshauß. Zu letzt da alle Häuser in der äschen lagen / ließ er auch die Vestung schleiffen / vnnd biß auff den Grundt hinweg nemmen. Vnnd wie solches alles vollbracht war / fuhrt man die Schiff in Port / belude sie mit dem Raub den sie auß der Statt zusammen hetten getragen / zogen also die Spanier von dannen mit grossem trawren vnnd Bekümmernüß. Nach wenig tagen besahe ich auch auß dem Port alles wie die Frantzosen hatten hauß gehalten / vñ war ein jämmerlicher Anblick / daß so durch einander zerstöret vnd zerrüttet war / vnd schier nicht sehen kundte / wo ein jedes Hauß gestanden war.

Sant German von den Frantzosen geplündert.

Es ligt auch noch ein Statt Sant German genannt in der Insel S. Joannis / die man auß dem Portu diuite, das ist / reichen Port / er bawet hat / diese weil sie am Meer gelegen / haben die Frantzosen offtermals geplündert / solches zuuerhüten haben die Spanier vor genannte Statt weit von dem Vfer des Meers vngefehrlich die sechs tausent schrit in ein Waldt verrücket / vermeinten allda sicherer vnnd mit geringerer Gefahr zu wohnen. Doch hat sie solches nicht viel geholffen / sonder seindt von den Frantzosen in ihrem wilden Nest baldt außgekundschafft worden.

Iamaica die Insel verheeret.

Nach diesem haben sie auch eingenommen in der Insel Iamaica die Statt Hispalim oder Seuilliam vngefehrlich bey acht tausent Schritten von dem Meer gelegen. Diese Insel ligt auff die funff vnd zwantzig Welsche Meil wegs gegen Orient von der Insel Hispaniola / vnnd siebentzehen grad von der æquinoctial Liny. Ihr Häupstatt wirdt new Hispalis genennt / vnnd ist darinn ein

Petrus Martyr.

Probstey oder grosses Closter / in welchem Petrus Martyr von Meylandt bürdig der erst Abt gewesen / der drey schöne Bücher von den Indianischen Sachen geschrieben hat / welches Histori danlden im andern Theil begriffen wirdt.

New Carthago von den Frantzosen durch Verrätercy eines Spaniers erobert.

Eben zu derselbigen zeit trug es sich zu / daß ein Richter zu Carthago / welches ein Statt vnnd Herrschafft ist der Landschafft Indien / einen Schiffman / den er vmb einer vrsach willen feindt vnnd auffsetzig war / hat lassen mit Ruthen streichen. Dieser als er entrann vnnd ledig wardt / hat er sich in Hispanien begeben / vnnd von dannen in Franckreich / vnnd zuletzt / nachdem er fünff Schiff an sich bracht / in Indiam geschiffet / vnnd in dem Port der Statt Carthago die Ancker auß geworffen / vnnd bey die hundert Kriegßknecht in kleinen Schifflein zu Landt geführet / welche ein stund vor tag die Spanier im besten Schlaff haben vberfallen / in die Häuser mit gewalt gebrochen / deren ein theils Höltzern waren etliche von Rohr geflochten vnd mit Dattelbäumen Blättern bedecket/ das theten sie mit grossem Tumult vnd grewlichen zetter geschrey. Der Schiffmann lieff eylendts mit etlichen Frantzosen deß Richters Behausung zu/ der jhn zuvorhin mit Ruthen hat lassen zerschlagen/ gibt jhm mit dem Sebel etlich stich/ vnd läst jhn alda todt ligen/ die andern lieffen allenthalben herumb/ sahen wie sie möchten gute Außbeuth bekommen. Aber der in yrrethen Spanier gabē die Flucht/ etliche wurden erschlagen vnd zum theil gefangen. Also ward die Newe Carthago/ wie sie es nennen/ geplündert vnd verbrennet/ vnd brachtē die Frantzosen daruon hundert vnd fünfftzig tausent Ducaten vom Rauben vnnd Ranzionen.

Zuuor aber vnd hernach/ als diese Plünderung geschehen/ vmbschiffeten die Frantzosen dieselbige gantze Refier vnd Gelegenheit/ biß an die Orth/ die sie nennen S. Martha vnd Capitis-Veli, vnd theten daselbst herumber mit Rauben vnnd Plündern viel Schadens. Diß sey nuhn auff dißmal von der Frantzosen Thaten gnug gesagt/ wil ferner von anderm was sich hat zugetragen Meldung thun.

Frantzosen thun mit Rauben vnd plündern viel schaden.

Zu der zeit als in der Jnsel Cubagua, der Pärlen Fanz (das ist wie sie dieselbigen auß den Pärlen Muscheln nemmen vnd samblen) im schwanck gieng/ kame ein Frantzösisch Schiff daher gefahren/ vngefehr alda zuländen. Wie das die Spanier ersahen vnnd kenneten/ rüsteten sie alsbald zwey Schifflein zu/ wie sie daselbst gebreuchlich/ mit fünfftzig wolgewapneter Jndianischen Bogenschützen beladen. Die schicken sie dem Frantzösischen Schiff entgegen/ vberredeten sie/ es weren eitel Pædicones, daß ist/ Knaben schender/ vnd wann sie sie nit bald vmbbrechten/ würden sie zu Land herauß fallen/ vnnd mit jhnen/ gleich als mit Weibern schandtlicher weiß handlen vnnd vmbgehn. Die Jndianer meinten nicht anders/ dann es weren solche Leuth/ arbeiteten hefftig/ so lang biß sie das Schiff erreichten. Die Frantzosen hatten auff sie keinen bösen Argwon/ besorgten sich nicht deß geringsten/ besahen die Nacketen Leuth gar wol/ gedachten sie kemen derhalben zu jhnen/ daß sie lust hetten sie zu sehen/ oder der Pärlen halben mit jhnen zuhandlen/ wie sie aber neher hin zu ruckten/ fiengen sie an für die Edle Pärlen vergiffte Pfeil vnder die Frantzosen zu schiessen/ deren sie etlich durchschossen vnd verwundeten. Die Frantzosen so baldt sie merckten/ daß jhre Gesellen gifftige Schüß empfangen hatten (dann von Safft deß gifftigen Krauts/ damit sie die Spitz an den Pfeilen beschmierten wusten sie nichts/ hatten nur der Pärlen gute erfahrung) kerten sie wider vmb ohn allen verzug/ ist auch forthin kein Frantzösisch Schiff mehr (so viel mir bewust) an diesen Orth ankommen. Also seindt die Spanier/ mit solchem listigen vnd geschwinden Ranck den Frantzosen entgangen vnd auß den Händen entwichen.

Spanier list gegen den Frantzosen.

Erklerung der Historien deß vierten Capittels.

1. Sant Iacobus, Jst die fürnembste Statt so die Spannier inn der Jnsel Cuba erbawet haben/ alda hat es ein Bischofflichen seß. Jst auch berumbt deß gantz sicheren/ vnd sehr stillen Pfort daselbsten.

2. Die Jnsel Iamaica ligt nach Auffgang der Sonnen vber der Jnsel Hispaniola funff vnd zwantzig Frantzösische Meil. Von der AEquinoctial lynien aber siebenzehen grad.

Die Hauptstat darinnen heist new Ciuilien, sie ist seh. b·rüh m bt/ von wegen der grossen Abtey daselbsten/ inn welcher Petrus Martyr von Meyland der erst Abt gewesen ist/ vnnd ist eben der jenige/welcher dreyssig Bücher von der newen Welt geschrieben vnd in truck hat lassen außgehen.

Von den Sitten vnnd Handthierung oder Kauffmanschafft der Carthaginenser vnd S. Marthenser. Item wie die Spanier die Smaragden vnnd Goldt von jhnen bringen/ vnd zur Dancksagung sie bekriegen/ plündern/ vnnd Leibeigne auß jhnen machen.

Das Fünffte Capitel.

DEn eilfften Monat nach meiner Ankunfft in die Insel Hispaniolam fuhr ich von der grossen Statt S. Dominici in einem Schiff/ welches inn der Indianer Landtschafft segelte/ vnnd am sechsten tag nach dem wir waren außgefahren/ thet sich herfür das Schnegebirg/ so sie S. Marthæ Berg nennen/ welches ein Meerhafen ist/ der stosset an das Mittellandt/ der nicht ferrn von den hohen Bergen/ welche jmmerzu schnee haben/ vnangesehen daß ein stettige Hitz daselbst ist/ vnd kurtz darnach ländeten wir an bey der Statt Carthago/ welcher sie derhalben diesen Namen geben/ daß sie gleicherweiß wie die neuwe Carthago / inn Hispanien vor dem Eingang deß Fahrs ein Insel hatt / welche acht tausent Schritt lang ist / vnnd drey tausent breit. Vnd als erstlich die Spanier diesen Orth besuchet haben / ist sie von lauter Fischern bewohnet gewesen / jetzt aber kan man kaum erkennen wa ein Fischerhüttlin gestanden ist. Welches keinen sol wunder nemen/ dieweil in andern Stätten/ so die Spanier zu Wasser vnnd Lande durchstreifft haben/ kein Fußstapffen mehr von den armen Indianern zu spüren noch zufinden seindt / dann sie haben sich niemals in der Spanier Freundtschafft begeben / von wegen jhrer greulichen Wüterey/ die sie gegen jhnen gebraucht haben.

Carthago in Indien woher sie den Namen habe.

Was die Früchte/ Fisch/ vnnd andere nothwendige Speiß zu vnderhaltung deß Leibs/ belanget/ haben sie desselben ein gute notürfft.

Die

Die Scham behencken sie mit einem Fürtuch von Bawmwollen geweben. In Kriegßleuffen lassen sich die Weiber eben so wol als die Männer gebrauchē/ dann man find geschrieben/ das im jahr 1509. als Martinus Ancisus wider die Zemtenser krieget/ ein Weibsbild/ welche 20. jahr alt was/ mit jhrer eigen Hand 28. Christen hab vmbgebracht. Sie brauchen im Krieg/ sich wider den Feind zu wehren/ vergiffte Pfeil. Was sie von Feinden fangen/ fressen sie alles/ besonder aber die Spanier zerhacken sie zu kleinen Stücklein/ vnnd wann es jhnen so gut köndte werden/ fressen sie alle Spanier. Wann sie ein mal ein grosses Fest halten/ zieren vnd schmücken sie den gantzen Leib mit güldenen Spangen vnd Armbanden/ vnd hencken an alle Glieder Pärlen vnd Schmaragden.

Indianer natürlich Neid gegen den Spaniern.

Carthaginer Gewerbschafft.

Jhre fürnembste Gewerb vnd Kauffmanschafft seind Fisch/ Saltz vnd Pfeffer/ das führen sie an solche Orth darinnen dere Waar keine zu finden ist/ vnnd wächßlen ein Waar vmb die ander. Da es noch wol vmb sie stunde/ vnnd gute zeit bey jhnen war/ fiengen sie eine Gewerbschafft an/ vnnd handthierten vnder einander/ mit schönen edlen Früchten/ Bawmwollen/ Federn/ Geschmeid/ Gold/ mancherley Pärlen/ Schmaragden/ Leibeignen Knechten/ vnd andere mehr guter Waar/ so in jrem Land zu finden/ gaben einander was eim jeden von nöthen was ohn allen Geitz vnd kargheit. Gib mir (sagten sie) das/ so wil ich dir das geben. Es ist auch bey jhnen nichts inn so grossem Werth als Essen Speiß. Wiewol der mehrertheil dieser Völcker heutigs tags hefftig auff Gelt vnd Gut/ vnd auff zeitliche Güter trachtet/ welches sie allein von den Christen haben gesogen. Jedoch werden noch viel vnder jhnen gefunden/ die solche Reichthumb/ Gelt vnd Gut gar für nicht halten/ noch achten. Das aber männiglich wisse in was grosser verachtung aller Reichthumb bey den Indianischen Völckern seye/ wil ich solches auß deß Johannis Lerij History von seiner Schiffarth in das New Indien hie kurtzlich erzehlen/ welcher vnder andern schreibt/ in dem Gespräch so er mit einem Indianer auß Brasilia (mit denen die Frantzosen ein Bündtnuß hatten) gehalten/ welcher also zu jhm sagt: Es verwundern sich die vnsern höchlich/ wann sie die Frantzosen vnd andere Völcker so von ferren Landtschafften zu jhnen sehen fahren/ vnd mit so grosser Mühe vnd Arbeit jhre Schiff mit Bresilien Holtz beladen? Darnach fragt er/ warumb doch die Frantzosen vnd Castilier so weit nach Holtz führen/ ob keins bey jhnen wüchse/ daß sie darbey kondten kochen? Darauff antwortet ich/ daß zwar viel vnd vberflüssig Holtz bey jhnen wachse/ aber nicht solches geschlechts vnd arth wie dieses/ Furnemblich deß Bresilien Holtz/ welches sie nicht pflegen zuuerbrennen/ wie er dar für hielte/ sonder sie färben darmit/ wie sie dann auch jhre Baumwolle gewand/ Fädern vnd andere ding mehr/ darmit anstreichen vnd färben. Hierauff gab er zur antwort/ Ob sie dann also gar viel müsten haben? Da sagt ich (damit er sich desto höher verwundert) daß bey vns ein Kauffmann mehr Roth Tuch/ vnd Messer/ sampt Scheren vnd Spigel besässe (dann solch ding seind jhnen wol bekannt) weder so viel jemals inn diese Landschafft weren geführt worden/ vnnd kauffte derselbig Kauffmann alles Bresilienholtz auff/ so dahin geführt würde. Darab verwundert sich der Indianer hefftig/ vnd sagt/ Ich erzehlet jhm seltzame vnd vnglaubliche ding/ vnnd fragt hiemit/ ob solcher Reicher Kauffmann/ von dem ich sagt/ auch sterblich were? Dem gab ich zur antwort/ Er were eben so wol sterblich gleich wie ein ander Mensch. Da fragt er weiters/ Wer dann nach seinem Abscheidt sein grosse Reichthumb besässe? Sagt ich/ seine Kinder/ vnd wann er keine hat/ so erbten jhn seine Brüder/ Schwestern vnnd nechsten Blutsfreund. Wie ich jhm solches hat erzehlet/ fieng er vberlaut an zuschreyen vnnd

Indianer einfältigkeit.

lachen vnd sagt/ O jhr Mayr (also nennen sie die Frantzosen) seind alle Narren/ daß jhr also mit grosser Leibsgefahr ein so ferren weg zu Wasser vnnd Land euch bemühet vnd wagent/ damit jhr euwern Kindern vnd Blutsverwandten grosse Reichthumb suchent vnnd zusammen lesent. Vertrawent jhr nicht/ daß eben

Indianer achten keins golds noch Sylbers.

das Erdtreich welches euch ernehrt hat/ möge ewere Kinder vnnd Nachkömling auch ernehren vnd erhalten? Seitenmal wir auch Kinder vnd Blutsfreundt haben die wir von hertzen lieben/ samlen wir jhnen doch kein Reichthumb zusammen/ sonder hoffen vnnd vertrauwen steiff vnnd gewißlich/ daß eben das Erdtreich so vns vnd vnsere Vorfahren bißher hat erhalten/ werde jhnen auch Nahrung geben vnd ernehren. Hierauß leichtlich abzunemmen ist/ wie gar für nicht vnd gering sie die zeitlichen Güter achten vnd halten.

Ich muß hie noch ein Histori erzehlen/ welche mir auff ein zeit als ich darinn wanderet/ ist begegenet. Als mich eyn mal hefftig hungeret/ vnnd ohngefehr in eines Indianers Hauß kame/ vnd forschet ob er kein Hanen feyl hette/ gab er zu antwort/ ja er hette feyl/ vnnd fraget mich was ich jhm dargegen wolte geben. Diesem reichet ich ein Silberne Müntz oder Pfenning dar/ denselbigen nam er mir auß der Hand/ vnnd fragt was ich mit dem Hanen wolte thun. Darauff gab ich zur antwort/ ich wolte jhn essen. Da sahe mich der Indianer ernsthafftig an/ vnnd nam den Pfenning zwischen die Zän/ gleich als wann er jhn essen vnd verschlucken wolte. Gleich darauff fieng er an vnd sagt/ Lieber Christ/ wann du wilt daß ich dir etwas verkauffe das du essest/ so gib mir etwas dargegẽ dz ich auch essen kan/ dañ dz du mir hie hast gegeben ist nirgent zu nutz noch gut zu Menschlicher Nahrung. Wann du aber solches nicht thun wilt/ so gib mir meinen Hanen widerumb/ daß ich jhn selbs esse. Auff solche weiß vnnd weg ward ich von dem Indianer betrogen vnd verachtet/ müst derhalben lähr auß diesem Hauß gehen/ vnnd mich zu einem andern verfügen/ da hab ich ein Hanen vmb das Gelt feyl gefunden.

Es laufft zwischen dem newen Carthago vnnd Sant Marthan ein grosser vnnd strenger Fluß/ welcher mit grossem vngestüme inn das Meer fellt/ daselbst mögen Winters zeit wann es kalt ist/ die Schiff leichtlich anländen vnd süß Wasser auff dem Landt holen. In diesem Fluß ist Gonzallus Ximenez ein Doctor/ deß Petri Lugi/ derselbigen Prouintz Landtvogdts Oberster Leutenampt/ mit fünff vnd viertzig Spaniern/ als er nach grossem Reichthumb strebet/ gefahren/ vnnd als er an den Grentzen deß Fluß/ nach herumb fuhre/ sahe er daß die Einwohner Schmaragd vnd Edelgestein an den Ohrläpplein trugen/ vnnd wie er von jhnen berichtet ward/ wo sie dieselbigen fünden/ satzt er jhm für/ daß er nicht wolte zuruck weichen/ so lang vnd so fern biß er zu den Gruben vnd Erdtreich käme/ da solche Edelgestein vnnd Reichthumb gegraben würden. Da sie nuhn

etlich

etlich Landtschafften vnd Prouintzen durchstreifften/ seindt sie endtlich zu einem sehr Reichen vnd Mächtigen Königschen kommen/ mit namen Bagottam, von demselbigen hat der Doctor ein vnzalbar vnnd grosse summa Golds/ zum theil mit schmeichelhafften vnd süssen worten/zum theil mit gewalt abgeschreckt vnnd bekommen: jhn darneben gefragt/ vnnd von jhm begert zuwissen/ wo sie die Schmaragd vnd andere Edelgestein nemen. Hierauß hat der Bagotta leichtlich der Christen vnziemlichen Geytz vnd Gelthunger gemerckt/ vnd damit er sie mit glimpff vnnd fug auß seiner Herrschafft brächte/ sagt er es würden solche Schmaragd in dem Thal Tunia genannt/ gegraben. So bald der Doctor solches vom Bagotta berichet/ist er ohn verzug mit seinen Kriegsknechten fortgezogen/ vnnd etlich Berg vberstigen vnnd erobert/ inn welchen die Indianer den Paß inhielten/ vnnd in kurtzen tagen in das Thal Tessucam kommen. In derselbigen Prouintz vnnd Landschafft was eyn Konigscher/ der heiß Simandoca, dieser als er sahe daß die Spanier still vnnd ohn einigen Schaden (dann es hat jhnen der Doctor höchlich verbotten/daß keiner einem Einwohner etwas solte mit gewalt nemmen/ oder schaden thun/ damit sie bey diesen Völckern ein Gunst vnnd geneigten willen/ oder ein guts Lob schöpffeten) durch sein Landtschafften reiseten/ hat er sie freywillig/ vnd ohn einigen widerstand lassen passieren vnd durchziehen/ jhnen darneben auch alle Ehr vnnd Reuerentz bewiesen/ vnd sie freundlich vnd gütlich auffgenommen/ jhnen Speiß vnd Nahrung mitgetheilet/ so viel jhm müglig gewesen. Diesen fragt der Doctor vor allen dingen/ wo doch die Gruben vnd Berg der Edelgestein vnd Schmaragt zu finden weren. Da führet jhn der Königische gantz freundtlich zu demselbigen Orth. Es lag ohngefehr der Orth auff die fünff vnd zwentzig tausent Schritt weit von seiner Landtschafft/ was ein hoher Bühel/ ein heißgründiger vnnd dürrer Boden/ da weder Laub noch Graß noch ein einiger Bawm wachset. Daselst befahlch er seinen Vnderthanen/ daß sie ein grosse suma Edelgestein vnd Schmaragd grüben/ dieselbige schencket vnd verehret er dem Doctor/mit sampt viel anderen Reichthumb vnd Gold/ dann er achtet die Edelgestein vnd Goldt gar für nichts/vnd hielte ein körnle Saltz viel höher vnd werther weder alles Gold/vnd den gantzen Berg mit Schmaragd. Er sagt auch/ es wehre das Golt vnnd die Edelgestein nirgent zu nutz/ weder allein für den Schein vnnd Zier/ aber das Saltz müßte man haben/ vnd köndte man ohn dasselbig nicht geleben.

Indianer achten das Gold vnnd Edelgestein geringer weder Saltz.

Mit diesen herrlichen vnnd Reichen Gaben oder Geschencken ist der Doctor mit seinen Knechten widerumb gehn Sant Marthan kommen/ auch hin vnnd her weit auß gespreitet die Newen erfundenen Prouintzen/welche an Goldt vnd Edelgestein vber die massen Reich vnd vberflüssig were. Wie die Spanier solche Newe zeitung vernommen/ kame sie alle ein grosser begierd vnd Gelthunger an/ dieselbige zu besehen/ vnnd fürnemblich hette Petrus Lugus ein grossen verlangen darnach/ rüstet sich derhalben in kurtzer zeit sehr gewaltig mit Waaffen/ Kriegsrüstung / Schiffen / Pferdten / vnnd andern nothwendigen dingen zum Zug: Vnnd dieweil er wenig Kriegsvolck bey jhm hatte/ bewarb er sich allenthalben vmb new Kriegßvolck/ vnd legt den Musterplatz gen New Carthago. Wie er nuhn das Kriegsheer nach seinem wolgefallen hatte angestellt vnnd wol gestaffiert/ ist er mit demselbigen forth geruckt/ vnnd an die Grentze deß Königs Bargotte Landschafft kommen. Wie der Bagotta/ vnd die anstossende Völcker der Christen zukunfft vnd Kriegsmacht haben vernommen/ vnnd von jhren lastern vnnd grewlicher Tyranney/ so sie allenthalben begangen/ haben gehört/ seind sie einhellig zu rath worden/ vnd bey jhnen beschlossen/ die Christen mit gewalt vnd Waafen abzutreiben/ vnd jhr Freyheit zuerretten. Da es aber zu einem offentlichen Streitt vnd Feldtschlacht ist gerathen/ seindt die Indianer in allen Streiten vnd Scharmützlen vnden gelegen/ vnd von den Spaniern vberwunden worden. Derhalben als täglich viel auß den Indianern erschlagen wurden vnnd auff dem Platz blieben/ also daß sichs ließ ansehen/ wann sie sich nicht bald ergeben/ würd jhr gantz Geschlecht vnnd Volck von den Spaniern außgerottet werden/ fürnemblich dieweil den Spaniern von Carthago vnnd Sant Marha new vnnd frisch Volck zugeschickt ward/ derowegen verzweiffelten sie endtlich am Sieg/ vnnd legten die Waaffen von sich/ bathen vndertheinig vmb Gnad vnd ein Frieden/ ergaben sich hiermit mit Leib vnd Gut auff Gnad vnnd Vngnad. Auff solche weiß vnnd weg haben die Spanier die fürnembsten Landtschafften vnd Prouintzen dieser Gegent vnder jhren Gewalt gebracht.

Indianer ergeben sich.

Wie nun Petrus Ligus der Indianer verzagt Gemüth vnd Hasenhertz in etlichen geringen Scharmützlen vnnd Streiten hat erkündiget/ zoge er mit dem Kriegsheer schnell forth/ erobert viel Landschafften/ vnd wa er hin kame/ verherget er alles elendiglich mit Fewr/ Schwert/ Blutvergiessen/ Rauben vnnd stehlen/ vnd kame letzlich widerumb mit grossem Raub von Gold vnnd Edelgestein gen S. Martham. Diese Landtschafft ist von den Spaniern das New Königreich Granata genannt worden. Aber Georgius Robledus ein Oberster deß Kriegsvolcks (welcher zum ersten Einwohner dahin gesetzet vnd gepflantzet) hat sie Carthago genennt/ dieweil schier alle die jhenigen so sich zum ersten dahin gesetzt haben/ vnd jhr Wohnung da gemacht/ auß der newen Statt Carthago in Spanien bürtig seind gewesen/ vnd jhren vrsprung daher genommen. Sie haben an diesem Orth vber die massen ein vnglaubige summa von Schmaragd vnd andern Edelgestein gegraben/ vnd weret solches graben noch heutigs tags.

Erklerung der Historien deß fünfften Capitels.

1. Der Mehrhaffen oder Pfort Sant Marthæ, an dem Fußfesten oder Mittelland inn new Indien gelegen/ erstreckt sich nur eilff gradus von der AEquinoctial linien/ gegen Mitternacht. Er ligt vnder einem Gebirg/ welches vber die massen hoch ist. Es ist sich auch sehr zu verwundern/ daß in so einem heissen Land/ so ein gar kaltes/ dunckles vnd grosses Schneegebirg zufinden ist. Wenn die Schiff auff dem hohen Meer sind/ so werden sie zum aller ersten derselbigen Schneeberg jnnen/ vnnd vernehmen daß sie da zu Land anfahren mögen.

2. Es lest sich ansehen als wenn vnser Autor, zu ende dieses Capitels eine andere Vrsach beybringe/ woher jnen der Nam Carthaginenser komme/ aber es ist zu wissen/ daß er allhir rede von der gantzen refir deß Mehrhaffens/ oder derselbigen gantzen Grentzen: welche gleich wie die newe Statt Carthago in Hispanien/ auch ein Insel gegen jhr vber gelegen hat/ vnnd also in diesem fall mit gegenwertigem Orth in Indien zuuergleichen ist: Daher den entweder Columbus oder die Spanier/ welche zum ersten dahin kommen sind/ diesen Ort also intitulirt haben. Zuvor aber hat er geredet allein von der Statt/ welche die Bürger von Carthagine inn Spanien haben in die newe Prouintz Granatam gebawt/ vnnd viertzigtausent schritt von dem Pfort Sant Matthæ ligt. Ferner so nennen die Wilden die Insel/ welche gegen dem Carthaginenser Pfort vberligt/ Codego/ gleich wie die Carthaginenser inn Spanien die Insel gegen jhnen vber Scombriam heissen. Hieruon besehe vnd lese die Historien Titi Liuij im sechs vnd zwanzigsten Buch.

3. Im Jahr tausent fünffhundert vnnd eilff/ als Martinus Ancisus wider die Zenuenser, so in derselbigen grentzen wohnen/ kriegete/ hat er ein Indianierin/ so etwan 20. jahr alt gewesen/ gefangen/ welche 28. Christen mit eigner Hand erschlagen hatte. Hieruon lieh die general Historien deß Gomaræ im andern Buch.

4. Durch denselbigen grentzenstrich des Fußfesten Lands/ darinnen new Carthago ligt/ auch im selbigen gantzen newen Konigreich/ hat es sehr viel langen Indianischen Pfeffer/ so weit scherffer vnnd stärcker ist/ als der auß Orient zu vns bracht wird: der Geruch ist auch viel lieblicher vnd reucht mehr nach speerey als das Axi oder Capsicum, das ist der gemeine Indianische Pfeffer. Hieruon liese Nicolaum Monardum in seinem Buch von den Simplicien inn Newe Indien.

5. Damit man klerlich abnehme wie die Indianer das zeitlich Gut vnd Reichthumb so gahr für nichts achten/ so wil ich auß meines guten Herrn vnnd freundes Ioannis Lerij Buch/ welches er ohn lengst/ von seiner Reiß in die Newe Welt/ hat lassen außgehen/ hieher setzen das Gesprech/ so er mit einem Wilden in Brasilia gehalten hat. Es verwundern sich (spricht er) vnsere Tupin Imbæ, (diese sind Völcker in Brasilia, so der Frantzosen Bundtsgenossen vnnd gute freund sind) nicht wenig/ wenn sie die Frantzosen vnnd andere frembde so gar von weiten fernen Landen sehen zu jhnen kommen/ auch so groß mühe vnnd gefahr auff sich laden/ nur allein damit sie jhre Schiff mit dem Arabut, das ist mit Præsilien, oder demselbigen roten Holtz so im selbigen Land wächset/ beladen/ vnnd es vber Meer widerumb nach Hauß führen. Deren vrsachen halben hat mich auff ein zeit ein betagter alter Mann auß den Wilden zu rede gestellt: was bedeuts doch/ sprach er zu mir/ lieber Mair, daß jhr Mair vnd Peros, das ist jhr Frantzosen vnnd Portugleser/ so fern vnd weit ins Holtz fahret/ Oder wächst etwann bey euch kein Holtz/ daß jhr zu brennen habt: Darauff antwortet ich jhm/ ja freylich sagt ich/ wächst Holtz vollauff in vnserem Land/ vnnd mit grosser meng/ aber es sind nicht der art Bäume/ wie die ewrigen/ in sonderheit das Präsilien Holtz/ welches vnsere Leut nicht darumb von euch abholen/ daß sie es verbrennen/ sondern daß sie darmit ferben/ gleich wie jhr auch ewere Baumwollene Bender/ Fedderbüsch vnd dergleichen sachen darmit zubereitet vnd schön ferbet/ hie fiel er mir in die rede vnd sprach/ müsset jhr den darzu so viel brauchen/ darauff sagte ich/ ja freilich so viel vnd noch wol mehr/ den man findet bey vns einen einzigen Kauffmann/ welcher mehr rotes Tuchs/ Messer/ Scheren/ Spiegel vnnd dergleichen Wahren hat/ als jemals zu euch in diese Lande sind geführet worden/ ich muste jhm aber von Wahren sagen/ die jhm bekand waren/ vnnd derhalben sagt ich/ daß wol ein solcher Kauffmann allein all das Presilien Holtz auffkauffet/ so viel jmmer von euch abgeladen wird. Ach lieber Mair, sprach der Wild/ vnnd solte dem also sein/ deß müst ich mich in warheit hoch verwundern/ besann sich kurtz auff meine wort/ fragt mich ferner also/ Derselbig Kauffmann der so reich ist/ wie du sagst/ stirbt er den auch wie ander Leuth? Ja in alle weg/ stirbt er/ antwort ich/ vnnd er muß eben so wol dran/ als andere auch/ Darauff hielt er ferner an (wie den der Wilden brauch ist/ daß sie einem ding fleissig nach sinnen/ vnnd sich nicht von der angfangene rede lassen abführen/ sondern dieselbige fein bescheidentlich hinauß zum ende führen) also fragte mich auch dieser weiter: wer erbt den solch groß Gut/ wenn derselbige reiche Mann stirbet/ seine Kinder/ sagt ich/ so fern er deren hat/ im fall er aber ohn Erben were/ so gehören seine Brüder/ Schwester/ vnnd nechsten verwandten darzu. Wie ich nuhn außgeredet hatte/ zwar/ spricht mein guter alter Kempffer vnverholen/ auß diesen deinen geschehenen reden/ kan ich

leichtlich so viel schliessen/ daß ihr Mair, das ist ihr Franzosen müsset rechte grosse Narren sein: Denn was noth treibt euch darzu/ daß ihr euch so grosse mühe auff den Halß ladet/ eine so weite vnd sorgliche reise vber das wilde Meer zuthun/ darauff ihr so manches vnglück vnd gefahr/ wie jr selbsten bekennet/ wenn jhr zu vns ankommet/ müsset außstehen/ vnd nichts anders dardurch erhaltet/ als daß jhr eweren Kindern/ oder euwern verwandten/ nach ewerem todt Gelt vnnd Gut samlet: Vertrawet jhr nicht dem Erdreich/ welches euch bißher ernehret vnd erhalten hat/ daß es auch die ewerigen nach euch auch ernehren vnnd erhalten könne / Wir zwar haben eben so wol Kinder vnd Verwandten/ vnd wie du selbsten sihest/ so sind sie vns alle von Hertzen lieb/ weil wir aber das vertrauwen haben/ daß nach vnserem tod das Land/ welches vns vnsere Nahrung gibet/ auch sie ernehren werde/ so geben wir vns also zufriden/ vnnd sorgen weiter nicht für sie. Diß sey nuhn biß daher auß deß Lerij Historien kürtzlich angezogen.

Wie

Wie ettlich Teutschen der Spanier Exempel vnd Sitten seyen nachgefolget/ vnd die Indianer auch auff mancherley weg geplaget. Durch deren Schmachheit die Indianer seind verursachet worden von jhnen abzufallen/ vnd jnen selbs den Todt angethan. Item von der Valcthumier Gottsdienst/ Ceremonien/ Waffen vnd Sitten.

Das Sechste Capitel.

ALs der Welsarer der Augspurgischē Kauffleuthen Ambassitorn vnd Landvögt in der Landtschafft Valentiola von den grossen Reichtumb höreten/ welche die Spanier in dem eussersten Indien eroberten/ machten sie sich auff mit jhrem Kriegßvolck/ zogen durch rauche Berg vnnd Thäler biß zu dem Gebirg bey S. Marthan, von dannen seind sie von den Indianern/ welche den Weg wußten/ in die Landtschafft geführt worden/ da man viel Edelgestein vnd Schmaragd gräbet. Daselbst haben sie hin vnnd wider alle anstossende Landschafften vnnd Völcker durchstreifft/ geraubt/ gebrennt/ vnd zu todt geschlagen was jhnen zuhanden kommen/ vnnd letztlich mit grossem Raub von Goldt vnd Schmaragd wider in jhr Landtschafft Valentiolam kommen. Da aber die armselige Indianer sahen/ daß sie täglich mit vnleidtlichen Schmachheiten vnd Peinigungen angefochten vnd geplagt/ vnd allenthalben von frembden Völckern vndergetruckt wurden/ seind sie endtlich solcher langwirigen Marter vnd Schmachheiten vrdrüßig worden/ den Christlichen Namen offentlich verfluchet vnnd geschmähet/ vnnd sammenthafft in finstere dicke Wäld geloffen/ jhnen daselbst ein jhämerlichen vnd schröcklichen Todt angethan. Dann es versamleten sich Mann vnnd Weib hauffechtig inn den Wälden/ vnnd henckten sich an die Bäum/ welche aber keine strick hatten daran sie sich henckten/ halff eine der andern/ vnd henckten sich mit den Zöpffen vnnd Haar an die Bäwm/ stiessen den Corper darnach darvon/ daß sie also ledig hiengen/ da sie dann ein jämerlich vnd elendiglich geschrey vnd geheul haben gehabt/ vnd mit solchem Zetergeschrey Himmel vnd Erden erfüllet/ biß sie endtlich hungers an den Bäwmen gestorben.

Teutschen halten sich vnfreundlich gegen den Indianern.

Indianer thun jnen ein schmählichen Tod an.

Dieweil wir im vorgehenden Capitel meldung gethan haben von der Landschafft Vallis Tuniæ, wöllen wir hie etwas von jhren Sitten vnd Gebräuchen

Vallethunser Sitten vnd Religion.

anzeigen. Erstlich ist zu wissen daß die Einwohner der Landschafft Vallis Tuniæ/ vnd der anstossenden Orther/ die Sonnen gleich als den fürnembsten Abgott anbetten/ die sie also hoch verehren/ daß sie wider die Sonnen nicht sehen. Deßgleichen thun sie auch dem Mon Göttliche Ehr vnd Reuerentz an. In den Kriegen vnd Zügen brauchen sie für Feldtzeichen vnd Fähnlein etlicher fürnemmer Männer/ die sich in Kriegen Mannlich vnnd Ritterlich haben gehalten/ Gebein/ welche sie an lange Rohr hencken/ damit sie die andern zur Mannhafftigkeit vnnd Beständigkeit anreitzen/ daß sie den Feind hertzhafftig angreiffen.

Waaffen.

Ihre Waaffen vnnd Pfeil seind auß Dattelbäumen Aest gemacht vnnd die Schwerdter von spitzigen Steinen.

Begräbnuß.

Ihre König begraben sie gantz ehrlich vnnd herrlich/ legen ihnen güldene Halßband an/ die mit Edelgestein vnnd Schmaragd versetzt seind/ deren Gräber die Spanier viel auffgebrochen/ verwüstet/ vnd die Gebein verworffen/ damit sie nur Gelt vnd Gold erebeuten. Bey dem obgemelten (sihe im vorgehenden Capitel) grossen Fluß wohnen die Einwohner Caribes, welche jederzeit (gleich wie auch die Sant Marthenser) diese Landtschafft besessen haben. Es seind vorzeiten eigentlich die Caribes genennt worden diese Völcker so die Insel Dominicam, Boriquenam, Matitinum, Cibucheiram (jetzund Sant Crucis) haben besessen/ vnnd offtermals mit jhren kleinen Schifflein/ so auß einem Holtz gemacht (von jhnen Canoas genennt) in die Insel Hispaniolam gefahren/ vnd ohn vnderlaß mit jhnen gekrieget. Es halten etliche darfür daß die Caribes jhren vrsprung haben auß Caribana, nicht ferrn von dem Vrabensischen Meerhaffen/ so von Auffgang gegen Occident an das Mittelländisch Indien stosset. Sie werden aber auff Indianische Spraach Caribes genennt/ welches so viel heißt als Mannliche vnnd küne Helden.

Caribes Völcker.

Daher werden heutigs tags alle Völcker so vergiffte Pfeil vnd Bogen führen/ Caribes genennt/ in den Mittelländigen Indien. Bey den Brasiliensern aber werden die Priester vnd Weissager Caribes genennt. Sie schmieren jhre Pfeil mit Gifft/ welches von vergifften Kreutern zubereitet wird/ vnd haben vor der Spanier zukunfft alle zeit mit dem Bagotta strenge vnnd langwirige Krieg geführet. Sie seind mannlich/ frech/ vnd raachgierig/ führen jhren Abgott Chiappam mit jhnen in Krieg als ein Scheidman oder vnparteischen Richter deß Siegs/ von dem alle Billichkeit wol betrachtet werde.

Kriegsbrauch.

Eh sie aber in den Krieg ziehen/ werffen sie zuvorhin das Loß vnder jhnen/ welchen sie dem Abgott auffopffern/ oder nemmen einen von der gefangenen Weiber Kindern/ oder sonst ein Gefangnen/ vnd opffern denselbigen dem Abgott zu ehren/ damit sie jhn versünen/ auff daß er jnen Glück vnd Sieg wider jhre Feind verleihe. Sie bestreichen deß Abgotts Bildtnuß mit deß auffgeopfferten Menschen Blut vberal wol/ vnd essen sie das Fleisch vnder einander mit grosser Frolockung vnnd frewden.

Wann sie im Krieg den Sieg erlangen/ vnd widerumb heim zu Hauß kommen/ singen vnd springen sie mit grossen frewden/ zechen biß sie alle voll vnd doll werden/ vnnd besprengen deß Abgotts Bildtnuß mit jhrer gefangenen Feind Blut: Wann sie aber vnden liegen vnd vberwunden werden/ ziehen sie trawriglich vnd demütig heim/ vnd versönen den Abgott Chiappam mit einem andern

dern Opffer/ betten jhn vnderthäniglich/ daß er jhnen forthin wölle gnedig vnd barmhertzig seyn/ vnd jhnen den Sieg wider jhre Feindt verleihen. Ich köndte viel wunderbarliche ding von dieser Völcker Sitten/ vnd Gewonheit schreiben/ dieweil mich aber solches zum mehrertheil vnuonnöthen duncket seyn/ vnnd vielleicht dem Leser etwas vrdruß möchte bringen/ wil ichs hie bleiben lassen/ vnd zu meiner fürgenommen Histori kommen.

Erklerung der Historien deß sechsten Capittels.

1. Sie ehren die Sonne so sehr vnnd hoch daß jhrer keiner gegen sie in jhren schein auff sehen darff. Vber das beweisen sie dem Mond eben so wol/ wie der Sonnen auch götliche Ehr/ wie Gomara zeuget in seiner General Historien im andern Buch vnd 72. Capittel.

2. Vor zeiten haben die Einwohner der Insel Boriquenæ, Sant Dominicæ, Sant Martini, vnd Cibucheriæ, so man nuhn mehr Sant Crucis oder zum heiligen Creutz nennet/ mit jhrem rechten Namen in gemein Caribes, geheissen/ dieser Name ist jhnen daher kommen/ dieweil sie mit Canois, daß ist mit Nachen/ die auß einem eintzigen gantzen Holtz gemacht wehren/ dahin fuhren vnd mit denen in der Insel Hispaniola kriegten. Man vermeinet es haben diese Insulaner Caribes jhr herkommen/ auß der Landschafft Caribana, welches ist/ ein Grentzen an deß Orientalischen Meerschosses/ Vraba genannt/ an dem Fußfesten Land der newen Welt gelegen. Es sind die Caribes tapffere/ Streitbare Leut/ sie reden Indianisch. Zu vnseren zeiten nennet man in gemein alle Wilden/ welche Pfeil vnd Bogen stehts bey sich führen/ in der newen Welt auff dem Mittelland Caribes. Aber bey den Brasilianern werden die Priester vnd jhre Wahrsager Caraibes genannt.

Wie das Mittelländisch India

von den Eynwohnern in vielen Orten wüst vnd öd sey gelassen. Deßgleichen wie die Indianer durch Hülff der heimlichen Oerter vnd Abweg der Spanier Tyranney vnd Dienstbarkeit seyen entflohen. Item von der Spanier Hungersnoht/ als die Indianer jhnen kein Speiß noch Nahrung vmb das Gelt haben wöllen mittheilen.

Das siebend Capitel.

DAmit wir widerumb zu meiner fürgenommen Reiß vnd Schifffahrt kommen/ ist zu wissen/ nachdem ich bey dem newen Carthago angeländet/ hab ich nicht also bald widerumb von dannen können fahren/ dieweil das Schiff/ darinn wir dahin gefahren/ hefftig von dem Meer zerstossen/ vnd schier voller Wasser ware/ hab derhalben auff ein bessere vnd kommlichere Gelegenheit müssen warten. Auff den vierzehenden Tag hernach bin ich in ein Raubschiff gesessen vnd in die Provintz Nomen-Dei geschiffet. Wir seynd allzeit neben dem Gestaden gegen dem Land herumb gefahren/ vnd erstlich bey dem Meerschoß Vraba/ darnach in dem Meerhafen Achla angeländet. Es ligt die Statt Achla vngefehr so weit vom Meer/ daß sie einer mit zween Armbrust Schüß möchte erreichen/ vnd waren damals acht oder zehen Häuser daselbst/ welche die Spanier bewohneten vnd besassen/ wiewol von Anfang mehr dann zwentzig Häuser da seynd gestanden/ welche die Spanier gebawet haben/ als sie diese Provintz erfunden. Aber gleich wie alle Ding von Tag zu Tag/ je lenger vnd mehr ärger werden vnd abnemmen/ dieweil auff beyden seiten von den Indianern vnnd Spaniern viel täglich vmbkamen/ ist der mehrertheil darvon gezogen/ vnd sich in sicherer Oerter begeben. Auff gleiche Gestalt ist es auch mit andern Stätten ergangen/ nemlich mit Antiqua Darienis, vnd andern Prouintzen mehr/ welche im Anfang volckreich seynd gewesen/ aber von Tag zu Tag abgenommen/ vnd schier gar zu einer Eynödden vnnd Wüsten worden.

Achla ein Meerhafen vnnd Statt.

Es war acht Tag zuvorhin ehe wir in dem Meerhafen Achla anländeten/ ein Schiff auß Dominica dahin kommen/ welches nach der Landschafft Nomen-Dei schiffet/ vnd was voll mit Maulthieren beladen. Wie dieses Schiff an dem Gestaden anfuhre/ wuste der Schiffpatron nicht in welcher Landschafft sie waren/ vnd vermeinet gentzlich sie weren hinder die Grentze der Landschafft Caragua

ragua hinauß gefahren/hat derhalben ein Zeichen zum Abzug lassen geben. Wie er nun eigentlich darfür hielte daß er gegen der Landschafft Nominis-Dei schiffete/ ist er imi dem Meerhafen Achla angefahren. Da nun der Schiffpatron noch nicht eigentlich wisset wa er solte hinfahren/noch wa er were/vnd stunde also in zweiffelhafftigem Gemüth/da begab es sich vngefehr daß ein Spanier an dẽ Gestaden deß Meers hin vnd her spatzieren gieng/vñ er sahe vrplötzlich dz Schiff im Einfurth deß Meerhaffens stehn/ der gedachte alsbald daß sie verirret/ vnd nit wüsten wa sie weren. Derhalben lieff er schnell heim zu hauß/namb ein weiß Tuch stacks auff ein langẽ Spieß/vnd richtet solches am Gestad deß Meers auff einem hohen Bühel/ zum Freundzeichen auff. Wie die so im Schiff waren/dieses Zeichen haben gesehen/ seind sie als bald in den Meerhaffen gefahren vnd die Maulthier auff das Land geführet. Spanier erfahrung.

Hie wurden die Kauffleuth zu rath/ daß sie die Maulthier nicht widerumb wolten in das Schiff setzen/dann sie forchteten es möchte jhnen an der Nahrung zerrinnen/haben derhalben dz Schiff lähr mit etlichen Kriegßleuthen gehn Nomen-Dei geschicket/ vnd seind sie mit den Maulthiern auff dem Land gegen der Statt Panamam zugezogen. Eh sie aber auß dem Meerhafen fort rückten/haben sie sich zuuor hin wol mit Prouiand vnd andern nothwendigen dingen versehen/ so viel sie vermeinten von nöthen zu haben auff dieser Reiß. Sie langten auch offtermals an mich/ daß ich mit jhnen solte ziehen vnd sie geleiten. Derhalben seind wir mit dem gantzen hauffen außgezogen zu Fuß/vnd was vnser Wegweiser ein Spanier/der doch den Weg selbs nicht eigentlich wußte/ sampt zwentzig Leibeygene Moren welche der Kaufleuthen Diener waren. Es trug ein jeder ein Beyhel oder Axt in der Hand/damit sie den Weg öffneten/dann ohn dieselbige kondte man nicht dardurch komen/ seitenmahl die Aest von den dicken Bäumen also in einander waren gewachsen vnd vndereinander geflochtẽ/ gleich wie ein Hag oder Zaun. Spannier haben durch vnwegsame Straffen.

Da wir nuhn vber die 14. gantzer Tag mit grosser mühe vnnd arbeit an Gefehrlichen Orten kümmerlich fort gezogen/ vnnd doch nicht den halben theil deß Wegs hatten vollbracht/ köndten wir nirgent keine Fußstapffen vnd zeichen der Einwohner finden/ so vorzeiten da gewohnet/ als sie noch im glücklichem Wolstand vnd alten Freyheiten gesessen. Derhalben stunden die Kauffleuth in grossen sorgen vnnd ängsten/dann wir schon alle Prouiand vnnd Nahrung verzehret hatten/ also daß sie nothhalben dahin gezwungen wurden/ ein Maulthier zu schlachten/ für die Kriegßknecht. Wie sie nuhn also in grossen ängsten vnnd gedancken forthzogen/ da begab sichs daß sie ohn gefehr mit grosser frewd auff einen Abent als die Sonn vndergieng/ auff dem Spitz eines hohen Bergs im Thal ein grossen Rauch sahen auffgehen. Da tröstet vnd vermahnet vns vnser Wegweiser/ daß solches ein gewiß Zeichen sey eines Jndianischen Bawrenhäußleins/ aber er rathe nicht daß wir schnell dahin eilen/ sonder biß auff die andere Nachtwacht verziehen/damit wir die Jndianer/welche sich vnserer zukunfft gar nicht versehen/ vnnd voller Schlaffs würden sein/ vberfielen vnnd gefangen nemmen. Solches bewiese er mit gründtlichen vrsachen/dann (sagt er) wann wir also geschwind dahin eilen zu jhnen/ werden sie nicht anders gedencken/ so bald sie vns sehen/ daß wir allein darumb dahin kommen/ damit wir sie in die ewige Dienstbarkeit hinweg führen (wie solches auch geschehen ist/ eh dann deß Keysers Edict von jhrer Freyheit auß Spanien dahin gebracht ward) vnd werden sie sich als bald in die finstern Wäld verschlieffen/vnd vns fliehen. Wo wöllen wir dann nachmals Speiß vnd Nahrung nemmen/ daß wir vnser angefangene Reiß mögen vollbringen? Auff solche weiß hat er geredt/ vnd ist auch geschehen wie er begeret. Damit wir aber vns desto sicherer vnd sorgsamer möchten verbergen/ schlichen wir gantz still von fuß zu fuß von der Spitz deß Bergs hernider biß auff den halben Berg/ daselbst haben wir biß auff die Mitternacht verharret. Nachmahls seind wir schnell forth geruckt/ vnnd zu der Indianer Häuser vnd Wohnung kommen. Es waren der Häuser nur viere/ vnd gantz gering/ in welche wir vnuersehns seind gefallen/ vnnd ein grossen Lärmen erregt/ dardurch dann die Indianer vom Schlaaff erwachet/ vnd vns alsbald erkeñet/ derhalben ein grausam vnnd erschröcklich Geschrey erhebt/ vnnd inn gemein Guacci, Guacci, geschrieben. Dieses ist ein vierfüssig Thier welches bey Nacht hin vnd wider laufft/ vnd alles vmbringt was es erschnappt/ es seyen gleich Leuth oder Vieh. Mit diesem Namen pflegten sie die Christen zunennen/ von wegen jhres vnzimlichen Geitzs vnd Raubens/ die sie ohn allen vnderscheid an den Indianern bißher begangen hatten. Ich halte darfür daß dieses Thier eben das jhenig sey/ welches die Einwohner inn dem Newen Hispania Tecoani nennen welches sie hoch halten vnd ehren/ vnd sich vor jhm gar nicht entsetzen/ wann es bey Nacht zu jhnen kompt/ Sonder reden freundlich mit jhm/ vnd beruffen es zu sich/ sprechende Tecoani, Tecoani, komme zu mir/ vnnd halten sie solchen für Selig vnnd ein glückseligen Todt/ der von diesem Thier gefressen wird. Derwegen fliehen sie nicht wann es zu jhnen in die Häuser kompt/ sonder stehen still vnd warten mit Freuden welchen es verschlucken wölle.

Die Spanier haben den Christlichen Namen in so grosse verachtung gebracht/ daß sie von den Indianern für wilde Thier geachtet werden.

Tecoani ein wild Thier/ von dem sich die Indianer gutwillig lassen fressen.

Es sol gemeinlich diese fressen so feist vnd dick von Leib seind. Dieses hab ich von einem Glaubwirdigen Spanier inn der Prouintz Mexicana persönlich gehöret.

Indianer jhämerliche Klag von wegen der Dienstbarkeit.

Zwischen diesem grausamen vnd jämerlichen Geschrey der Indianer haben wir sie das mehrertheil all gefangen genommen/ vnnd an demselbigen Orth die gantze Nacht in der Rüstung verharret. Ich kan das für ein gantze warheit sagen/ daß ich mein lebenlang erschrecklichers vnnd jhämerlichers geschrey nie gehöret habe/ als hie diese Nacht/ fürnemblich die Weyber/ haben geführet. Dann sie wusten wol/ daß wir allein dahin weren kommen/ sie in ewige Dienstbarkeit zu führen/ darumb schlugen sie die Köpff gantz trauwrig vnder sich/ vnnd schutteten sie gleich als wann sie vnsinnig weren/ heuleten vnnd wehklagten hiemit gantz jämmerlich/ stiessen die Köpff vnnd Angesicht wider den Erdboden/ schlugen sich mit den Fäusten vnder das Gesicht/ bissen die Zän auffeinander wie die Wilden Thier/ zerzerrten mit den Zänen jhre Kleider/ vnnd spreweten die Stück einander in das Angesicht. In summa/ sie stellten sich also jhämerlich vnd vnsinnig/ daß wa man sie nicht mit hochstem fleiß verwahret/ hetten sie ohn zweiffel einander selbs vmbgebracht.

Deß

Deß Morgens so bald es Tag worden/ höreten sie ein wenig von diesem jhämerlichen Geschrey vnd wehklagen auff/ vnnd trösteten wir sie auff mancherley weg mit deuten/wincken/vnd andern Zeichen/daß sie solten getrost sein/vnd sich nicht forchten/ dann wir weren vmb keiner andern vrsach dahin inn jhre Häuser kommen/weder allein daß sie vns Speiß vnd Nahrung mittheileten/damit wir mit vnsern Maulthieren zu einem andern Meer kämen. Deßgleichen sollen sie sich forthin gahr nicht entsetzen vor der Gefangenschafft oder Dienstbarkeit. Dann es habe der König auß Castilien solches mit einem offentlichen Edict vnd Statut höchlich vnd bey Leibsstraff verbotten/daß man forthin keine Indianer für Leibeigene Leuth gefangen soll hinweg führen. Wie sie solche vnnd andere dergleichen wort von vns höreten / seindt sie etlicher massen widerumb erfrewt vnnd rhüwig worden/ aber gleichwol vns nicht gentzlich vertrawt/ sonder heimlich vermeint es sey ein Betrug darhinder. Als sie aber sahen daß wir jhnen nit weiters begerten zuthun/ haben sie vns freundtlich angenommen/vnd alles mitgetheilt was sie vermöcht/ vns Brot/ Fisch/ Frücht/ vnd Wildprät von Wilden Schweinen fürgetragen (diese Indianische oder wilde Schwein haben jren Nabel auff dem Rücken) hergegen verehreten wir sie mit kleinen schönen Messern/ vnd ein wenig Saltz/ vnd als wir jhnen auch Gelt wolten geben/ verachteten sie dasselbig/ sagten/ es were jhnen nirgent zu nutz noch gut.

Indianer verachten das Gelt vnd wöllen es nit von den Spaniern nemmen.

Wir seind an diesem Orth vier gantzer Tag still gelegen/ vnd vns widerumb ein wenig erquicket/vñ als wir von dannen zohen/geleitet vns ein Indianer freywillig/ vnnd wolte nicht von vns weichen biß er vns widerumb auff den rechten Weg gebracht hat. Wir fragten jhn / ob auch mehr Indianische Häuser oder Dorffer auff dem weg gelegen/gab er zu antwort/Es weren nirgent keine/ dann es hetten sie die Guacci (also nennen sie die Christen) zum theil mit Rauben vnd Plündern/zum theil mit Fewr gar verherget vnnd verwüstet. Nach solcher vnuerzagten antwort haben wir den Indianer gutwillig von vns lassen heim ziehen / vnnd seind wir vber acht Tag hernach mit grosser Mühe gen Panamam kommen.

Erklerung der Historien deß siebenden Capittels.

1. Ich halte es darfür/ daß dieses eben das jenige wilde Thier sey/ welches im newen Hispanien Tecoani genennt wird/ aber die Leuth im selbigen Land/ forchten sich nicht so sehr darfür/ wenn es auch deß Nachts etwan in jhrer Häuser eines kompt/ fliehen sie nit darfur/ erstarren auch nicht für jhm/sondern sprechen jhm vnerschrocken zu/ Ruffen jm/Tecoani, Tecoani kom zu mir/vnd lassen es auß dem gantzen Haußgesind einen Menschen außsuchen welcher jm gefelt/ den es off fresse/ halten auch denselbigen für sehlig / den das Thier zerreisset. Jedoch hat es den brauch an jhm/ daß es gemeinlich den besten vnd feisten auß allen herauß nehme. Dieses hab ich vorzeiten in der Prouintz Mexicum von einen Bischoff so ein Spanier war/nachmals aber auch von einem sehr fürtrefflichen Mann/welcher die Christliche Religion angenommen hatte/selbst gehört erzehlen.

2. Dieses bezeugen eben auch die jenige/ welche die wilde Schwein in New Spanien gesehen haben: Vnd Gamara in seiner General Historien im fünfften Buch am 204. Capittel/ schreibet dergleichen von den wilden Ebern in dem Land Nicaragua: So sind auch die Brasilianischen diesen nicht vngleich / so dieselbige wilden Taiassou nennen/ wie Lerius im zehenden Capitel seiner Brasilianischen Schiffarth daruon redet.

Wie der Panamer vnd Venediger Gewerbschafft mit einander mögen vergliechen werden.

Deßgleichen was für Kauffmanschafft vnd Gewerbschafft die Spanier in dem Mittelländigen India pflegen zutreiben. Item von eines Spaniers vnd Italiäners Kampff oder Streit.

Das achte Capittel.

ES schreiben viel daruon / daß in der Statt Panama ein grösser Gewerbschafft vnnd Kauffmanschafft getrieben werde/ weder inn der mechtigen Statt Venedig/ welches fürwar gantz vngereimlich/ vnd der Warheit nicht gemäß ist/vnd halte ich gäntzlich darfür/ solche Schribenten haben die Mächtige vnd Herzliche Statt Venedig nie gesehen/ die an Reichthumb/ Gewalt/ Macht vnd Herzligkeit deß Regiments/ an Gewerbschafft/Gerechtigkeit/vnd andern Politischen Statuten/alle andere Stätt so auff dem Erdtbodem seind/ weit vbertrifft vnnd vorgeht. Dann zehen Venedische Kauffleuth allein grössere Gewerbschafft treiben/weder alle Kauffmanschafft vnd Güter so durch ein gantzes jahr lang in der Statt Panama verkaufft oder dahin geführt werden. Damit aber nicht jemands möchte vermeinen/ ich thäte solches zu verkleinerung der Spanier Lob/ oder vielleicht auß Neydt vnd Haß / wil ich dieser Gewerbstatt vnnd der gantzen Landschafft Nominis-Dei Eigentschafft vnd Gelegenheit ohn einigen Affect oder Neidt beschreiben vnd für Augen stellen.

Es ligt diese Statt an dem Indianische Meer/welches gemeinlich Mare Tramontanæ, daß ist/ das Tramontanisch Meer genennt wird. In diese Landtschafft Nominis-Dei fahren jährlich auß Spanien auff das höchste vierzehen oder fünffzehen groß vnd kleine Schiff/ vnder denen das aller gröste Schiff vngefährlich auff die tausent oder neunhundert Faß mit Wein/oder anderer Nahrung mag geführen. Auß denen seind der mehrertheil mit diesen Gütern vnnd Waar beladen/ als nemblich mit Wein/ Meel / zweymal gebacken Brod oder Schiffbrot/ Oel/ Thuch/ Sammet/ Seyden vnd andern dingen/ so zur Hauß zier vnd auffenthaltung/ oder Notturfft deß Menschen gehört/vnd in Spanien gefunden wird. Es kompt auch manlchmal darzu/daß viel ein grössere Summ vnnd vberfluß dahin geführt wird / daß man kaum so viel inn gantz Spanien möchte

möchte finden. Dann ich hab viel gesehen/die Güter vnd Waar dahin gefürt/ nemlich Oliuen/Feygen/Meerträubel oder Rosinlein/vnd ander dergleichen ding/daß sie also ein grossen verlust vnnd schaden erlitten/ dieweil es alles gar vberführt ware/vnnd vmb gering Gelt verkaufft/ daß sie das Schiff für die Schiffart vnd Lohn den Schiffregierern vnnd Meistern verliessen vnd gaben. Deßgleichen hat sichs auch offtermals zugetragen/daß aller dingen vnd Nahrung ein solcher grosser mangel vnd Noth gewesen/wann die Spanier von wegen der Frantzösischen Meerräuber sich nicht auff das Meer dorfften wagen/ daß alle ding vmb vierfacht Gelt ward verkaufft/ vnnd man schier so schwer Goldt darumb must geben/als schwer die Waar ware.

Ferner ist zu wissen/daß die Schiff so auß Spanien dahin fahren/ an den Meerhafen bey Nominis-Dei anländen/ vnd daselbst alle Waar außladen/ von dannen sie die Kauffleut durch den Fluß Chiaram mit kleinen Weydling oder Schifflein biß an das Ort Sant Crux genannt/ führen/welcher on gefehr fünffzehen tausent Schritt weit von der Statt Panama ligt/ daselbst vberantworten sie einem Spanischen Factorn oder Gutfertigern alle Waar/ welcher darzu verordnet ist/ daß er alle Güter verware/ biß sie von den Mauleseln in die Statt Panamam getragen würde. Von dannen werden sie mit andern Schiffen so am Gestaden deß Meers gegen Mittag stehen/ der mehrertheil in der Prouintz Peru/ vnd alle andere Landschafften vnnd Stätt diesen grossen Königreichs so heutigs tags von den Spaniern ein gewohnet/ geführet. Wann wir aber der Statt Panamæ, vnnd der Landschafft Nominis-Dei, alle Einwohner vnd Burger wölten/mit jung vnnd alt zehlen/ so find ich vberall nicht vber vier tausent/ so jeder zeit darinn gewohnet haben. Darauß dann der Leser leichtlich mag vrtheilen/ob billich vnnd recht die Statt Panama an Gewerbschafft vnnd Kauffmanschafft/sey der gewaltigen vnnd mechtigen Statt Venedig mit Herrlichkeit zu vergleichen. Nichts desto weniger werden etliche Spanier in diesen Landschafften gefunden/ die also Rhumsüchtig vnnd Ehrgeitzig seind/daß sie jhres Rhümens vnnd eigen Lobens kein Endt wissen/ vnnd fürnemlich die/so Italiam durchwandert/vnnd die grosse Gewerbschafft darin gesehen. Deßgleichen seindt etlich die rhümen sich/vnnd machen ein groß geplauder daruon/daß sie diß vnnd jehns Schloß haben erobert/ vnnd mit Gewalt eingenommen/daß sie in viel Schlachten vnnd Scharmützlen gewesen/ vnnd allweg den Sieg mit jhrer Mannheit erhalten. Deßgleichen seind andere die rhümen sich/daß sie mit jren Listen vnd geschwinden oder klugen Pratticken/diese oder jene reiche vnnd furtreffliche Statt erobert/vnd daß ein Spanier vier Frantzosen/drey Italiener vnnd zween Teutschen möge bestehen vnnd vbermannen. Vber das/so dürfften sie sich nicht schämen zu rümen/daß fünff hundert Spanier leichtlich die obgemelte Statt Venedig köndten erobern/ gleich als wens ein klein Indianisch Hirtenheußlein were/ oder ein Statt wie sie an allen Orthen in Indien auffgerichtet/ da etwan dreissig oder viertzig elendigliche Häußlein darinn begriffen werden.

Der Statt Panama vnnd der Landschafft Nominis Dei Einwohner anzahl.

Der Spanier Ruhmrächt vnd stoltzheit.

Deßgleichen seindt sie auch darzu genaturet/daß der mehrertheil/so bißher in Indien vnnd andere Nationen gezogen/sich grosser Streich außgeben vnd

f rühmen

rhůmen / wie sie von Hohem Stammen vnnd Würden seindt geboren / alß nemblich auß dem Geschlecht der alten Gothen / Sußwanner vnd Manricorer / wann man solches nachmals beim liecht besichet / sind sie entweders Kühhirten oder Schäffer in Spanien gewesen. Deren ich hie viel wüste zuerzehlen / aber ich schon zum theil jhrer Ehren vnnd Würden.

Es gemahnet mich dieser Orth an ein Histori / so sich mit einem stoltzen vnd auffgeblasen Spanier hat zugetragen / welcher Montanesius hiß. Dieser als er vnlangest vor der Nambhafftigen Schlacht bey Rauenna / zu Senis inn der Statt ware / vnd sichs vngefehr begab / daß viel bey einander auff einem hauffen stunden / vnd von mancherley sachen redeten. Do fieng er an vnd erhub der Spanier Thugent vnd Mañheit auffs höchste / vnd verachtet darneben alle andere Völcker / vnd sagt vnuerholen / es lebt kein Volck vnder der Sonnen / das also fertig vñ geschwind von der Faust were weder die Spanier. Diese wort höret ein Römischer Jüngling (mit Namen Julianus) den solche stoltze wort in die Nasen biessen / der sprang herfur jhm vnder das gesicht / vnd sagt trutzentlich: Lieber Montanesi / wañ es dir gefelt / dieweil du dich so grosser Streichē rhůmest / so halt mitt mir einen Ritterlichen Kampff / vnd laß vns probieren ob die Spanier vnder allen Völckern die geschwindesten vnnd ringfertigsten von der Faust seyen. Dieses Junglings Mannheit vnnd Ritterlich Gemůth lobten alle vmbständige Personen / vnd liessen jhnen sein fürnemen wolgefallen.

Dieses schmertzet den Spanier auch in die Nasen / verhieß dem Romer ein Kampff zuhalten welche Stund vnd Tag er nur begeret / beschlossen derhalben mit einander / daß ein jeder solt ein Mitgesellen vnd Gehülffen erwehlen / vnd mit einem Rappier ohn Schilt vnd Harnesch / auff bestimptem Orth vnnd Platz erscheinen. Der Montanesius erwehlet einen Jungling von Korduba bürtig / weches Manheit vnd geschwindigkeit im wolbewust / dan er sich von Jugent auff in Fächten vnd Streiten allzeit geübet vnd gebrauchet. Hergegen nam der Römisch Jungling den Tiracosciam Castellanum zů mitgesellen / welchen er an Kinds stath angenom̃en / vnd vermahnet jn / daß er sich wolle Ritterlich vnd dapffer brauchen / zu lob vñ Ehren des Itallauischen Namens Wie nun der bestimpte Tag herbey kame / lieffen von allen vmbliegenden Orthen deß Lands Hetruriæ ein grosse anzahl von Volck jung vnd alt in die Statt Senis solchen Thurnier vnd Kampff zu schauwen. Es hat der Rath zu Senis / jhnen ein sonderlichen Orth darzu verordnet / gleich einem Spielhauß vnnd Thurnierplatz / denselbigen mit Schrancken vmbschlagen / vnd mit Sand lassen beschütten. Da sie nun auff dem Platz zusammen seind kommen / haben sie einander so Ritterlich vnd mit vnerschrockenen Hertzen dermassen angrieffen vnnd gegen einander gekämpffet / daß es ein Frewd was zusehen / vnd wiche keiner dem andern vmb ein Haar. Als aber der Streit vnd Ritterlich Kampff etlich stund lang weret / vnd keiner dem andern wolte weichen / wurden endtlich die zween Spanier Müd vñ hellig / dieweil sie nach der alten Fächter brauch vnd gewonheit mit geschwinden Streichen fechteten / bekenneten derhalben daß sie von den zweyen Italiänern vberwunden weren / dann sie vor Ohnmacht vnnd Krafftlosigkeit kümmerlich mochten gesehen / also gar hatten sie sich verblutet / seitenmal sie siebentzehen

Eines Spaniers vnd Italiäners Kampff.

Wunden

Wunden im Angesicht vnnd andern Gliedern deß Leibs hetten/ do die Italiäner nur neun von jhnen empfangen. Dieser schimpfflich Streit ist nachmals von vielen Gelehrten Männern in die Historien verzeichnet/ vnnd von etlichen Poeten in Reimen weiß beschrieben/ hin vnd wider als ein Ritterliche Gedechtnuß vnd würdige That gepriesen worden.

Erklerung der Historien deß achten Capittels.

Franciscus Pizarus, welcher das mächtige vnnd vberreiche Königreich Peru anfangs vnder seine gewalt bracht hat/ ist ein geborner Marggraff gewesen/ vnd anfangs hingelegt/ wie ein Findling oder Hurenkind/ auch entlich schwerlich von seinem Vatter widerumb erkarnt vnnd auffgenommen worden. Dieser hat in seinen jungen Jahren der Sew inn Hispania gehütet. sein Gesell der Almagrus, ist so gar von vnbekannten schlechten Leuthen herkommen/ daß man auch noch nicht wissen kan/ wer sein Vatter gewesen sey. Ob nun Benzo an diesem Orth den Spaniern vngleich oder zu kurtz thue/ in dem er sie notiret jhres angenommen vnnd erdichten Adels/ felschlicher angebenen Geschlechts halben/ darumb mag man zu rede stellen/ die jenige welche im Sicilischen vnnd Neapolitanischen Königreich die Spanier erstmals haben sehen ankommen/ vnd wargenommen wie sie seien mit jhren Schuhen so herrlich daher zogen/ die sie mit Bast hatten zusammen gebunden/ wie Hasen garn/ auch sonsten eitel straube/ wuste/ verlumbte/ zum theil mit blosen Schenckeln/ zum theil daß jhnen die zehen durch die Schu guckten/ Geselle waren. Demnach jhnen aber die Italiänische weiß vnnd dasselbige gute Leben gefiel/ vnd sie sich in Sammet vnnd Seiden kleiden liessen/ haben sie sich vhrplötzlich verkehret vnd sind gantz andere leut auß jhnen worden. Da hat keiner mehr daran gedacht/ wie er zuvor der Sew oder der Küh gehütet hab/ haben jhnen selbst grosse Titel vnnd prächtige namen erdicht/ einer hat wöllen Don-Diego, der ander Don Ferdinando, vnd einer so/ der ander anders heissen.

Von Gelegenheit der Statt Panama vnd der Landschafft Nominis-Dei. Deßgleichen von den auffrühriſchen vnd feldflüchtigen Moren/ wie ſie der Spanier Gewerbſchafft vnd Waar haben verwüſtet vnd geplündert.

Das Neundte Capittel.

Der Statt Panama Gelegenheit.

DAmit wir widerumb zu der Statt Panamam kommen/ von deren wir etwas zuuorhin geredt/ aber daruon abgewichen/ iſt zuwiſſen/ daß ſie auff einer kleinen Ebne ligt/ an den Grentzen deß Mittägiſchen Meers/ vnd alſo nahe an das Meer ſtoſſet/ daß wann im Vollmonat das Meer außlauffet/ gehet das Waſſer an einem Ort in die Häuſer. Die Häuſer ſeynd deß mehrertheils auß dicken WaſſerRehren vnd wenig von Kalck vnd Steinen gebawet/ aber all mit Zieglen eyngedecket/ vnd hat die gantze Statt nicht vber hundert vnd zwentzig Hoffſtätt gehabt/ damals als ich da ware. Es hat ein kommlichen vnd ſichern/ aber geringen Port da/ vnd wann das Meer vngeſtüm iſt/ fahren die Schiff in den Port/ ſo es ſich aber legt vnd ſtill wirdt/ fahren ſie widerumb herauß auff das hohe Meer/ damit nicht die Schiff/ ſo ſchwer geladen/ von wegen deß ablauffenden Meers/ auff dem Sand vnbeweglich bleiben ſtehn. Es laufft das Meer daſelbſt mit ſo groſſer Vngeſtüm ab vnd zu/ daß es ſich offtermals auff die zwo Meil Wegs auff das Land herauß ſchwället/ daruon dann viel Sümpff vnd See nachmals bleiben ſtehn. Nicht ferrn von der Statt halten die Schiff ſicher an den Aenckern/ vnd führt man von dannen alle Waar vnd Güter mit kleinen Weidling vnd Schifflein in die Statt vnd auß der Statt dahin.

Die fürnembſten Güter vnd Gewerbſchafft ſo auß dem Königreich Peru auff dem Mittägiſchen Meer dahin geführt werden/ ſeind Meel/ Gold/ Silber/ Hüner vnd Honig. Deßgleichen findt man daſelbſt ein vnzahlbare Summ (vnd iſt ſchier die gröſte Gewerbſchafft) von Kühen/ Säw/ Pomerantzen/ Zwibeln/ Köle/ Lattich/ Melonen vnd andern GartenKräutern/ deren ſehr viel da wachſen/ vnd auch von frembden Landen dahin gebracht werden. Es iſt dieſe Prouintz von Anfang als die Spanier dareyn kommen volckreich geweſen/ vnd alle Flüß vnd Bäch voller Gold vnd Edelgeſtein geſteckt/ aber es haben ſolches die Spanier gantz außgeſchöpfft/ vnd ſchier gar zur Eynode gemacht.

Die

Die Landtschafft Nomen-Dei ligt ohn gefehr fünfftzig Meil wegs auff dem Landt von der Statt Panama. Den ersten Tag wann man außzeucht / ist es ein ebner vnd lustiger Weg / aber den nachuolgenden kompt man in finstere vnd vngeheüre Wäldt / die zu der Landschafft Nomine Dei gehören. Auff dem halben Weg laufft ein Fluß / vber welchen man sich schwerlich von wegen der vielfaltigen Krümmen in dreyen stunden mag gefahren. Es ist auch etlichen Spaniern in diesem Fluß widerfahren / als sie zu Winterszeit / da das Wasser groß war / vberfuhren / daß sie mitten im Fluß von dem Wasser vberfallen / vnd da sie nirgent kein zuflucht mochten haben / seindt sie all mit einander ertruncken. Deßgleichen hab ich auch einen Spanier gekennet / welcher dahin geritten auff einem Maulesel / vnnd mehr dann vber die vier tausent Ducaten von Gold vnnd Edelgestein bey jhm geführet / als er an den Fluß komen / hat er mit dem Maulesel in den Fuhrt gesetzt / vnnd wie er durch den letzten Arm deß Fluß hat wollen reiten / ist das Wasser vhrplötzlich gewachsen / vnd also streng angeloffen / daß es den Esel vmbgestossen / vnd ist er kümmerlich mit dem Leben darvon komen. Dann er ward ohngefehr zu einem Baum getrieben / da hat er sich an einem Ast erhalten biß das Wasser gefallen / vnd also vnuerletzt auff das Land geschwummen / aber darneben all sein Haab vnd Gut von Göldt vnd Kleinotter verloren / vnnd nur in dem Wammest bloß vnd nackent gen Nomine-Dei kommen.

Strass von Panama biß zur Landschafft Nomen Dei.

Eines Spa. gefehrlichkeit.

Diese Statt Nomine-Dei ligt der lenge nach von Morgen gegen Abendt an dem Meer / vnnd hat in der mitten ein grossen dicken Wald / der Boden herumb ist gantz vngesund vnd gifftig / fürnemblich zu Winterszeit / eins theils von wegen der grossen Hitz vnnd Feuchtigkeit / ander theils von wegen der Sümpfigen vnd Mosechtigen Pfützen / mit welchen sie von Occident vmbgeben wird. Derhalben werden die Einwohner darinn selten alt / sonder sterben in jhrem besten alter. Die Häuser seind auff die Form vnd Manier gebawet / gleich wie die zu Panama, vnd als ich in dieser Landschafft ware / woneten ohn gefehr fünfftzehen oder zwantzig fürnemme Kauffleuth darinn / welche stätige Gewerbschafft trieben / hin vnd wider die Güter führeten. In den vbrigen Häusern vnd Läden wohneten allein Fürkäuffer / Würtzkrämer / Schiffleuth / Wirt vnd andre dergleichen Handtwercksleuth / die man täglich gebrauchen must / vnd von nöthen hat. Alle Kauffleut so zu Nomine-Dei Wohnung vnd Häuser haben / die pflegen auch zu Panama jhre eigene Häuser oder Läden zu haben / vnnd bleiben also lang daselbst / biß sie gantz reich werden.

Nominis Dei. gelegenheit.

Gegen Mitternacht der Statt ligt ein grosser vnd komlicher Meerhafen oder Port / darinn viel Schiff sicher vor aller vngestüme deß Meers mögen stehn. Auß den Früchten so von den Spaniern dahin geführet / tregt der Vnfruchtbar Boden allein diese / nemblich etlich wenig Limonen / Pomerantzen / Rättich / die nicht dicker vnnd länger seindt dann einer Mauß Wädel / Kölkraut / Lattich / aber sehr wenig. Was sie sonst weiters für Frücht vnnd Nahrung gebrauchen führet man das mehrertheil auß der Landschafft Hispaniola / Cuba / vnd aus der Prouintz Nicaraguæ dahin / Nemblich die Frucht Mayz / Brot so auß der Wurtzel Cazabi gebacken / geräucht Fleisch / Schwein vnd andere ding mehr. Deßgleichen werden von der Statt Panama viel Ochsen vnnd Kühe dahin

Gewerbschafft in der Statt Nominis Dei.

getrieben/dann sie haben sonst kein grün Fleisch zu essen/weder was von Panama dahin geführt wirdt/was sie aber sonst weiters vonnöhten haben zur täglichen Nahrung/wirdt auß Spanien dahin gebracht/vnd vmb hohes Gelt verkaufft.

Sihe droben im ersten Capitel deß andern Büches wer diese Moren seynd gewesen.

Es wohnen nicht ferrn von der Statt Nomine-Dei gegen Auffgang der Sonnen in finstern vnd dicken Wälden etliche verloffene vnd flüchtige Moren/welche viel Spanier/so von den Landvögten wider sie geschicket/erschlagen vnd vmbgebracht haben. Diese als sie am Vfer derselbigen Grentzen vnd Flüssen/so an den dicken Wälden hin rinnen/etliche Indianische Wohnung vnd Bawren Häußlein ohngefehr antraffen/machten sie mit denselbigen Kundschafft/vnnd richteten ein Bündnuß mit einander auff wider die Spanier. Es führen diese Völcker auch vergiffte Pfeil/vnd liegen allzeit hin vnd wider auff der Strassen so auff Panamam geht/in heimlichen Orten verborgen/vnd so viel Spanier sie mögen erschnappen/die zerreissen vnd zerzerren sie nach jhrem Brauch/vnnd fressen sie rohe. Vber das geschicht offtermals/daß vonwegen der widerwertigen Wind/die Schifflein darinn man die Güter auß dem Fluß Chiara dahin führet/verhindert werden/daß sie langsam vnd spaat bey dem Anfuhrt Sant Crucis zusammen kommen/dardurch dann die Kauffleut verursachet werden/daß sie die Güter vnd Gewerbschafft durch jhre leibengne Knecht zu Land dahin schicken. Wann dann solches geschicht/(wie es sich offt begibt) daß die Eseltreiber den Moren vnd Indianern in die Händ kommen/berauben sie dieselben/vnd was sie für Waar nicht mit jhnen können führen/oder jhnen nicht gefelt/die verbrennen vnd verwüsten sie. Aber den Numidischen leibengnen Knechten thun sie kein leid/so ferr daß sie sich in jhr Gesellschafft vnd Gemeinschafft begeben.

Nigriter oder Numidier thun den Spaniern offt mals schaden.

Diß sey hie kürtzlich von der Gewerbschafft vnd Handtierung der Statt Panamæ vnd Nominis-Dei gesagt/darvon sich die Spanier also hoch rühmen vnd triumphieren.

Ehe wir aber weiter fort fahren/wöllen wir zuuorhin der Landschafft Veraguæ Gelegenheit beschreiben/vnd kurtzlich von dem rauchen vnd vnmilten Boden oder Erdreich derselbigen Landschafft reden/dieweil wir solches droben im ersten Buch versprochen haben/solches an gelegnem Ort anzuzeigen/achte ich daß es hie am aller kommlichsten vnd füglichsten möge geschehen. Darauß dann der Leser leichtlich mag vrtheilen/was für ein Vnterscheid sey vnter einem Historischreiber/der die Sachen selbs persönlich hab erfahren/weder die allein von Hörsagen schreiben.

Erklerung der Historien deß neundten Capittels.

1. Hie wil er verstehen die leibeygen Knecht/welche die Spanier auß der Nigritten Prouintz in die newe Welt geführt haben: Denn als dieselbige durch vnbilliche vnnd vnerträgliche Wüterey der Spanier täglich vberschweret wurden/so wol auff dem fußfesten Land/als in Hispaniola vnd anderen Insulen/sind sie zum offtermals auffrührisch worden/vnd haben sich wider die Spanier auffgelenet. Ja es haben sich jhrer etliche gar zu den Indianern gethan/vnd also der Spannischen Dienstbarkeit gantz vnd gar ledig gemacht.

Davon lise im ersten Capitel dieses Buchs.

Von

Von der Gelegenheit der rauchen Prouintz Verague.

Deßgleichen wie Didacus Gottieretz dieselbige mit List hab vnderstanden zuerobern. Vnnd wie er den Königischen darinn mit Gutthaten vnd Schmeichelhafftigen worten hab bethöret. Letzlich von dem Abfahl seiner Kriegßknechten/ die auß Hungersnoth von jhm gewichen/ dardurch der Hauptman verursachet/ daß er andere auß der Statt Nominis-Dei zu sich hat müssen beruffen.

Das zehende Capittel.

Didacus Gottieretz zeucht in die newen Welt anno 1546.

IM jahr tausent fünffhundert/ vnd viertzig/ ist Didacus Gottieretz ein Bürger zu Mantuæ Carpetanæ (sonst gemeinlich Madritium genent) vom Keyser zů Landtvogt vnd Statthalter vber die reichen Prouintz der newen Statt Carthago gesetzt worden/ vnd mit einer stattlichen Armada dahin gefahren. Dieser als er bey der Statt Nominis-Dei angeländet/ ist er von dannen in einem Jagschiff durch den See so daselbst ist/ gen Nicaraguam geschiffet/ vnd daselbst ein Musterplatz gehalten/ damit er mit dem Kriegßvolck als bald sein Prouintz vnd Landschafft so jhm vom Keyser vbergebē/ einnäme vnd behauptet. Es was damals Rodericus Contreras in derselbigen Reuier Landvogt/ vn̄ als sich vmb ein liederliche vrsach ein Gespan vnder jnen erhaben/ hat der Didacus schier zwey gantzer jahr lang die zeit vergebenlich zugebracht/ vn̄ nichts Namhafftigs außgerichtet. Letstlich seind sie durch Vnderhandlūg deß Bischoffs daselbst widerumn̄ mit einander vereinbart vn̄ gute Freūd worden/ vn̄ zeigt Rodericus dem Didaco an alle Gelegenheit vn̄ Gestalt seiner Vogtey/ vermanet jhn darneben/ dz es vnmöglich were diese Prouintz vnd Landschafft vnder sein Gewalt vnd Herrschafft zubringen von wegē der dicken vn̄ finstern Wäldt/ deßgleichen von wegen der rauchen vnd hohen Berg. Dann man mög kein Roß dardurch führen/ vnd werde er mit grosser mühe vn̄ arbeit dz Fußvolck dahin mögē bringen. Dan̄ es seind bißher alle Hauptleuth vnd Landvogt so sich vnderstanden dahin zu ziehen/ entweders durch Hunger/ oder durch die Indianer jämerlich vmbkom̄en/ vnd selten einer darvon mit dem Leben entrunnen. Dessen wir zů Exempel haben/ deß Niqueß jämerlichen Vndergang vnd verderben. Item seines Vettern/ Herrn Philips Gritierez elender Vnfahl/ welcher im jar 1536. mehr dann mit 400. wolgerüsten Kriegßmännern dahin ist gezogen/ aber seind all deß mehrertheils entweders durch Hunger/ oder durch den Safft der gifftigen Kräutern auff dem platz blieben/ vnder denen etlich/ die Schwach vnd Kranck/ oder halb Tod waren/ von jhren eygnen Gesellen/ auß hungersnoth seind geschlachtet vnd gessen worden.

Der Landschafft Verague rauhe vnd wüste.

Der-

Derwegen haben jeder zeit die Spanier diese Landschafft als ein vnglückhafftige vnd Vnüberwindliche gehalten/ vnd hab sich bißher keiner mehr vnderstehen wöllen dieselbige einzunemmen / oder sein Heil begert an jhr zuuersuchen.

Roderici Contreri trewer Rath so er dem Gouernator gegeben.

Derhalben weil er gentzlich bey jhm beschlossen habe dahin zuziehen / vnnd gantz nicht daruon wolle abweichen/ rathe er jm/ als seinem trewen Freund/ daß er hundert oder mehr Spanier an das Meer lege/ vnnd inn gewisse Stelle verordne/ die durch den Sommer zum minsten drey oder vier mahl/ jetzt an diesem Orth/ dann an einem andern/ streiffen/ vnd plündern/ vnd die Völcker von allen Orthen plagen vnnd peinigen/ daß sie jhm Goldt vnnd Gelt geben/ welche gantz reich vnd wolhabend seyen. Wann er diesem seinem Rath folge/ verheisse er jhm bey seiner Trew vnd Eydt/ daß er auß diesem Rauben vnd Streiffen viel mehr Gold vnnd Gelt/ sampt andere Nahrung für sich vnd seine Kriegßleuth werde erobern vnd fürschlagen/ weder er sein Lebenlang auß der Vogtey möge bekommen.

Diderici antwort auff deß Contrere Rathschlag.

Darauff gab Didacus zu antwort/ daß jhm der Keyser diese Prouintz nicht mit solchen Conditionen vnnd Beuelch hette vertrawet/ daß er dieselbigen solte mit Rauben vnnd Plündern gantz öd machen/ sonder daß er Newe Völcker darinn pflantzet/ vnnd freundlich mit den Einwohnern handelte. Derwegen verhoffe er/ es werde jhm Gott Glück vnd Heyl verleihen/ daß er sie ohn Blütigen Sieg möge vnder deß Keysers gehorsamb bringen/ dieweil er jhm gentzlich fürgesetzt/ er wölle etwas milter mit jhnen handlen/ vnnd nicht alle Tyranney gegen jnen oben wie etwan andere gethan haben/ dardurch jhnen solch Vnglück von GOtt auff den Halß geschickt sey worden. Derhalben habe er endtlich bey jhm beschlossen von seinem fürnemmen nicht abzuweichen/ vnd solte er allein dahin ziehen/ wölle derwegen deß o minder Mitgesellen an sich hencken/ damit sie jhn von seinem fürnemmen nicht abwendig vnd hinderstellig machen.

Diderici Gotterez Zug in die Landschafft Veragua.

Da er nun den Zug gentzlich bey jhm hatte beschlossen/ machet er sich mit Proviand vnd Nahrung wol gefaßt/ vnd ließ von allen Orthen in derselbigen Gegendt herumb/ die Frucht Maiz, Saltz/ Schweinen vnd Rindtfleisch/ Honig/ Hüner vnd andere Nothwendige ding auffkauffen vnnd zu jhm führen. Deßgleichen versahe er auch die Schiff mit allen Instrumenten vnd Werckzeugen auff das beste/ vnnd schiffet also mit zweyen Raubschiffen/ darinn auff die hundert Spanier sassen/ von Granata auß/ vber den See/ daher er zuvorn in was gefahren/ vnnd kame mit glücklichem Windt widerumb auff das Hohe Meer. Von dannen ist er ohngefehr auff die fünfftzig tausent Schritt an den Grentzen gegen Morgen herumb geschiffet/ vnd an den Fluß Suere kommen in diesem ist er etlich Meil hinauff gegen dem Wasser gefahren/ letzlich die Schiff an den Anckern lassen hangen/ das Kriegßvolck auff das Land gesetzt/ vnd mit denselbigen in sein Landschafft oder Vogtey forth gezogen. Dann als sie etlich Meil auff dem Fluß führen/ sahen sie vngefehr an dem Vfer deß Fluß etlich zerstörte vnnd nidergerissene Häuser/ da befalch der Oberste/ daß sie die Sägel solten niderlassen/ vnnd das Kriegßvolck auff das Land steigen/ zu erkündigen was die Einwohner gegen jhnen würden gesinnet seyn/ hieneben fieng er ohn verzug ein

Vestung

Vestung vnd Bollwerck an zubauwen / damit er sich für dem anlauff der Indianer köndte beschützen

Wie die Indianer jhr ankunfft haben vernommen / seindt sie dem Obersten vnderthenig mit jhren Königischen entgegen gezogen / vnnd jhm ein stück Goldt verehret / welches auff die siebenhundert Ducaten werth geschetzet. Hergegen hat sich der Hauptmann auch freundtlich vnd lieblich gegen jhnen erzeigt / vnd sie gnediglich auffgenommen / vnnd dieweil keiner den andern verstünd an der Spraach / zeigten sie allein mit Fingern vnd deuten was jhnen angelegen were / Nemblich daß sie allein zu jhnen weren kommen / von wegen jhrer Seel vnd Seligkeit / damit sie im Christlichen Glauben möchten aufferbawet werden. Hiemit verehret er sie mit Pater nostern oder Jacedoniern an Faden gehenckt / etlichen Klapperhöltzern / Schellen / Spieglen / vnd andern Narrenwerck / welche Geschenck sie mit grosser Danckbarkeit vnd Frewden annamen. Darnach fraget er sie weiters / wo sie das Goldt vnd die Edelgestein grüben / gaben sie zu antwort / daß man solches von ferren Landen zu jhnen brächte / welche auß dem Sand etlicher Wässer so auß hohen vnd felsechtigen Bergen flüssen / aufffklaubet vnd gelesen würde. Da er solche antwort von den Einwohnern empfangen / ließ er sie im Frieden hinziehen / vnd als sie deß Obersten Gütigkeit vnd Freundligkeit gegē jnē spüreten / schickten sie offtermahls etlich Personen zu jm / die brachten den Kriegßknechten Fisch / Gemüß / gereucht Schweinen Wildprät / vnnd andere Essende Speiß / vnd erzeigten sich auff mancherley weg gantz vnderthänig vnd freygebig.

[Der Indianer freundlichkeit gegen den Spaniern.]

Nach diesen dingen ist er mit seinem Volck forth geruckt / vnnd als sie etliche Tag lang zogen / aber nicht ein weiten Weg vollbrachten / von wegen Vngewitters vnnd vnbestendigen Wetters (dann es ware im Winter) verzehreten sie die Prouiand vnd Essende Speiß / welche sie mit jhnen von Nicaragua hinweg geführet hetten / also daß sie schier weder hinder sich noch für sich kondten kommen / auß mangel der Nahrung. Derhalben langet er an die Einwohner vnnd Königsche desselbigen Orths / daß sie jhm doch wolten etlich Tag lang zu hilff kommen / vnd jhm Speiß vnnd Nahrung mittheilen / dann er begerte nicht lang da still zu ligen vnnd jhnen vberlästig zu sein / sonder wolte in kurtzen Tagen verrucken. Wiewol jhnen die Königische fürgesetzet hatten / daß sie die Christen auff keinen andern Weg auß dem Land wolten treiben vnnd verjagen / weder allein mit Hunger / stelleten sie sich doch als wann jnen die Freundtschafft vnd Bündnuß deß Landtvogts von Hertzen gienge vnd angenäm were / vnnd schickten jhm ein wenig grobe vnd rauche Speiß / so gut als sie es vermochten. Den Kriegßknechten aber wolte solche grobe vnd vnzüchtige Speiß nicht schmecken / vnd entsatzten sich darneben auch vor dem rauchen vnnd gefährlichen Weg / flohen derhalben bey Nächtlicher weil heimlich darvon von jhrem Landvogt / vnnd zogen Tag vnd Nacht / biß sie zu dem See / der nicht fern von Nicaragua ligt / kamen / daselbst verharreten sie zwen gantzer Tag / dahin dann zu allem Glück ein Raubschiff kam gefahren / welchs von Nomine-Dei schiffet / seind sie in dasselbig gesessen / vnd widerumb gehn Nicaraguam kommen.

[Spaniern Hungersnoth.]

[Spanier verlassen bey der Nacht jhren Obersten.]

Deß Morgents als der Landvogt von seinen Kriegsleuthen vnehrlicher weiß war verlassen/ vnd niemands mehr bey jm hatte/ weder seinen Enckel/ vier Trabanten vnnd ein einzigen Fußknecht/ ließ er ein tieffe Gruben in die Erden machen/ vnd stecket darein etlich Tonnen voll Saltz vnd Honig. Darnach setzet er sich mit den sechs personen widerumb in sein Raubschiff vnd wolte zu rück fahrē nach Nicaraguam, vnd als er schon die Sägel auffgespannet/ vnd die Ruder angehenckt/ siehe da kame vngefehr auff dem Meer daher gefahren sein Oberster Leutenampt/ mit Namen Barientus mit einem Raubschiff/ welches mit Prouiandt vnd Kriegßleuthen wol ware beladen. Ab dieser vrplötzlichen vnd vnuersehenen Hilff ward der Gubernator hefftig erfrewt/ nam̄ den Leutenampt mit höchster Reuerentz auff/ vnd befalch als bald seinem Enckel Alphonso Pisano/ dz er mit diesem Raubschiff solte gen Nomen-Dei schiffen/ gab jhm hiemit das Gold vnd die Geschenck so jhm die Königische verehret hatten/ mit demselbigen solte er Kriegßleuth annemmen vnd besolden/ vnd sie auff das fürderlichst zu jm führen.

Gotierez wird vngefehr ... seiner not erlößt.

Dieser so bald er zu Nominis-Dei ankommen/ ließ er hin vnd wider ein Geschrey außgehn von den grossen Reichthumben so in der Prouintz Veragua weren/ dardurch dann viel bewegt wurden daß sie sich liessen schreiben/ vn̄ bracht in kurtzen tagen vber die viertzig Kriegßknecht zuwegen/ vnder deren zahl ich mich auch wolte gebrauchen/ aber ich ward von einem alten Mann gewahrnet/ daß ich mich nicht also liederlich solche in Gefahr begeben. Dann dieser hatte fünffzehen gantzer Jar in derselbigen Gegent herumb zu New Carthago vnd Nominis-Dei gewohnet/ der leichtlich wuste mit was Prattick vnnd Finantzerey die Hauptleuth vnd Landvögt vmbgiengen/ darumb warnet er mich trewlich vnnd höchlich daß ich mich bey Leib nicht in solche Gefahr auff dißmahl solte begeben. Dann er sagt mir heimlich/ daß alles so die Hauptleuth vnd Obersten fürgeben Lohröl vnd nichtig ding were/ darumb solte ich mich von jren süssen worten nicht leichtlich lassen verführen oder Glauben geben. Wann ich aber je lust vnnd lieb dahin zuziehen hette/ so solte ich doch nuhr ein kleine zeit verziehen/ wirdt hinzwischen leichtlich offenbar werden/ was diese Expedition vnd Zug für ein Endt werden nemmen. Aber es verfaßte vnd galte solche trewe warnung vnd Lehr deß alten Manns nicht bey mir/ Sonder dieweil ich Jung vnd Häußle Frischer Knab war/ vermeinet ich mein stoltzer Muth wer allweg der beste Rath/ beschlosse derhalben dahin zuziehen. Daselbst stiessen wir das Schiff vom Land/ welches mit Munition/ Prouiandt vnnd Kriegßleuthen nach der Notturfft wol ware versehen/ vnnd kamen also mit glücklichem Wind auff den vierdten tag biß zu dem Außgang deß Fluß Sueris. Als aber das Meer etwas vngestüm war/ kondten wir nicht in den Fluß fahren/ Sonder müsten beyseits nach den Inseln der Zorobarer säglen/ welche nicht fern von New Carthago vnd der Landschafft Veragua ligen/ vnd seind das mehrertheil öde vnd vnbewohnet.

Benzo fahret nach der Landschafft Veragua.

Zorobarenses ...

Diese Insel Zorobarenses haben ein kleinen begrieff vnnd vmbkreiß/ vnnd ligen deß mehrertheils wüst vnnd ödt/ dann es seind die Indianer darauß auff das Mittelland inn die hohe Berg geflohen/ als sie zum ersten von den Spaniern hart gehalten vnnd geplagt wurden. Wir seind in dieser Insel/ von wegen

der

der widerwertigen Windt (dann es war damahls schon der Hewmonat/ vmb welche zeit inn diesen Oerthern der Winter anfähet) zwen vnnd siebentzig Tag still gelegen/ vnnd kan ich solches mit der Warheit sagen/ vnnd darthun/ daß in der zeit nicht vber vier oder fünff Tag die Sonn geschienen hab/ dann es Regnet/ Donnert vnnd Plitzget ohn auffhören dermassen daselbst/ daß einer vermeint hette es würde Himmel vnd Erden alles zusammen krachen vnnd brechen. Es schlug der Straal auff einen Tag in vnser Schiff/ vnd erstecket zween Spanier vnnd ein Moren/ darvon dann die andern Knecht nicht ein wenig erschracken/ vnd vermeinten sie müsten all Haar lassen vnd auff dem platz bleiben. Langwirig vngewitter. Nach verlauffener zeit hat der Schiffpatron beuohlē/ daß man das Schiff solt an das Gestaden gegen dem Mittelland führen/ vnd daselbst außsteigē vnd so lang fort ziehen/ biß wir endtlich an Orth vnnd End kämen/ da Indianer wohneten/ von denen wir Nahrung vnd Speiß möchten begeren vnd erlangen. Von dannen seind wir acht gantzer tag vnnd nacht durch manchen dicken Wald/ Pfützen vnd hohe Berg gezogen/ die also erschröcklich vnd vngehewr gewesen/ daß einer ab dem anschawen sich solte entsetzen/ aber mochten niergent keine Einwohner antreffen/ die vns Speiß oder Nahrung mitgetheilt hetten. Wie wir nuhn mit grosser mühe vnd arbeit viel tag lang also in der Wüsten hin vnnd her gezogen/ vnd nichts anders gessen weder Meerschnecken vnd Holtzäpffel/ daruon sich die Meerkatzen erneehren/ deren viel inn dieser Reuier gefunden werden/ seindt wir letztlich an das Orth vnd endt kommen/ da der Landtuogt mit sein Knechten still lage.

Auff den zwentzigsten tag hernach als wir da ankommen/ ist vnser Jagschiff in dem Port angefahren/ welches der Landtvogt als bald widerumb hinder sich Meerschnecken der Spanier Speiß. zurück nach Nomen-Dei geschickt/ mehr Kriegsvolck darinn zuholen. Wir aber seind etlich tag im Port still gelegen/ vnd vns vnsers leidts vnd Elends widerumb erquicket vnd außgeruhet. Als wir an diesem Orh still lagen/ fiengen wir vber die massen viel grosser Meerschnecken/ also daß wir auff vier Monat lang daruon zu essen hatten/ dann sie kriechen zu gewisser zeit deß jahrs auß dem Meer auff daß Land/ vnnd legen da Eyer gleich wie die Crocodillen/ welche als bald von der Hitz der Sonnen brütig werden vnnd außschlieffen. Diese seindt gantz lieblich zu essen/ wann man die Schalen vnd Feißte daruon thut/ vnd also grün isset/ vnd pflegt man gantze Fässer voll einzusaltzen vnnd in Rauch zuhencken/ aber sie seind nicht also lieblich vnd gesund/ als wann sie frisch weren.

Erklerung der Historien deß zehenden Capittels.

1. Der Nicaraguenser Sehe/ ist von dem Mittägischen Meer vber zehen oder zwölff tausend Schritt nicht gelegen. Vnd läufft in das Mittnächtige Meer/ mit einem Schiffreichen Strom/ in die hundert Frantzösische Meil lang. Es hat ein Scribent den Namen dieses Sehes Xaguator von dem Spanischen Wort Desaguatero, welches so viel heist alß ein Außspeher/ Kundtschaffter oder Landtverräther/ hergedeutet/ also daß sich einer nicht vnbillich für so einem bösen namen forchten möcht.

2. Niquesa hat der erste an diese Prouintz gesetzt / aber wenig Ehr eingelegt/ auch wenig Glück darbey gehabt/ wie Philippus Guttierez von Madrit daruon schreibt. Den als er im Jahr 1535. vber die 300. Kriegßknecht inn diese Prouintz brachte/ sind dieselbige alle entweder hungers gestorben/ oder sonst mit gifftiger Kreuter safft auffgerieben worden. Es sind auch zur Krancken/ vnd allbereit halb tod von jhren eigenen Gesellen/ welche von grossem hunger waren Vnsinnig vnd rasend worden/ geschlacht vnd auffgefressen worden. So ist auch im jahr 1546. Christophorus Bega, von dem Amiral Ludouico Columbo dahin/ newe Stette auffzurichten vnd sie mit newem Volck zu besetzen/ geschickt worden: es hat jm aber eben auch geglücket/ wie dem vorigen. Daher dann die Spanier diese Prouintz/ als ein vnglückhafftiges vermaledeites Orth/ vnd welches nicht zu bezwingen sey/ fürbaß ohnangefochten haben ligen lassen. Hiervon besehe deß Gomaræ general Historien im zweyten Buch vnnd sechs vnd fünfftzigsten Capitel.

Wie Didatus Gotierez die Königischen der Landschafft an dem Fluß Sueris erstlich mit freundlichen vnd schmeichelhafften Worten in sein Gunst gebracht/aber sie bald hernach auff mancherley Gestalt mit Gefängniß vnd anderer Marter geplaget/ damit er Gold vnd Edelgestein von jhnen brächte. Deßgleichen wie einer auß den Königischen auß der Gefengniß entrunnen.

Das Eylffte Capitel.

ALs wir zum ersten zu dem Landvogt in diese Prouintz oder Port seynd kommen/ hat er mich vor den andern allen gantz freundlich vnd gütlich empfangen/ vnd mich zu Gast geladen/ vnd vber sein Tafel gesetzt/ vnnd als er mit grossen Frewden von mancherley Sachen mit mir schwetzet/ waren der mehrertheil seiner Rede vnd Wort von Gold vnd Silber/ deßgleichen von den Kriegen vnnd Schlachten/ die mit grossem Schaden der Italiäner in Italia sich vor kurtzen Jahren hatten verloffen/ fürnemlich der Statt Meyland/ wie Mannlich sich die Spanier da hetten gehalten. Da ich jhm aber kurtzen Bescheid darauff gab/ vnd jhm nicht nach seinem Wolgefallen antwortet/ hat er von derselbigen Zeit an nicht viel Gemeinschafft mit mir gemacht/ vnd mich nicht mehr zu Gast geladen/ dieweil ich jhm zum theil die Warheit gesagt/ vnd mein Vatterland mit Stichworten nicht hab lassen vntertrucken. Aber wir wöllen dieses hie fahren lassen/ dieweil es nicht zu dieser History dienet.

Nachdem der Gubernator alle Ding auff ein news hatte wol verordnet vnd angestellet/ ist er mit einer Nawen/ darinn all sein Kriegßvolck saß/ sampt vier Indianischen Schifflein/ in den Fluß Suere gefahren/ vnd vngefehr dreissig tausent Schritt weit von dem Port auff das Land gestiegen/ vnd an dem Vfer derselbigen Grentzen mit seinem Kriegßvolck fort geruckt. Er hat sich zum ersten in einem kleinen Häußlein nidergelassen/ welches Häußlein der Königische in derselbigen Landschafft zum Lusthauß hatte gebawet/ darinn er pflegt eynzukehren/ wann er in dem Fluß fischete. Diß Hauß war formiert vnd gestalt gleich wie ein Ey/ vnd vngefehr auff die zwentzig Schritt breit im Vmbkreiß/ gerings herumb mit grossen Indianischen Wasserrohren vmbzeunt/ vnnd mit Dattelbäwmen Blättern gantz künstlich bedeckt/also daß allweg ein Knopff in den andern hart zusammen geschlossen war. Es waren sonst noch andere Häußlein daselbst/aber gantz schlecht vnnd elendiglich gebawet/also daß sie viel mehr den Schaafpfürchen oder Hütten gleich sahen/weder den Häusern. Es hat der Landuogt diese Landschafft vnnd Ort/die Statt Sant Francisci genennt/dieweil er auff Sant Francisci Tag daselbst angeländet.

S. Francisci Statt.

Wie er etliche Tag an diesem Ort verharret/kamen die Königische von der Landschafft Suere vnnd Chiupe, vnnd andere geringe Königische mehr/vnnd brachten jhm allein Frucht vnnd essende Speiß. Diese hat der Landuogt mit freundlichen Geberden auffgenommen/doch heimlich bey jhm selbs verwundert/daß sie also gar kein Gold noch Edelgestein zu jhm brächten/aber sich solches gar nicht mercken lassen/sonder durch ein Spannischen Tolmetschen/der ein lange Zeit in India gewohnet/vnd viel Gemeinschafft mit jhnen gehabt/jhnen lassen anzeigen/daß er allein darumb zu jhnen sey kommen/damit er sie den Weg der Seligkeit lehre/vnd sie zu jhrem Nutz vnd Wolfahrt der Seelen anreitze. Vber das bate er sie zu Gast/dieweil es essens Zeit war/vnd setzet sie an seine Fürstliche Tafel/darüber auch ein Priester mit sampt dem Tolmetschen sasse. Als er aber kein andere Speiß noch Trachten auffsetzet/weder Hüner vnnd gesaltzen Schweinenfleisch/ware solche Speiß den Indianischen Königischen gar nicht angenem/vnd assen wenig darvon/sonder gaben solches jhren Knechten vnd Dienern/die da auff der Erden lagen/gleich wie die Säw beym Trog/vnd frassen. Letzlich warffen sie offentlich die Speiß mit grossem Spott vnnd Hon den Hunden dar.

Indianische Königische werden vom Landuogt zu Gast geladen.

Nach gehaltener Mahlzeit fieng der Landuogt auff mancherley Weiß mit jhnen von dem Christlichen Glauben an zu reden/fürnemblich aber hat er auff solche Weiß mit jhnen geredt. Ich bin/jhr meine liebe Brüder vnd Freund/allein vmb dieser Vrsach in diese ewere Landschafft kommen/damit ich ewere Abgötterey vnnd Teuffelsdienst außreutte/durch dessen Blendung vnnd Verführung jhr von Anbegin der Welt biß auff diese Zeit seyd verstrickt vnd gebunden gewesen. Darnach daß ich euch den rechten vnd warhafften Weg zur Seligkeit vnnd Wolfahrt klärlich vnd deutlich zeigte vnd offenbarete. Nemlich daß Jesus Christus Gottes eingeborner Sohn von Himmel herab kommen sey auff diese Welt/damit er das arm Menschlich Geschlecht erlöset vnd selig machet. Deßgleichen hett er auch vmb keiner andern Vrsach halben den Priester mit sich auß Spanien dahin geführt/weder allein daß er sie in den fürnembsten Hauptarticklen vnd Fundament deß Christlichen Glaubens vnterwiese. Derhalben wöllen sie dem Göttlichen Gesatz gehorchen/vnnd sich vnter Keyser Carols deß Fünfften/deß allermächtigsten Potentaten auff der Welt/Schutz vnd Schirm ergeben. Wie die Indianer solche Red hatten gehört/gaben sie gar kein Antwort darüber/sondern neigten sich allein mit den Köpffen/als wann sie jhm heimlich willfahreten/vnd stunden hiemit von dem Tisch auff/vnd gieng ein jeder heim zu hauß.

Deß Didaci verblümbte Wort zu den Indianischen Königischen.

Am nachfolgenden Tag schicket der Gubernator einen Spanier mit sampt zweyen Indianern zu zween Königischen/die jenseit deß Fluß wohneten/

Deß Didaci Gotteres Vnbarmhertzigkeit

ten/ vnd sagt jhnen frey sicher Geleid zu/ daß jhnen gar kein Gefahr solte drauff stehn/ sonder ohn alle Forcht vnd Schrecken zu jhm kommen. So bald sie aber dahin kamen (wiewol vngern) ließ sie der Gubernator in sein Speißkammern führen/ vnnd ein jeden mit einer sondern Ketten binden/ vnnd nachmals in sein Kammern also gebunden führen vnnd an sein Beth binden. Daselbst seynd sie auff der Erden so mit Blättern bestrewet/ vnnd den Kopff auff einem höltzern Bloch (wie bräuchlich bey jhnen) gelegen/ vnd also geschlaffen. Diese waren die zween Königische so zum ersten/ als der Gubernator dahin kommen/ jhm mit sieben hundert Ducaten verehret hatten/ wie wir im vorgehenden Capitel gehört haben. Daselbst hat er sie mit grosser Marter vnd Peinigung geplagt/ vnd geforschet/ wo diese Fässer mit Saltz vnd Honig weren hinkommen/ die er bey dem Meer vergraben/ als er hinweg gezogen. Dann als er widerumb kommen/ hat er etlich dahin geschickt die solten sie außgraben/ aber sie haben den Ort lähr gefunden/ vnd waren die Vögel außgeflogen. Hierauff gaben sie jhm zu Antwort/ sie wüßten solches nicht/ vnd bedörfften es auch nicht/ dann sie hetten Saltz vnd Honig vorhin vberflüssig gnug. Aber daran ließ sich der Gubernator nicht vergnügen/ sonder dräwet jhnen bey dem Todt vnd alles Vnglück/ wo sie seinem Begeren nicht würden gnug thun. Derhalben ward der jüngst vnter diesen zweyen/ mit Namen Camáchiren, auß Noht dahin gedrungen/ daß er jhm mehr dann zwey täusent Ducaten oder stück Golds gabe/ welche ein Indianischen Schlag hetten/ vnd stunden auff etlichen Säwköpff/ auff etlichen die Bildnuß eines Tygerthiers/ Vögel/ Fischen/ oder andern wilden Thieren.

Wie der Landuogt diese geringe Summa Golds sahe/ ward er hefftig darob erzürnt/ dann er viel ein grössere Summa verhoffet hette/ hieß derhalben als bald ein grosses Fewr anzünden/ vnnd führet den Camachiren allein darzu/ vnd stellet jhm ein grosse Kisten oder Truhen für die Füß/ vnd ließ jhm durch sein Tolmetschen dräwen vnnd anzeigen/ wo er in vier Tagen nicht sechs mal so viel/ als in diese Kisten gieng/ Gold vnd Edelgestein zuwegen brächte/ wolte er jn ohn alle Barmhertzigkeit lassen verbrennen. Ab diesem Dräwen vnd gegenwertigen Todt entsetzet sich der Königische/ vnd verhieß/ er wolte solche Summa zuwegen bringen. Wie er nun solches hat verheissen zu leisten/ schicket er seine Diener auß/ daß sie solten das Gold vnd die Kleinoter eynsammlen vnnd zuwegen bringen. Hie aber ist zu mercken/ daß durch gantz Indien die Eynwohner im Brauch haben/ daß sie sich alle Tag zum minsten drey oder vier mal wäschen/ welchen Brauch der gefangen Königische auch hielte/ vnd ließ sich alle Tag zum Wasser führen daß er sich wüsche. Es hat sich aber auff einen Tag vngefehr begeben/ daß deß Landvogts Knecht einer/ welcher jhn verhüten vnnd verwahren solte/ jhn von dem Bad heimgeführet/ vnnd nicht wol verwahret/ ist er deß Nachts/ vor dem Tag als er das Gelt solt erlegen/ auß der Gefengnuß entrunnen/ vnd auß deß vnbarmhertzigen Landuogts Händen entwichen. Dardurch ist der Gubernator also ergrimmt vnd erbittert worden/ daß so offt er die Kisten ansahe/ sagte er/ sie solt an staht deß Golds vnd Edelgestein/ mit Kaht vnnd anderm Vnraht gefuhlt seyn.

Gottloser vnersettlicher Geitz.

Indianer wäschen sich alle Tag vier mal.

Wie die andern Königische in der Landschafft Suera vnnd Chiuppa deß

Land-

Indianer zünden ihre eygene Häuser an von wegen der Spanier Tyranney.

Landuogts Tyranney vnnd Wüterey/ so er gegen den gefangenen Königischen geübet/ gehört/ haben sie als bald ihre Häuser mit Fewr angesteckt/ vnnd alle fruchtbare Bäum abgehawen/ vnd andere Frucht vnd Nahrung in sichere Ort geführet/ hiemit das Land jämerlich verhergt vnd öd gemacht/ damit die Feind nichts zu essen funden/ vnd Hungersnoht halben auß dem Land zurück müßten weichen.

Hiezwischen ließ der Landuogt gar nichts vnterwegen das zu Fürderung vnd Ersettigung seines Geitzs gehöret/ vnd wiewol er etwas kranck vnd schwach war/ plaget vnnd martert er nichts desto minder den andern Königischen/ welcher noch in Gefengnuß war/ vnd dräwet jhm offtermals mit schmählichen vnd scharpffen Worten den Todt/ wo er jhm kein Gold vnnd Edelgestein vberantwortet. Als aber der armselige Königische kein Gold wuste noch hette/ litte er solche Marter vnnd Peinigung standhafftig vnnd gedultig biß in sein letztes End. Letzlich ward der Landuogt gantz ergrimmet vnnd erzürnet/ als er sahe daß jhm der Königische kein gewisse Summa Gelts wolt verheissen vnd geben/ ließ jhm durch sein Tolmetschen anzeigen/ wann er jhm nicht in zweyen Tagen etlich tausent stück Gold zuwegen brächte/ wölte er jhn den Hunden darwerffen vnnd zerzerren lassen. Darauff antwortet jhm der Königische vnuerzagt vnd mutiglich/ vnnd sagt/ Es neme jhn höchlich wunder/ daß der Gubernator also ein verlogner vnnd leichtfertiger Mann sey in seinen Reden/ der jhm so offt gedräwet zu

Indianischen Königischen Standhafftigkeit vnd manlich Gemüt.

» tödten/ aber nicht so kün sey/ solches an jhm zuvolbringen/ vnd mit der That zu
» beweisen. Dann er wölle viel lieber sterben/ weder in der Gefengnuß also ge-
» martert vnd geplagt werden/ vnnd ein zweiffelhafftigs Leben führen. Er hab sei-
» nem Glauben vnd Zusagungen vertrawet/ vnd sey freywillig zu jhm kommen/
» vnd verhoffet/ er würde seinen Worten vnd Verheissungen staht thun/ vnd jhn
» freundlich auffnemmen/ aber es sey alles erlogen vnd vnwarhafft gewesen/ vnd
» werde er an staht der Freundlichkeit vnnd Gütigkeit jämmerlich gemartert vnd
» gepeinigt. Letzlich hencket er daran/ Er könne jhm gar nicht eynbilden noch glau-
» ben/ daß solche Menschen Christenleut seyen/ die sich keines Lasters noch
» Schand schämbten/ vnnd wider zugesagten Eyd vnnd Glauben also offentlich
» vnd schändtlich handelten. Deßgleichen verwunderte er sich hoch/ wie doch das
» Erdrich/ darauß sie entsprungen/ also gedültig vnnd sanfftmütig were/ daß es
» solche Bestien vnnd vnbarmhertzige Thier ernehret vnd Nahrung gebe. Hierauff schweig der Landuogt still/ vnnd gab jhm kein andere Antwort/ weder daß er sagt/ Er hette jhn von Rechts wegen gefangen/ damit er auß jhm erforschet/ wer jhm das Saltz vnd Honig auß dem Erdrich gestolen vnd außgraben hette.

Wie Didacus Gotierez von Tag zu Tag ellendiglich am Leib habe abgenommen vor Bekümmernuß/ als jhm seine Anschläg nicht nach seinem Wunsch ergangen/ vnd wie er von den Indianern sey vmbgebracht worden. Item von der Indianer Forcht von wegen deß Reisigen Zeugs.

Das Zwölffte Capitel.

ZWischen diesen Dingen/ als der Gubernator Gotierez mit den Königischen dieser Landschafft also jämmerlich handelte/ schicket er sechs Indianer in einem kleinen Weidling an das Meer zu seiner Vnterthanen einem/ daß sie solten Pfeil/ Bogen/ vnnd andere nohtwendige Kriegsrüstung bey jhm holen/ vnnd jhm zuführen. Diß thäten die Indianer/ vnd luden das Schifflein voller Kriegsrüstung vnd andere Ding/ vnd fuhren also darvon/ gleich als wann sie solches dem Landuogt wolten vberantworten/ aber so bald sie auff das Meer seynd kommen/ haben sie mit dem Schifflein vnd Gütern ein andern Weg genommen/ vnd darvon geflohen/ also daß man weder die Indianer/ noch das Schifflein mehr ansichtig ist worden. Da solcher Vnfall dem Gubernator zuhanden stieß/ erstlich mit der Zuflucht deß Königischen/ vnnd jetzund mit Entführung der Kriegsrüstung/ darneben jhm auch kein Prouiant noch new Kriegßuolck zugeführt ward/ vnd sein Kriegßuolck von Tag zu Tag Hungers halben hinweg starb/ bekümmert er sich so hefftig/ daß er vor Schmertzen vnd Trawrigkeit elendiglich am Leib abname/ vnd schier gar verschmachtet. Letzlich da er niergend kein Hülff noch Zuflucht mehr wuste/ vnd alles Rahts beraubt war/ hat er bey jhm beschlossen auff das Mittelland zuziehen. Derhalben hat er als bald den Kriegsleuten befohlen/ daß sie sich gerüst machten/ vnd die Speiß so noch vbrig weren/ deren doch wenig/ vnter die Knecht lassen außtheilen/ die Krancken vnnd Schwachen zurück an das Meer lassen führen/ vnnd seinem Diener einem befohlen/ so bald Alfonsus Pisanus mit einem Jagschiff an das Port käme/ solte er ohn Verzug mit dem Volck hernach eylen. Dann er wolte auff den Strassen vnd in den Bergen/ dahin er zöhe/ allenthalben Crucifix auffrichten/ damit er möchte sehen/ wo er mit seinem Volck were hingezogen.

Indianer so offtmals von den Spaniern betrogen/ betriegen sie auch.

Gotierez Bekümmernuß.

Judianischer König wil sich mit Gelt ledigen/findt kein Gnad.

Wie nun alle Ding zum Abzug war bereitet/hat der gefangne Königische solches auß andern verstanden/daß man Jhn/sampt alle gefängne Jndianer werde hinweg führen/vnd durch Berg vnd Wüsten zum Hon vnd Spott mitschlöppen/darab er vber die massen hefftig erschrocken/vnd angefangen zu weynen vnnd hewlen gleich wie ein junges Kindt. Letztlich hat er mit dem Gubernator ein Pact vnnd Vereinigung gemacht/daß wo er jhn ledig liesse/wolte er jhm innerhalb vier Tagen ein grosse Summa Goldts vnnd Geldts zu wegen bringen/vnd für sein Erledigung zahlen. Es hett jhn der Landuogt auff diß mal frey gelassen/wo jhn nicht etliche seiner Verwandten hetten darnon abwendig gemacht vnd mißrahten. Dann sie sagten/es verspotteten jhn die Judianer/vnd führeten jhn am Narrenseil/damit die Prouiant verzehrt würde/vnd sie Noht halben nachmals auß dem Land müsten weichen. Dann wann sie noch vier Tag da verharreten/würd jhnen die Nahrung gar zerrinnen/vnnd weder hinder sich noch für sich können kommen. Deßgleichen sagten sie/er könte sie allwegen ledig machen wann er wolte/Sondern er solte sein Kriegsuolck noch diese Nacht außschicken/die deß Königischen Volck vberfielen/plünderten vnd raubten/was sie nur antreffen. Auff solche Weiß vnd Weg möcht er Gelt vnd Gut/vnd den Kriegsknechten Prouiant vberflüssig gnugsam bekommen. Aber dieser Rahtschlag hat dem Landregierer nicht wöllen gefallen/dann er förchtet/wann er die Spanier von jhm ließ/vnd auff die Beut schicket/würden sie jhn/gleich wie die ersten/verlassen/vnd heimlich von ihm hinweg lauffen.

Derhalben zohe er mit den vbrigen Kriegsknechten fort/vnd ehe wir recht auß dem Losament kamen/weissaget ich jhm/was jhm vnd vns allen widerfahren würde. Dann ich sagt zu einem Spanier/der mein Rottgesell war/gewißlich führet er vns auff die Fleischbanck. Darauff gab er mir zu Antwort/vnd sagt/Bist du allein vnter vns der widerstrebt/die wir fürgesetzt haben/dem Landuogt wider sein Willen ein Landschafft zu wegen zu bringen. Da wir nun sechs oder sieben Tag durch finstere Wäld vnd vngehewre hohe Berg vnd Thal waren gezogen/funden wir niergend kein menschliche Wohnung/vnnd kamen letzlich zu einem so grewlichen vnd gähen Berg/der mehr dann auff die fünffzehen tausent Schritt hoch war/der hat so erschreckliche Felsen/daß wir vns offtermals kümmerlich an den Stauden vnd Bäumlein/so darauff wachsen/haben mögen erhalten/damit wir nicht herab in die tieffen Klüfften fielen. Letzlich seynd wir zu einem tieffen vnd grossen Wasser kommen/daselbst funden am Vfer deß Fluß etliche wüste vnd öde Häuser/darinn sich die Jäger pflegen zu halten/dann wir funden viel Bein vnd Hörner von Hirtzen/Tygerthier/vnd andern Thieren darinn.

An diesem Ort ist der Landuogt zween Tag still gelegen/dieweil er viel der Frücht/so die Jndianer Mamei nennen/daselbst fande/vnd von wegen deß süssen Wassers/auß deren Wurtzlen ließ er Brot backen/auff die Weiß/wie wir droben im sieben vnnd zwentzigsten Capitel deß ersten Buchs angezeigt haben/welches Brot vnd Wurtzel sie sonst auch Cazabi nennen. Aber wir haben den mehrer theil dieser Frücht vnter Quetschgen gekocht/da sie am besten schmäcket/vnd auch am gesundesten ist.

Wie

Wie wir nun die zween Tag ein wenig hetten außgeruhet / vnnd den bittern Hunger mit dieser rauhen vnnd vnartigen Speiß gebüsset / seynd wir von dannen fort geruckt / vnd als wir drey gantzer Tag vnd Nacht stracks fort zogen / kamen wir letzlich zu zwo gängen Landstrassen: Da stunde der Gubernator in grossem Zweiffel / welche er solte vnter die Füß nemmen / vnd nachziehen / vnnd nach lang gehaltenem Rahtschlag fraget er ein Indianer / auß denen so er mit jhm gefangen führet / welchen Weg er für den gewissesten hielte / damit er zu einem Dorff oder Flecken der Indianer möchte kommen. Dieser gab jhm zu Antwort / er wüste es nicht. Darüber ward der Landuogt dermassen erzürnt vnd ergrimmet / daß er von stundan einem seiner leibeygnen Knechten auß den Moren befahl / er solte jhn erwürgen vnd vmbbringen. Als er solchem Befehl trewlich nachkame / vnd jhn mit dem Strang erwürget / sagt er darzu / also geht man mit den bösen vnd vngehorsamen Leuten vmb. Deßgleichen fragt er auch den Königischen / welchen er zuuorhin also geplagt vnd gepeinigt / ob ers nicht wisset / gab er jhm zu Antwort nein / da befahl er gleich dem Moren / daß er jhn gleiches Falls solt hinrichten / gleich wie den ersten. Wie der Königische sahe / daß die Henckersknecht gegen jhn kamen / leget er sein Bündele / so er auff dem Rücken trug / nider / vnd neigt sein Kopff mit grosser Beständigkeit vnnd freywilligem Gemüht nider gegen jhnen / vnd gab sich williglich in Todt. Da solche Beständigkeit vnnd Freywilligkeit der Landuogt an dem alten Greysen sahe / erbarmet er sich vber jhn / hieß die Henckersknecht still stehn von jhrem Ampt / vnnd schencket jhm das Leben.

Indianer wöllen lieber sterben weder die jhren verrahten.

An diesem Ort waren drey Spanier vor Hunger also krafftloß vnd hällig / daß sie nicht mehr stehn noch gehn konnten / also daß wir sie mußten dahinden lassen / welche nachmals von den Indianern seynd zerzerret / vnd rohe gefressen worden. Auff denselbigen Tag zu Nacht als der Gubernator sahe / daß wir gar nichts mehr zu essen hatten / wolte er von der Speiß / so er für sich behalten / vns nicht mittheilen / sondern befahl / daß wir solten die Hund zu todt schlagen / vnnd metzgen / vnnd vnter vns außtheilen. Als ich aber solches Fleisch / wiewol mich hefftig hungeret / nicht wolte essen / dieweil es gifftige Würm im Leib machet / gab ich es meinem Rottgesellen einem / vnnd gieng hiemit zum Obersten oder Landuogt / verhoffende / ich würde etwas bey jhm erhalten / bate jhn gantz vnterthänig / daß er mir doch wolte nur ein wenig Nahrung mittheilen. Da gab er mir zu Antwort / wann mir das Hundfleisch nicht schmäckte / so solt ich Wurtzel vnnd Kräuter essen. Diese Antwort höret ein Spannischer Kriegßmann / mit sampt andern / Darauff sagt er / Herr Landuogt / wann jhr nicht mit vns das Glück vnd Vnglück wöllet gemein haben / so krieget jhr allein / vnd wöllen wir daruon ziehen. Durch diese Rede / vnnd durch der andern Befelchsleut Bitten vnd Begeren / ward der Gubernator bewegt / daß er vns ein dreypfündigen Käß gab / denselbigen theilten wir in vier vnd dreissig Stück auß / dann also viel waren vnser noch beysamen.

Spanier essen Hund in Hungersnoht.

Spaniers kün Gemüt.

Hungersnoht.

Eben in derselben Nacht befahl der Gubernator einem Koch / daß er solt ein groß Stück Schweinenfleisch kochen / damit er dasselbig auff den zukünfftigen Tag möcht essen. Als aber dieselbige Nacht die Schiltwacht an mich kame /

gieng ich vngefähr vmb das Läger herumb / vnd kam zu dem Fewr. Vnd wie ich die Köch schlaffen funde bey dem Fewr / machte ich mir geschwind ein spitziges Holtz / vnd steckte dasselbig in den Hafen / vnd zohe das Stück Schweinenfleisch herauß / verbarg es in meinen Commißsack / zohe also still darvon / gleich wie ein Hund / der etwas in der Kuchen geschleckt hat / kam widerumb an mein Stell oder Ort / vnnd frewet mich dieses Stück Fleisch hefftiger / weder wann ich ein grossen Schatz gefunden hette. Wie solches der Gubernator gewahr worden / ist er zwar hefftig erzürnt / hat doch nichts anders darüber gesagt / weder es sey jetzundt also die Zeit vnnd Gelegenheit geschaffen / daß man die Küchen vnuerhütet muß lassen. Mir aber hat das Fleisch wol geschmäcket / vnnd hab ich den Wurtzeln nicht viel mehr nach gefragt / wiewol es vber die massen war gesaltzen / also daß ichs ohn Trincken kümmerlich mocht hinab bringen.

Benzo frißt das Fleisch auß dem Hafen.

Vber zwen Tag hernach als wir von diesem Orth gewichen / kamen wir zu einem grossen Waldt / da sahen wir vrplötzlich vornen im Eingang des Waldts einen Indianer hinder einem Baum stehen / welcher da auff der Späch vnnd Wacht stunde / so baldt er vns erblicket / lieff er so schnell als ein Hirsch durch den Waldt hinein / damit er dem Königischen derselbigen Prouintz vnser Zukunfft anzeiget. Derhalben wurden wir am nachfolgenden Tag deß morgens früe vor der Sonnen Auffgang von einem grossen Heer der Indianer vberfallen. Vnnd als zu allem Vnglück der Gubernator sein Losament auff der seiten hatte da die Indianer den Einbruch thäten / ward er im ersten Angriff von jhnen erschlagen. Darauff fielen sie mit grewlichem Geschrey vnd erschröcklichem Lärmen von Trommen vnd Pfeiffen in das Läger / vnnd waren sie gantz wunderbarlich am Leib mit schwartzer vnnd brauner Farb gemahlet / trugen lange Fäderbüsch auff dem Kopff / vnnd waren an dem Halß vnnd Arm mit gülden Spangen vnnd Armbanden geschmuckt (dann also pflegen sie in Krieg zu ziehen) vnnd grieffen vns an allen Orten hefftig an. In diesem Lärmen vnnd Tumult / als ich mein Schwert vnnd Schilt wolt nemmen / ergrieff ich vngefähr vnter dem Laub zugleich meines Burschgesellen Sturmhauben / welche er in diesem Getümmel hat vergessen / die satzt ich auff / vnnd lieff hiemit vnter die Feind / vnnd ward durch Gottes vnd der Sturmhauben Hülff auff diß mahl auß der Gefahr deß Streits errettet. Dann es warffen die Indianer so erschrecklich mit Steinen auff vns zu / gleich als wann es hagelt vnnd donderet / vnnd machten mir so viel Beulen vnnd Löcher in die Sturmhauben / als wann man mit Hämmern darauff geschlagen hette. Als der Streit schier auff ein gantze Stund währet / vnd der Sieg gantz zweiffelhafftig war / wurden die Indianer letzlich / als viel von jhnen auff dem Platz blieben / von vns in die Flucht getrieben. Als aber den Indianern frisch vnd geruhet Volck entgegen kam / kehreten sie sich vmb / vnnd grieffen vns von allen Orten auff ein newes an. Aber es mochten die Vnsern jhrem Angrieff vnd starckem Eynfall nicht Widerstand thun / dieweil wir müd vnnd krafftloß waren vor Hunger vnnd Vnruh / vnnd dem Feind an der Stärcke vngleich. Derhalben schossen vnnd warffen sie schrecklich mit Steinen vnter vns / vnd erlegten die vnsern / daß nicht vber drey oder vier daruon kamen. Dann als mir der Oberste Leutenampt hart an der

Didaes Gotierez deß Gubernators Todt.

Spanier Niderlag.

Seiten

Seiten zu todt geworffen ward / gedacht ich / hie ist deines bleibens nicht mehr / machet mich derhalben auß dem Staub / vnd verbarg mich in ein holen Bawm. Als ich da ein weil verharret / vnnd nicht wußt wo auß noch ein / siehe da kamen zwen Spanier daher geloffen / die waren gantz blutig vber den Kopff vnd Angesicht / die sagten zu mir / Du Meyländer was machst du hie / lauff mit vns / dann wo du lenger hie verharrest / kombst du mit dem Leben nicht daruon / dann all vnsere Mitgesellen seind erschlagen / darumb ist es zeit daß wir zu ruck lauffen den Weg da wir her seind kommen. Mit diesen bin ich daruon geloffen / da seind vns auff dem Weg vber die fünff vnnd zwentzig Indianer begegnet / deren der mehrertheil Königsche vnd Potentaten waren / die auff gleichformige weiß vber den gantzen Leib waren gemahlet vnd wunderbarlichen angestrichen / durch diese haben wir vns mit freyer Faust müssen schlagen vnd erwehren / vnd seind also vngeschediget daruon kommen / weder allein ich ward von einem starcken Indianer mit dem Pfeil an den Halß getroffen / aber es mocht nicht tieff durchgehn / dieweil ich ein Wammest mit Bawmwollen gefuttert anhatte. Wie wir nuhn auß dieser Gefahr auch seind erlöset worden durch Hülff vnd Mannheit / seindt wir streng daruon gestrichen / vnd nicht fern von dannen haben wir auff einem Berg vnsern Priester mit sampt zweyen Spaniern gefunden / welcher gleich im anfang der Schlacht was darvon geflohen.

Mit diesen seind wir eylends fort gezogen / vnnd wie wir ohngefehr zwo oder drey Stund auff dem Weg waren / begegnet vns Alphonsus Pisanus der Oberst Leuthenampt mit vier vnd zwentzig Spaniern / vnnd wolt dem Landuogt nachziehen vnd süchen. Als wir nuhn einander mit grosser Freudt empfiengen / vnd dem Obersten vnsern Vnfal klagten / sihe da kamen mehr dann hundert Indianer / die waren mit Schwerdten / Dartschen vnd Bögen / welche sie den vnsern genommen / wol gestaffieret vnd gerüstet / sprungen vnnd tantzten vmb vns herumb / vnd begerten vns auß dem Vortheil zulocken. Deßgleichen waren etlich die schreyen in Spanischer Sprach zu vns / vnd sagten: Kom̃ Christ / nim̃ Gold / nimm Gold von vns. Als wir aber jhnen an kräfften vnd stercke deß Volcks zuschwach waren / kerten wir vmb vnd zohen dem Meer zu. Indianer re[...] [...] den Sp[...] [...] Ge[...]

Von dannen seind wir mit grosser mühe vnnd arbeit / vnnd höchster Gefahr / widerumb an das Meer kommen. Aber die zween Spanische Kriegßmänner / welche mit mir auß der Schlacht entrunnen / kondten von wegen der tödtlichen vnd schädlichen Wunden nicht lenger hernach folgen / sonder blieben also müdt vnd halb todt vnden an einem Bergligen / weiß Gott wol wie es jhnen weiters ergangen ist / ob sie lebendig oder todt blieben. Vber etliche Tag kamen noch zween andere Jüngling hernach geloffen / die auch inn der Schlacht gewesen / vnnd sich in dem Waldt hatten versteckt / biß die Indianer von der Walstath seind kommen. Diese zeigten an / daß sie mit jhren Augen hetten gesehen / dz die Indianer dem Gubernatorn vnd Landuogt / sampt zweyen Moren / hetten die Köpff / die Arm / Händ vnd Füß / vnnd alle Glieder abgehauwen / die andern Kriegßknecht hetten sie nackend außgezogen / die todten Cörper in ein fliessendt Wasser geworffen / vnd allenthalben den Raub vnnd die Kriegßrüstung sampt allẽ Waaffen fleissig zusammen gelesen / außgenom̃en dz Oel / vnd andere essende

Speiß so noch vbrig gewesen/ habẽ sie außgeschüttet/ vnd nit wöllen versuchen/ dann sie vielleicht geargwohnet es möchte dieselbige von den Christen vergifftet seyn. Es seind hie auß den vnsern von den Spaniern vier vnd dreissig/ mit sampt zweyen Moren/ auff dem Platz blieben. Aber auß den Indianern seindt nicht minder dann zwey hundert erlegt worden/ dann es war jhr Kriegßheer/ wie man augenscheinlich mocht abnemmen/ mehr dann vber die tausent starck. Der mertheil vnder jhnen war verzagt vnd vngeschickt zu kriegen/ also daß/ wann wir nur vier Roß hetten gehabt/ wolten wir leichtlich gesieget haben. Dann die Indianer forchten die Roß viel hefftiger weder alle Waafen der Spanier. Deñ sie bekennen solches offentlich/ vnnd ohn alle schew/ daß sie nicht durch der Christen Mannheit/ Waffen/ Geschütz/ Spieß/ Schwerter noch Bogen seyen vberwunden worden/ sonder allein durch der Roß Grimmigkeit vnd Grösse erschrecket/ daß sie sich ergeben haben. Welches auch selbs die erfahrenheit vnd tägliche augenscheinliche Exempel bezeugen vnd offenbaren. Dann alle Orth so jhe vnd jhe die Spanier in India zu Fuß mit dem Schwerdt vnd Kriegßmacht haben angrieffen/ dahin sie keine Pferdt haben mögen bringen/ da seind sie schier allwegen vndergelegen/ vnd von den Indianern vberwunden worden. Daher haben wir ein Exempel als die Spanier zum ersten das Königreich Mexicum, jetzund Peru genannt/ vnderstunden anzugreiffen/ vnd vnder jhren Gewalt zubringen/ seind die Indianer allein ab den Reisigen erschrocken. Dann als sie sahen die Leuth auff den Rossen sitzen/ erschracken sie hefftig darab/ vnd vermeineten es were der Mensch vnnd das Roß ein Thier/ das vnzertheilbar vnnd vnunderschiedtlich were/ vnnd funde man solche erschröckliche Thier in Hispanien die also zusammen gewachsen weren.

Ind[ianer] entsetzt sich hefftig ab den Rossen.

Daher förchten sie die Pferdt also hefftig/ daß tausent Indianer vor einem Reuter dörfften fliehen/ vnd sich entsetzen/ vnd forchten/ es werde die diß schröcklich Thier all fressen vnd verschlingen. Man lißt/ als Ferdinandus Cortesius das Königreich Peru erobert/ haben die Indianer den Rossen so grosse Ehr vnd Reuerentz angethan/ als wann sie vnsterbliche Götter weren. Sie trügen jhnen in köstlichen vnd grossen Krügen Wasser zutrincken herbey/ vnd gaben jhnen nicht Graß zuessen/ sonder legten jhnen die Krüppen voll deß allerbesten Maiz das sie hatten/ vnnd ströweten jhn die wolgeschmacksten Blumen vnnd andere Kreuter vnder/ vnnd vnderliessen gar nichts/ damit sie die Roß kondten ehren vnd jhnen dienen. Welches sie doch viel mehr auß Forcht weder auß Freundtlichkeit gethan haben/ dann sie vermeinten dardurch Gnad von den Rossen zuerlangen/ daß sie jhrer im Streit forthin solten verschonen.

Indianer thun den Rossen grosse Ehr an.

Erklerung der Historien deß zwölfften Capittels.

Es forchten sich die Indianer in der Newen Welt vber die massen für den Pferden/ vnnd für den grossen Hunden/ so man die Englische Docken vnd Molossen nennet/ denn sie besorgen sich/ daß sie von jhnen zerrissen vnnd auffgefressen möchten werden. Also daß auch drey Reuter zu Roß/ wol tausent Indianer zu Fuß verjagen dörffen vnnd inn die Flucht schlagen.

schlagen. Relat. Nun. Gusman. Als Ferdinandus Cortesius die Provinz Mexici im bezwang/ haben die Wilden nicht allein alle Ehr vnnd Reverentz den reisigen Knechten/ wenn sie für jhnen vber giengen/ angethan/ sondern haben auch auff jhren Pferden alles guts gethan/ erstlich stellten sie dem Pferd einen grossen Wasserkrug voll Wassers für/ vnnd die Krippen fülleten sie nicht mit gemeinem Futer/ sondern schütten jhnen beyde grün vnnd dorres Maiz für. Demnach straweten sie die Straw voll guts Gekreuts/ vnnd oben darauff wolriechende Rosen/ vnnd andere schöne Blumen.

Dieses thaten sie nun nicht darumb/ daß sie so wol mit jhnen zu frieden weren/ sondern viel mehr auß Forcht welche sie anfenglich ankommen war/ als bald sie vom Cortesio beweltiget/ vnnd vnder sein Joch bracht worden: Welches sie viel mehr den Pferden/ als den Spaniern zumassen.

Durch was Mittel vnnd Rathschlag die Spanier in Indiam seind gezogen. Item von dem vnglückhafftigen Zug Ferdinandi Sotti vnd Pamphili Nauarez. Deßgleichen von der Strengkeit vnd Vnbarmhertzigkeit Ferdinandi Cortesij/ so er gegen den Mexicanern geübet.

Das Dreyzehende Capitel.

WIr haben bißher weitläuffig vnd gnugsam erzehlet auff was weiß vnd weg die Spanier/ die Indianischen Völcker haben vnder jren Gewalt bezwungen/ vnd darneben angezeigt/ wie sie sich gegen jhnen haben verhalten. Darauß der Leser leichtlich mag schliessen vnnd vrtheilen was jhr fürnemmen in sonderheit sey gewesen. Dann ob sie schon in allen Büchern vnnd Historien jhr Lob biß inn Himmel hinauff wöllen erheben/ vnd sich viel rühmen/ daß sie in den Frembden vnnd Newen Landschafften von wegen deß Christlichen Namens/ vnd zu fürderung seines heiligen Worts/ mit grosser Gefahr Leibs vnd Lebens haben gestritten vnd gefochten/ hat doch solches kein rechtē Thon noch Klapff/ Sonder man siehet offentlich/ dz sie allein von wegen Gelts vnd Guts/ so manchen gefehrlichen Zug vnd Krieg fürgenommen haben. Dessen wir zum Exempel haben so vieler Hauptleuthen vnnd Landvögten veränderung vnnd abwächselung. Dann wo sie kein Gold noch Edelgestein oder andere Reichthumb in den Landschafften gefunden/ haben sie nit lang platz darinn gemacht/ vnnd sich nicht darinn gesaumbt/ sonder als bald darvon gezegen/ vnd den Christlichen Glauben da nicht begeret zu pflantzen. Dieser verloffnen Sachen wöllen wir etlich Exempel setzen/ damit mänglich möge sehen/ daß wir auß keinem holen Hafen/ oder auß Neydt reden.

Es ist zum aller ersten Antonius Sedegnus in den Sinum Pariensem, dz ist/ in der Parienser Meerschoß/ mehr dañ mit siebenhundert Spaniern gefahren/ vnd allein nach Goldt vnd Gut getrachtet/ vnnd als er durch manniche Landtschafft vnd Prouintz gestreiffet/ aber nicht nach seinem begeren vnnd verlangen Gold vnnd Edelgestein gefunden/ hat er nicht lenger darinn wöllen seyn/ Sonder mit grossem vnwillen vnnd zornigem Gemüth darauß gefahren/ demnach nicht lang hernach in ein schwere Kranckheit gefallen/ vnd vor Hertzenleid vnnd grosser bekümmernuß in der verzweifflung gestorben. Er hat auch auß diesem grossen Hauffen Volcks nicht vber fünff vnd fünfftzig Kriegsknecht widerumb in das Land gebracht.

Deßgleichen ist auch Ferdinandus Sottus mit fünffhundert Spaniern inn die Landschafft Floridam mit Königlichem Gewalt vnd Beuelch zum Gubernator geschickt worden / aber ein elendig Endt genommen / wie wir werden hören. Diese Prouintz vnnd Landtschafft ist zum ersten von Johann Pontio von Legion bürtig erfunden worden / vnd darumb also genennet / dieweil er auff den Palmsontag daselbst angeländet / welches Fest die Spanier Pascha Floridum nennen. Von dieses Zug vnd Erfindung wöllen wir daniden im Andern Theil weitläuffiger reden / inn dem Buch oder Beschreibung von der Frantzosen Zug vnd Reiß in die Landschafft Terram Floridam. Der vorgemelt Sottus / so bald er in diese Landschafft kommen / hat er durch alle Orth vnd Winckel mit seinem Kriegsvolck hin vnd her gestreiffet / gleich als ein Spürhund / vnnd in allen Orthen vnd enden Gold vnd Geld gesuchet / dann er wol gewüßt / daß groß Gut darinn verborgen lege vnnd zufinden. Wie er nun im Land alle Winckel fleissig durchsuchet / traff er ohngefehr ettliche Jndianer an / die trügen Güldene Spangen vnd Halßband von Pärlein vnnd Edelgestein / dieselbigen fraget er / wo sie das Gold vnd die Edelgestein nemen oder grüben. Diese gaben jm zu antwort durch Deuten vnd Zeichen / daß sie solches von ferren Landschafften zu jnen liessen bringen. Aber er ließ sich an dieser antwort nicht vernügen / sonder vermeinet sie sagten solches darumb / damit sie jhn mit List auß dem Land brächten vnd seiner ledig wurden / dieweil jnen wol bewust / wie sich die Christen bißher gegen jnen hatten verhalten.

Ferdinandi Sotti Zug in Terram Floridam.

Florida Terra woher der Nam.

Ferdinandi Sotti Strengkeit gegen den Jndianern.

Derhalben fieng er an / plaget vnd martert sie mit Fultern / daß sie solten bekennen vnd offenbaren / wo die Gold vnd Silbergrüben weren. Vnder andern Exempeln der Grimmigkeit vnd Tyranney so er gegē den Jndianern vbet / ist fürnemblich diese gewesen. Er hielte fünffzehen Königischer vnder seinem Gewalt gefangen / denselbigen träwet er / wann sie jhm nicht anzeigen würden / wo sie das Gold vnd Edelgestein grüben / wolt er sie all jhämerlich lassen peinigen vnnd lebendig verbrennen. Ab diesen Tröwworten vnd gegenwertigem Tod entsetzten vnd erschracken die Jndianer hefftig / vnd als sie vor forcht nicht wusten was sie redeten / verhiessen sie jm / daß sie jhn innerhalb acht Tagen an das Orth wolten führen / da ein grosse Summ Golds gegraben würde / als sie aber lenger dann zwölff gantzer Tag forth gezogen / vnd nirgent kein Goldgrüben antraffen noch funden / ward der Landvogt erzürnt / vnnd ließ jhnen allen die Händ abhawen / vnd also gestümlet von jhm ziehen.

Nicht lang darnach kam ein anderer Königscher / welcher der Fürnembst war inn dieser Landschafft / der begeret jhn zusehen vnnd mit jhm Kundtschafft zumachen / verehret jhn darneben zween Psittich vnd Pappengey / sampt schöne Fäderbüsch von Jndianischen Vögeln. Dieser fraget den Landvogt wer er were / vnd woher er käme vnd was er in dieser Landschafft suchet oder zuschaffen hette / dieweil er so Vnbarmhertzig mit den Einwohnern handelte? Darauff gab im der Landuogt zu antwort durch ein Tolmetschen / gleich wie die andere Landvogt vnd Regierer / vnd sagt / er seye ein Christ / vnnd ein Sohn Gottes / deß der

Himmel vnd Erden geschaffen/ vnd sey darumb zu jhnen kommen/ damit er diese Völcker in Gottes gesatz vnnd reiner Christlicher Lehr vnderweise. Darauff gab der Indianer mannlich vnd hertzhafftig zu antwort/ vnd sagt: Wann dem Gott dich heisset/ daß du frembde Landschafften sollest mit Rauben/ Brennen/ Blutuergiessen/ Plünderung vnd andern Lastern verwüsten vnd verhergen/ so sag ich dir offentlich/ vnd bey zeiten/ daß es nimmermehr werde geschehen/ daß wir weder jhm/ noch seinem Gesatz Glauben geben. Als der Gubernator die antwort von dem Indianischen König hat empfangen/ entsetzet er sich zum theil darob/ jedoch zog er mit seinem Kriegsvolck forth/ jetzt in dieses/ dann in ein anders Orth/ der hoffnung/ daß er etwan ein reiche Goldgruben/ die jhm ein gute Außbeuth möchte geben/ finden. Als jm aber sein Hoffnung vnnd Fürnemmen nicht glücklich von statt gieng/ vnd weit fähler wie er jhm fürgesetzet hatte/ bekümmert jhn solches also hefftig/ daß er dardurch in ein Kranckheit kame/ vnnd starb endtlich an der roten Rhur/ im fünfften Jahr/ nach dem er in diese Landschafft war gezogen. Auff solche weiß hat Ferdinandus Sottus sein Leben elendiglich beschlossen/ der ein grossen Hunger vnd Durst hatte nach Goldt/ aber es ist sein Hoffnung vnnd Fürsatz zu nicht worden/ vnnd hat er alle Haab vnd Gut/ so er auß der Königlichen Kammern deß Königs Attabalibæ im Königreich Peru erobert/ hiemit verloren.

Indianer schenden den Christlichen Namen von wegen der Christen Lastern vnd vppiges Leben.

Gleiches End vnd Vnfall hat auch Pamphilus Naruacz erreicht/ Dieser als er mit sechs hundert Spaniern gegen dem Fluß Palmarum genannt/ zoge (welcher auch in der Landschafft Florida ligt/ auff die hundert tausent Schritt gegen Mitternacht von Panuco) vnnd mit dem halben theil deß Kriegßvolcks/ auff das vnbekannt Land/ außstiege/ verhoffende/ daß er daselbst viel Goldt vnd Guts würde antreffen/ was sein Hoffnung hierinn nicht allein vergebenlich/ Sonder es kame noch ein ander Vnglück darzu. Dann die Schiff vnd Kriegßknecht so er zum halben theil von jhm geschickt den Fluß Palmarum zubesichtigen/ vnd alle Gelegenheit eigentlich zuerkündigen/ sind dieselbigen schier all durch vngestümmigkeit deß Meers zu grundt gangen vnd ersäuffet. Es haben nicht vber zwentzig Spanier von zweyhunderten das Leben in diesem Schiffbruch errettet/ welche etliche jahr lang in derselbigen Gegend herumb gezogen/ vnd elendiglich gelebt/ vnd hat jhnen niemandts mögen zu hilff kommen. Letzlich als sie gar nichts zuessen mehr kondten finden/ sind zwölff auß jhnen gantz jämmerlich gestorben/ vnd haben die andern selbst einander vor grossem Hunger vnd Mangel gefressen. Dann es fiel ein vnuersehen vnnd vnerhörte Kälte in derselbigen Landschafft ein/ daß die Indianer/ welche die Spanier zu Wurtzlen graben vnd Fischen brauchten/ solches nicht mehr zuwegen möchten bringen/ darauß folget ein erschröcklicher Hunger vnder jhnen. Also daß fünff Spanier/ als sie jhre Speiß vnd Nahrung gar verzehret hatten/ einander selbst frassen vnd auffrieben/ vnd blieb keiner auß diesen vberig/ weder ein einiger/ welcher niemands hat der jn verzehret. Die Namen aber deren so also jämmerlich seyen vmbkommen/ vnd von jhren eigen Gesellen sind gefressen worden/ sind wol würdig/ daß man sie zu ewiger Gedächtnuß verzeichne/ welche diese waren/ Sierra/ Didacus Lopez/ Gonzaltus Ruiz/ Corral vnd Pallacius.

Pamphali Naruacz vnglückhafftiger Zug in terram Floridam.

Wiewol

Wiewol solches Gomaras der Geschichtschreiber gern wolt verdüschen vnnd verklüglen/ nach seinem brauch/ vnd sagt/ daß sie von den Indianern stücken zerrissen/ vnnd also rohe gefressen worden. Da doch die Indianer (wie Aluarus Nunez anzeigt) ab dieser grewlichen vnd vnerhörten That sich hefftig haben entsetzet/ vnnd wo sie solches eh weren gewahr worden/ hetten sie ohn zweiffel der Spanier That verflüchet vnd vermaledeyet.

Letztlich ist zu wissen/ daß auß den sechshundert obgedachten Spaniern/ welche der Nauarez mit jm auß Spanien hinweg geführet/ nicht zehen mehr widerumb zuhauß seind kommen. Diese gaben für vnd rhümpten sich offentlich alß sie gehn Mexicum kamen/ daß sie viel Krancken/ so halb Todt gewesen/ widerumb gesund gemacht hetten/ in dem daß sie jhnen nur jhren Lebendigen Athem in den Mund geblasen. Vnd das noch viel mehr ist so sagten sie/ sie hetten drey Indianer vom Tod widerumb aufferwecket. Aber es wölle mir niemandts für vngut haben/ daß ich jhr Heyligkeit verachte dann ich halte darfür/ daß sie viel eh dörfften vier oder fünff vmbbringen/ weder einen von dem Todt aufferwecken.

Spanier rhümen sich/ daß sie in Indien Todten aufferwecket.

Es hat der obgedachte Pamphilius Nauarez viel Vnglück vnnd Gefährlichkeit in seinem Leben außgestanden/ Dann als jn erstlich der Didacus Velasquez der Landuogt vber die Insel Cuba mit neunhundert Spaniern in das new Spanien im jhar tausent fünffhundert vnd zwentzig/ geschickt/ daß er den Cortesium entweders Tod oder Lebendig darauß triebe/ hat er wenig Namhafftigs darinn außgerichtet/ sonder dardurch inn grosse Gefahr Leibs vnnd Lebens gerathen. Dann so bald er in die Landschafft oder Prouintz ist kommen/ hat jhn der Didacus mit schmeichelhafftigen Worten listiglich hindergangen/ vnd jhn vnversehener sach in der Statt Cempoala gefänglich angreiffen lassen/ vnd als er sich Ritterlich vnd Mannlich zur Wehr gestellet/ hat er in solchem Lärmen vnd Streit das ein Aug/ bald hernach (wie wir gehört) das gantz Kriegßherr verloren. Er ist ein lange zeit da im Gefängniß verwahret worden/ biß er endtlich durch etlicher grosser Herren Fürbitt vnnd Vnderhandlung entlediget worden/ im jhar tausent/ funffhundert/ vnd zwentzig. Nach seiner Entledigung hat er ein new Kriegßheer versamlet/ vnd ist mit demselbigen in die Landschafft Fluuij Paimarum gezogen/ welche Reiß vnd Krieg ein jhämerlichen vnnd schröcklichen außgang (wie wir gehört) hat genommen.

Was sollen wir von Ferdinando sagen? Welcher als er das New Spanien erobert/ vnd durch verwilligung deß Königs Montezumæ dz Königreich Mexicum vnder sein Gewalt brachte/ zoge er von dannen auß wider Pamphilum Naruaez (von dem wir erst gesagt) daß er jhn demmet vnnd zurück triebe. Die Vrsach aber deß Neydts vnnd Haß so Didacus Velasquez gegen dem Cortesio truge/ war furnemmlich diese. Dieweil Velasquez den Ferdinandum Cortesium in new Spanien/ welches kurtzlich von Grisalua seinem Enckel war erfunden/ geschickt hat. Als aber Cortesius den Mehrertheil auff dem Mittellandt vnder sein Gewalt brachte vnd erobert/ vergasse er seines Ampts vnd Trew/ so jhm der Velasquez vertrawet/ vnnd schickt von stundan ein stattliche Legation mit grossen geschencken vnd Gold vnd Edelgestein zum Keyser vnd ließ jm anzeigen wie er diß New Königreich durch sein Mannheit erobert/ vnd zum ersten erfunden

Ferdinandi Cortesij vnd deß Velasquez zanck.

erfunden hett. So bald diß der Velasquez vernam/ ward er hefftig dareb erzürnet/ vnd schickt als bald den vorgemeltē Naruaez mit einē mechtigen Kriegßheer wider jhn/ der solt jhn entweders Lebendig oder Todt auß der Landschafft treiben vnd jagen/ aber das Blat keret sich vmb/ vnd ward er von dem Cortesio gefangen/ vñ ein lange zeit in Gefängnuß gehalten/ wie wir erst angezeigt habē.

Dieser Ferdinandus Cortesius (wie wir gesagt) als er auß dem Königreich Mexico dem Naruaez entgegen zoge/ verordnet er zum Schutzherrn vnd Landregirer inn seinem abwesen Petrum Aluaradum/ mit sampt zweyhundert vnd fünfftzig Spaniern/ die solten den Raub vnd Kriegßrüstung verwahren.

Als sich aber auff ein Tag begab daß die Indianer in der Statt Mexico ein hohes Fest jhrem Abgott zu Ehren hielten/ vnd sich ein grosses Volck von Reich vnd Arm versamlet hat/ vnd sich all auff das köstlichest mit Gülden Spangen/ vnd mit Gülden Halßbandt gezieret/ zogen also mit Herrlicher Proceß durch die Statt hin vnd her/ sungen jhren Abgott zu lob vnd ehren etliche Lieder/ zu welchen Spectackel vnd Wahlfarth die Spanier von allen Orthen herfür lieffen/ vnd besichtigten diesen Proceß vnd Vmbgang. Als jhnen aber das Goldt vnd die Edelgestein also lieblich vnd klar in den Augen vnd geitzigen Hertzen glåntzet/ wurden sie dardurch zum Geitz vnnd begier angereitzet/ der Häuptman so wol als die Knecht/ Vnnd als sie sich gar nicht möchten enthalten/ setzten sie alle Schandt vnd Gottesforcht hindan/ vnnd fielen mit grosser vngestümme vnnd lärmen mit gewehrter Hand in die einfältigen vnd andächtigen Indianer/ die

Indianer werdē von den Spaniern in irem Gottesdienst vberfallen/ vnnd aller Kleinoter beraubet.

jhnen solches gar nicht vertrawten/ schlugen zu todt jung vnnd alt ohn allen vnderscheidt/ was nur nach Goldt vnd Edelgestein glantzet/ vnnd rissen jhnen die gülden Spangen vnd gülden Halß oder Armbandt von jhrem Leib/ vnd plünderten sie all/ also/ daß wenig mit dem Leben darvon kamen. Aber es ist die straff Gottes nicht lang außblieben/ dann als die Indianer durch solch schändtlich Laster hefftig waren erzürnt/ rotteten sie sich heimlich zusamen/ vberfielen die Spanier heimlich/ vnd erschlugen den mehrertheil auß jhnen/ vnd eroberten zum theil widerumb jhr Goldt vnnd Edelgeschmeidt/ daß jhnen die Spanier abgejagt.

Die Indianer schlessen dē Cortesium auß/ vnnd versteinigen jrē König.

Diese leidige Bottschafft ist bald dem Cortesio kundt gethan worden/ darumb hat er streng dahin mit seinem Kriegßvolck geeylet/ nach dem er den Naruaez vberwunden/ aber er ist mit grossem Niderlag der Spanier von den Indianern außgeschlossen vnd vertrieben worden. Dann als sie wol wüsten/ daß jhr König Montezuma auff deß Cortesij seiten ware/ vnd jhm guts gönnet/ haben sie jhn heimlich gefangen vnd versteiniget/ vnd ein andern an sein stat erwehlet/ mit Namen Qualtimoc. Er hat nachmals Cortesius nach grosser mühe vñ schwerer Arbeit/ als er etliche Indianische Völcker vnder sein Gewalt gebracht/ vnnd mit einem frischen Hauffen Spaniern gestärcket ward/ Deßgleichen ein grosse Anzahl Indianer zusammen gebracht/ vnnd mit sich geführet/ die Statt Mexicum belägert/ vnnd endtlich im dritten Monat mit grossem Blutvergiessen erobert. Dann es waren die Kriegßknecht all Männlich vnd hurtig zum Sturm/ vnnd wagten sich Ritterlich in die Schantz/ verhoffend da jhren Geltdhunger vnd Durst zulöschen/ vnd vertrawten gäntzlich sie wolten all zu Herren werden. Aber es hat jhnen weit gefehlet/ dann die Indianer haben sich listiglich

aller

aller jrer Hoffnung betrogen. Dann als sie sahen/ daß sie die Statt nicht länger mochten erhalten/ haben sie alles Gold vnd Silber/ sampt alle Edelgestein/ vnd Kleinoter von gülden Spangen vnd Halßband zusammen auff ein Hauffen getragen/ vnd dasselbig alles mit einander in den Fluß vnd See/ darinn die Statt lag/ versencket. Wie nun die Spanier sahen/ daß sie jhrer Hoffnung der grossen Reichthumb waren betrogen/ wurden sie hefftig vber die Bürger ergrimmet vnd erbittert/ namen den mehrer theil gefangen/ peinigten vnd marterten sie mit Foltern vnd andern erschröcklichen Instrumenten gantz jämmerlich/ daß sie jhnen solten anzeigen/ wo sie das Gold vnd Kleinoter vergraben hetten. Aber sie mochten sie weder mit Marter noch mit Fewer (wiewol viel elendiglich in der Marter starben vnnd hingerichtet wurden) dahin zwingen/ daß sie jhnen die Schätz offenbahreten/ Sondern sagten all mit grosser Beständigkeit/ sie wüstens nicht.

Spanier erobern die Statt Mexicum/ finden kein Gold noch Gut darinn.

Da nun Cortesius das Gold vnd Silber sampt andere köstliche Geschmuck vnnd Zier/ so er zuvorhin in der Statt gelassen/ gar nicht mehr ansichtig kondte werden/ verwunderet er sich höchlich darob. Dann er wol wisset/ daß der Montezuma ein mächtigen vnnd reichen Schatz hat gehabt/ deßgleichen waren alle Kirchen voller gülden Bilder/ vnd viel mit Gold vberzogen/ aber es waren auff diß mahl die Vögel außgeflogen/ vnnd kondte man solche Reichthumb weder mit Güte noch mit Peinigung von den Indianern erfahren. Derhalben ward er heffig erzürnet/ vnnd ließ den König sampt sein Schreiber fangen/ sie erschröcklich peinigen vnd martern/ so lang vnnd so ferr biß sie bekennten wo sie mit dem Schatz vnd andern Kleinotern weren hinkommen. Aber sie waren also standhafftig/ vnnd trugen diese Marter so lang mit Gedult/ daß diese viel ehe müd vnnd verdrüssig wurden/ die sie peinigten/ weder sie ab der Marter/ vnnd mochten sie gar nichts erfahren/ also daß der Schreiber sechs Stund lang an der Foltern vnd Marter hieng/ vnd mit Fewr beschädigt ward/ biß er endlich mit grossem Geschrey vnd Weheklagen sein Leben endet/ vnd den Geist auffgab.

Cortesius fahet den [illegible]

Da nun Cortesius sahe/ daß der Königische auch diese Marter mit grosser Standhafftigkeit vnd kühnem Hertzen erlitte/ vnd viel lieber wolt sterben/ weder etwas offenbahren von den Schätzen/ ist er endlich ab seiner Beständigkeit bewegt worden/ vnd die Henckersknecht von der Marterung vnd Peinigung heissen abstehn. Jedoch hat er jhn letzlich mit dem Strang lassen erwürgen/ als er jhn ein zeitlang mit sich durch mancherley Landschafften vnnd Grentzen an eysern Ketten gefänglich zum Gespött hat herumb geführt. Es schreiben etliche darvon/ aber nicht gründlich/ daß er andere Indianische Königische hab angestifftet durch heimliche Practick/ sie sollen den Cortesium vnuersehener Sach vberfallen/ vnd jn sampt alle Spanier vmbbringen. Vmb deren Vrsach halben hab jn der Cortesius lassen hinrichten. Andere aber reden also von dem Handel/ daß Cortesius jhn darumb hab lassen strangulieren/ damit er jhn nicht länger dörfft mit einer besondern Wacht lassen verhüten. Vber das dieweil er höchlich angeklagt ward/ als hett er ein heimlichen Verstand gemacht mit den Indianischen Königischen/ vnd vnterstanden den Cortesium/ sampt alle seine Kriegsleut/ auff die Fleischbanck zu vberantworten vnd verrahten. Von wegen der Peinigung vnd Marter aber / daß er solche an jhm begangen / were solche gar nicht auß seinem Gemüt vnd eygen Fürnemmen geschehen / Sondern es hetten jhm solches die Königliche Seckelmeister befohlen daß ers solte thun / vnnd darneben angezeigt / daß er eygentlich wüste wo deß Montezumæ Schatz verborgen lege. Darneben sagt auch der Königlich Seckelmeister / der zugegen war / daß solche Peinigung vmb keiner andern Vrsach halben sey geschehen / weder allein daß er die Königliche Rent vnd Zinß begert zu mehren.

Auß diesen erzehlten Exempeln vnnd Geschichten mag ein jeder frommer Christ leichtlich vrtheilen vnnd abnemmen / ob solches Werck vnnd Thaten seyen / deren die vngläubige Leut wöllen zum Christlichen Glauben bringen vnnd bekehren?

Erklerung der Historien deß dreyzehenden Capittels.

1. Ioannes Pontius Legionensis hat der allererste die Landschafft Floridam erfunden / vnnd berühmt gemacht: Von desselbigen Zug besichtige hernacher das erste Capitel vnsers Tractätleins von der Frantzosen Schifffahrt in Floridam.

2. Pamphilus Naruaez, ist eben der jenige / welchen der Gubernator in der Insel Cuba Didacus Velasquez im Jahr tausent fünff hundert zwantzig / ohn gefährlich mit neun hundert Spaniern in das new Spanien abgefertiget hatte / daß er den Cortesium entweder todt oder lebendig darauß schlagen solte. Aber so bald er in derselbigen Prouintz ankame / hat jhn der Cortesius mit listigen falschen Worten vmbgangen / vnnd jhn / dessen er sich im geringsten nicht versehen / in der Statt Cempoaia gefangen. Da er sich aber vnterstanden zu wehren / vnd sich mit der Hand zu beschützen / hat er ein Aug darüber verlohren / vnnd bald darauff auch sein gantzes Kriegsheer. Als er nun ein lange Zeit gefänglich gehalten / vnd endtlich widerumb erlediget worden / hat er im Jahr tausent fünff hundert sieben vnd zwantzig / in der Prouintz am Wasser Palmarum gelegen / sich mit Volck widerumb gestärckt / es ist jhm aber wenig Glück darbey bescheret gewesen.

3. In derselbigen Grentzen ist auff ein Zeit dermassen ein vnlustiges Wetter / vnnd vnerhörter grosser Frost eyngefallen / daß die Indianer / deren Hülff die Spanier Wurtzel zu graben vnd Fisch zu fangen sich gebrauchten / keine Notturfft zu Vnterhaltung deß Lebens verschaffen kundten: Daher die Spanier durch die eusserste Hungersnoht so hart betrangt wurden / daß jhrer fünff an dem Vfer Xamo, in derselbigen Grentzen / wie sie alle Speiß vnd Prouiant verzehret hatten / je einer den andern aufffrasse / vnd es ist nicht mehr als nur einer von jhnen vberblieben / weil keiner mehr vorhanden gewesen war / welcher denselbigen auch hette verschlungen. Obgemeldte fünff Personen haben die Scribenten würdig geacht / daß jhre Namen zu ewigem Gedächtnuß auffgezeichnet würden / welche ich auch hieher setzen wil / vnnd sind mit Namen diese: 1. Sicira: 2. Didacus Lopez: 3. Gonzallus Ruiz: 4. Coral: 5. Palacios. Ob nun wol Gomara, damit er diese erschreckliche That beschöne vnd vertusche / wie sonsten sein Brauch ohn das innhält / schreibet / wie die Wilden diese fünff geschlacht vnd verschlungen haben: So ist es doch kundbar vnd beweißlich / daß die Indianer vber diese That dermassen seyen verstürtzet vnd ergrimmet worden / daß wo jhnen solches bey Zeit were offenbaret / sie die Spanier so viel sie deren bey jhnen gewust / erschlagen hetten: Vnd also dieses grawsames vnerhörtes Laster widerumb mit der vbrigen Spanier Todt versühnet vnd außgebüset. Hieuon besihe die Relation deß Aluari Nunez.

4. Diese Historien schreibet Aluarus Nunez in seiner Historischen Relation, da er solches von seiner eygenen Person bezeuget / nemlich wie daß ein Indianer / welcher durch viel Anzeigunge vnd Warzeichen schon fast für todt gehalten worden / von jhm vnd seinen Gesellen widerumb sey vom Todt aufferweckt. Aber hierzu mag der Autor selbst sehen / wie er es verantworte.

5. Didacus Velasquez, Gubernator vber die grosse Insel Cuba, hatte den Ferdinandum Corte-

Cortesium abgefertiget/daß er solte New Spanien eynnemmen/ welches Land sein Enckel Grisalua ohn lengest der erst antroffen hatte. Wie aber Cortesius schon ein Theil deß fußfesten Landes hatte vnter sich bracht/ gestande er dem Landpfleger Velasqui ferners keine Rechnung deß jhm vbergebenen Gewalts halben/ sondern er vberschickete stracks der Kayserlichen Maiestet eine Verzeichnuß vnnd Commentarium aller seiner außgerichten Thaten/ insonderheit wie er dieselbige Landschafft erfunden/ vnd was er sonsten darinn rühmlichs begangen hette/ beneben vielen/grossen vnd schönen Præsenten vnd Verehrungen. Wie nun dieses der Gubernator Velasqui innen wird/ erklärt er den Cortesium als einen Abtrünnigen vnd Auffrührer in die Acht/ entsetzet jhn deß Ampts/schicket auch den Pamphilum Naruaez mit Kriegßvolck in dieselbige Landschafft/daß er jhn widerumb mit Heers Krafft darauß schlagen vnd verjagen solte.

Von

Von der Crocodillen Eyer die gut zu essen seynd. Deßgleichen von dem Thier Iguanna / das wie die grünen Heidochsen gestaltet ist. Von den Fischen Manati. Item von der Suerensier Sitten vnd Gebräuch. Letzlich von dem zweybauchigen Thier/vnd von dem gifftigen Geschlecht der Fledermäusen/ so in India gefunden werden.

Das Viertzehende Capitel.

WIr wöllen widerumb zu der Statt Carthago / von deren wir droben abgetretten seynd / kommen / vnd folgends vnser fürgenommene Reiß erzehlen vnd offenbaren. Nachdem wir an das Meer / von dem kurtzlich droben gesagt/ seynd kommen/haben wir etlich Tag lang da müssen verharren von wegen Vngewitters vnd Vngestümme deß Meers. Als wir aber da verharreten / hat sich ein wunderbarlicher Handel / doch nichts namhafftigs / aber lieblich zu hören/ mit einem Kriegßmann zugetragen. Dieser hat ohn alles gefähr / als der Gubernator auff dem Land stracks fort rucket / auß Hungersnoht ein Hund geschlachtet/ vnd wie er ein Viertheil bey dem Fewr wol hat gebraten/ lude er mich zu gast darzu/ dieweil ich jhm vnlangest zuuor ein Stück Käß mitgetheilet hatte / als er grossen Hunger litte. Da ich nun bey dem Tisch sasse/vnd schlug dapffer zu halß (dann es schmäcket mir die Tracht so wol / daß ich bey der Warheit kan sagen / ich hab mein Lebenlang nichts lieblichers gessen) vnnd wie er sahe / daß ich so viel asse / nam er die fürgesetzte Speiß von mir hinweg / vnd sagt / Loß Gesell vnd Bruder du issest gar zuuiel/ ich muß auch etwas sparen/ dann ich bin alt vnd du jung/ du kanst dich allweg besser versehen auff der Gart weder ich. Ziehe hin mein Gesell / ich lade dich nicht mehr zu gast vber meinen Hund/ dann du dörfftest wol zween auff ein mahl essen. Diß/ wiewol es mich ein wenig verdroß / must ichs doch gedultiglich tragen / vnd zohe mit trawrigem Gemüt von diesem Gastmahl.

Hunger ist ein vnuerschampter Gast.

Nachdem der vngestümme Wind vnnd das wütig Meer sich hatten gelegt/ seynd wir biß zum Außlauff deß Sees bey Nicaragua geságlet / vnd vermeyndten/wir würden daselbst ein Portugalleser finden/mit Namen Franciscum Calatum/ welchen der Gubernator oder Landuogt zu seinem obersten Leutenampt oder Statthalter hat verordnet / dieweil er jhm drey tausent vnd fünff hundert

Ducaten geliehen hatte. Aber wir seynd durch widerwertige Wind vnd Fortun verschlagen worden/welcher von Nomine-Dei herwähet/daß wir daselbst lenger dann zween gantzer Monat haben müssen verharren/grossen Hunger vnd Mangel gelitten/vnnd wo wir vns nicht mit den Crocodillen Eyern hetten erhalten/deren wir viel hin vnd wider an dem Gestaden funden/hetten wir fürwar all jämmerlich vor Hunger müssen sterben. Diese Eyer seynd ohngefähr so groß als ein Ganß Ey. Wann man sie an ein Stein schlegt/zerknellen die Schalen allein/aber zerbrechen nicht gar/Derhalben muß man das vbrig mit einem Messer außmachen vnd außschelen. Der Safft vnd Dotter so darinn ist/schmäckt gleich wie ein alter verlegener oder fauler Bysem/als ich aber von Anfang ein grossen Abschew daruon hette/bracht mich letzlich meiner Mitgesellen Exempel vnd der bitter Hunger/welcher der best Koch ist/dahin/daß ich sie für die beste Speiß hielte vnd asse.

Wir fiengen auch ein kleines vierfüssig Thierlein/das sie auff jhre Sprach Iguannam nennen/ist vnsern grünen Heidochsen nicht fast vngleich/hat vnten am Halß ein lange Haut herfür hangen/gleich wie ein Indianisch Hun/auff dem Kopff ein schönen Kamp/wie ein Han/vnd auff dem Rucken spitzige Stachel/gleich einem Dorn. Die Weiblein seynd viel besser dann die Männlein/vnnd vbertreffen jhre Eyer an der Güte vnd lieblichem Geschmack das Fleisch. Sie ernehren sich zu Wasser vnd zu Land/doch find man mehr auff dem Land weder auff dem Wasser/dann sie pflegen auch auff die Bäum zu kriechen/vnnd die besten Früchte daruon zu fressen. Es ist ein erschrecklich Thier anzusehen/denen so sein Natur nicht wissen/aber es ist gantz heimlich vnd still/also daß es gar kein Geschrey noch Pfeiffen von jhm gibt/vnd mag zehen/bißweilen auch zwentzig Tag vngessen seyn. Das Fleisch ist vber die massen lieblich zu essen/vnnd wirdt allein für ein Schleck Bißle gehalten/vnnd vber der reichen Tisch gefunden. Aber es ist denen fast schädlich vnd gifftig/welche die böse Blotern (oder mit Vrlaub zu reden) die Frantzosen haben gehabt/dieselbige macht es widerumb herfürbrechen. Es legt auff ein mahl bey die viertzig oder fünfftzig Eyer/seynd rond/vnd schier so groß als ein zimliche Nuß/seynd innwendig geel vnd weiß/gleich wie die Hüner Eyer/vnnd vber die massen lieblich zu essen/fürnemblich wann man sie in einer Pfannen nicht mit Oel oder Buttern/sonder allein mit Wasser an stahr deß Oels kochet vnd zubereitet. *Iguanna ein Indianisch Thier.*

In dem vorgemelten See bey Nicaragua vnd andern anstossenden Grentzen/fahet man vber die massen grosse Fisch/vnter welchen der fürnemsten einer ist/den die Eynwohner Manati nennen. Ich kan hiemit für die Warheit sagen/wie jhn die alten Indianische Eynwohner genennt haben. Dann es seynd die Eynwohner von wegen der grossen vnnd grimmigen Schmachheiten/so die Spanier an jhnen übten/all daruon geflohen in die finstern vnd dicken Wäld/damit sie sicher weren vor jhnen. Dieser Fisch sihet gleich einem Otter/vnnd ist auff die fünff vnnd zwentzig Schuh lang/vnnd zwölff dick/hat ein Kopff vnnd Schwantz gleich wie ein Ochs/kleine Augen/ein harte vnd schüppechte Haut/hat ein himmelblawe Farb/vnnd zween grosser vnd dicker Füß/gleich wie ein Elephant. Die Weiblein vnter jnen gebären junge/vnd säugen sie mit Eutern/ *Manati ein grosser Fisch.*

gleich wie die Küh. Ich hab deren Fischen etlich mit meinen Augen gesehen/ welche sich in dem grossen Fluß Suere vnter den dicken WasserRohren halten. Deßgleichen hab ich auch von jrem Fleisch zu Nominis-Dei offtermals gessen/ dahin man viel pflegt zu führen / aber ist alles eyngesaltzen / vnnd schmäckt gleich wie geräucht Schweinenfleisch. Etlich schreiben daruon/ daß dieser Fisch schmäcke wie eyngesaltzen Kalbfleisch / aber es muß vnter den zweyen eins wahr seyn. Vielleicht hat dem Spanier/der es schreibt/dieser Fisch also wol geschmäckt/vnd hat ers also geitzig gessen / daß er wenig Achtung geben / wie es jhm geschmäckt. Dem sey nun wie jhm wölle / so eß ichs allwegen ehe für geräucht Schweinenfleisch/ weder für Kalbfleisch. Man schreibt auch von diesem Fisch/ daß ein Indianischer Königische mit Namen Caramatarius auff ein Zeit einen jungen gefangen hab / vnd denselben sechs vnd zwentzig Jar lang in einem Fischweyer nahe bey seinem Hauß mit Brot aufferzogen vnd ernehret. Dardurch sey der Fisch also heymlich worden/daß so offt er jhm geruffen Matto, Matto, (das heißt auff Indische Sprach Herrlich vnd Gewaltig) sey er auß dem Fluß herfür kommen/ vnd jhm das Brot vnd die Speiß gleich als ein gedultig Lämble auß der Hand gessen / vnd also gar heymlich gewesen / daß er offtermals auff das Land herauß gegangen / vnd hab mit den jungen Kindern gegauckelt vnd gespielet. Deßgleichen hat jn der Königische dazu gewähnet / daß wann er etwan Lust halben vber den See wolt fahren / setzet er sich mit zehen oder zwölff Indianern jhm auff den Rucken / vnd führt er sie vnuerletzt hinüber an das Land. Mit diesem Fisch haben die Indianer vier Jahr lang Kurtzweil vnnd Lust getrieben / biß er endlich durch ein Spanier ist verjagt worden. Dann es wolt ein Spanier probieren / ob sein Haut also hart vnnd fest were/ wie man daruon sagt / oder vielleicht auß lauterm Muttwillen / schoß er ein Pfeil in jhn. Wiewol der Schuß dem Fisch nicht Schaden thäte/ empfunde er doch gleichwol daß er jhm wehe thät/ ließ sich derhalben etlich Wochen lang nicht mehr sehen. Also seynd auch die wilde Thier nicht sicher gewesen vor den mutwilligen vnd Gottlosen Spaniern.

Sihe daniden im andern Theil in Petri Martyris Historien weitläuffiger hievon.

Suerenser Sitten vnd Sprach.

Was nun der Suerenser oder Eynwohner bey dem Fluß Suere Sitten vnd Gebräuchen anbelangt / haben sie ein kleinen Vnterscheid von den andern Indianern / weder allein/ daß sie kein Menschenfleisch pflegen zu essen/ vnnd ist jhr Sprach leichtlich zu lernen. Das Erdrich nennen sie Ischa, die Menschen Cici, die Krancken Stasa, vnd das Gold Chiaruchla. Man find in dieser Landschafft vber die Massen viel Bären vnnd Tygerthier / vnnd Löwen / aber seynd gantz forchtsam vnd verzagt / dann so bald sie ein Menschen sehen / fliehen sie daruon. Deßgleichen werden auch viel grosse vnnd mächtige lange Schlangen darinn gefunden/ aber sie haben kein Gifft/ sampt viel Meerkatzen vnnd andere schädliche Thier. Es wirdt noch ein ander seltzames Thier darinn gefunden (welches von den Eynwohnern Cascuij genennt wirdt) sihet an Form vnd Gestalt gleich wie ein schwartz Schwein / ist gantz haarechtig / vnnd hat ein fast harte Haut / klein Augen / groß auffgesperrte Klawen / vnd hat ein kurtzen Schnabel schier wie ein Elephant. Es führt so ein grewlich vnd schrecklich Geschrey / daß es die Menschen taub machet mit seiner Stimm/ sein Fleisch ist gantz lieblich vnd wolgeschmackt zu essen.

Thier.

Cascuij ein seltzam Thier. Sihe daniden im andern Theil hievon Petri Martyris Historien.

Vber

Vber das erstgemelt Thier wirdt noch ein erschröcklich vnnd grewlich Thier bey jnen gefunden / welches zween Wänst oder Bäuch hat / die an einander hangen gleich wie zween Säckel. Wann es außlaufft auff die Fütrung / so versteckt vnd verbirgt es seine Jungen in den Nebenbauch / darinn sie liegen als wann sie in einem sondern Sack legen. Diß Thier ist am Leib vnnd Grösse sampt dem Rüssel / gleich einem Fuchß / vnnd hat Doppen vnd Füß wie ein Meerkatz / die Ohren aber sehen gleich wie die Fledermäuß. Ein Thier mit zween Bäuchen.

Man findt auch viel bey jhnen Phasanen / Pfawen / Indianische Hüner / Räbhüner vnnd mancherley Geschlecht der Vögel / aber seynd anders gestaltet weder bey vns.

Letzlich ist zu wissen / daß gantz gifftige vnd schädliche Flädermäuß in dieser Landschafft gefunden werden / welche die Leut bey Nacht / wann sie schlaffen / hefftig peinigen vnd plagen. Aber es werden in keiner Landsart / biß zu dem Pariensischen Meerschoß so gifftige gefunden / als in diesen Grentzen. Dann es ist mir auch wol zu Nominis-Dei begegnet / daß mich diese Flädermäuß deß Nachts wann ich schlieff / gemächlich vnd leiß an die Zähen der Füß bickten / also daß ichs kaum empfunde / wann ich aber deß Morgens erwachete / ware das Beth mit Blut dermassen besudlet / als wann ich ein grosse Wunden empfangen hette. Aber in dieser Landsart haben sie mich nich deß Nachts gebissen / darvon ich nicht erwachet bin / gleich als wann ich ein schädliche Wunden empfieng / vnnd mich hernach etliche Stund lang hefftig geschmertzet vnnd wehe gethan. Deßgleichen schlugen sie mich mit den Flügeln an das Maul / wann sie mich gnugsam hatten gebissen / vnnd bickten mich mit den Schnäbeln an die Händ oder an andern Orten / da ich nackend lag. Damit ich aber ein gewisse Artzney wider diesen Schmertzen vnnd Wunden brauchet / pflegt ich allweg bey mir in der Kammern bereitete Pflaster vnd Binden zu haben / damit / wann ich von jhnen gebissen ward / verband ich als bald dasselbig Ort / vnd heylet es geschwind in kurtzen Tagen darvon / ohn alle Schmertzen vnd Wehetag. Diß sey bißher gehandelt von Didacs Gotierez Regierung / vnd seinem elendigen Vntergang. Gifftige Fledermäuß.

Erklerung der Historien deß vierzehenden Capittels.

1. Iguanna oder Iuanna, ist ein Thier / welches sich so wol auff dem Land als im Wasser helt / vnd es taucht sich nicht allein vnter das Wasser / sondern es laufft auch die hohe Bäum hinauff: Wer sein Natur vnd Eygenschafft nicht kennet / dem ist es erschröcklich anzusehen / aber es ist so zahm / still vnd geheim / daß es sich auch nicht rege oder einiges Gewinsel oder Geschrey mache / ob man es schon binde. Es mag sich auff zehen / ja wol auff zwantzig Tag ohn einige Speiß erhalten. Sein Fleisch ist vber die massen lieblich am Geschmack vnd gut zu essen / man hebt es derhalben nur für grosse Herren auff / ohn allein wann es die jenige essen / so mit den Frantzosen behafft sind / so macht es daß die Kranckheit vnnd Schmertzen sich regen vnd widerumb new anfangen zu wüten. Auff dem Rucken hat es einen stachelechten Grod / hat einen langen außgespitzten Schwantz / denselbigen kan es krümmen wie ein Otter. So offt es Jungen macht / legt es viertzig oder fünfftzig Eyer: Dieselbigen sind rond vnnd so groß als ein Nuß / innwendig von zweyerley Farben / gelb vnnd weiß / wie Hüner Eyer / sind gut zu essen / aber man muß sie in einer Pfannen allein in Wasser / vnd nicht in Oel oder Butter backen. Diß Thier ist fast gestalt wie bey vns die Heidochsen / soll derhalben vnter das Geschlecht der Schlangen gezehlt werden / je-

doch/deren so ohn Giffte sind. Daruon lese den Ouidium in seiner Historia naturali Indica, im dritten Capitel deß dreyzehenden Buchs.

2. Manati, ist ein Fisch/welchen die Spanier also in Hispaniola genennet haben/dieweil er am Kopff zwo Feddern/gleich wie Hände hat/ diß Thier sucht seine Nahrung zugleich auff dem Land/ vnd in dem Wasser: Ist gern vmb die Menschen/wie denn auß folgender Historien abzunemmen ist. Ein Jndianischer Königischer/ oder Cacicus, mit Namen Caramataxius, hatte einen jungen dieser Art Fisch gefangen/vnd denselbigen sechs vnd zwantzig Jahr lang in dem See Guinaco, gleich in einem Fischweyer/nahe bey seinem Hauß mit Brot aufferzogen vnd ernehret/dardurch ist er also zahm vnd zehenm worden/daß er auch leutseliger war/als die Delphinen, daruon die alten Scribenten so viel vnd herrlich gerühmt haben. Denn so offt der Königische oder sein Gesind diesem zuruffte/ Matto, Matto, (das heißt auff Jndische Sprach/herrlich vnd gewaltig) ist er auß dem Fluß herfür kommen/ vnd hat jhnen das Brot vnd die Speiß/gleich als ein geduldiges Lämmlein/auß den Händen gessen/vnnd den Ruck dargehalten/daß sie auff jhn steigen solten. Ist auch so gehenm worden/ daß er offtermals her auß auff das Land gestiegen/in deß Königischen Hauß gangen/vnd mit den jungen Kindern gegauckelt vnd gespielet hat. Dergleichen hat jhn der Königische darzu gewehnet/daß wenn er etwan Lust halben vber die See wolt fahren/setzt er sich mit zehen oder zwölff Jndianern jhm auff den Rücken/so führet er sie vnuerletzt hinüber an das Land. Mit diesem Fisch haben die Jndianer viel Jahr lang Kurtzweil vnd Lust getrieben/biß er von den Spaniern beschädigt ward/vnd sich in etlichen Tagen nicht sehen ließ. Denn es wolt ein Spanier probieren/ob die Haut an jhm so hart vnd fest were/wie man daruon sagt/ oder vielleicht auß lauterm Mutwillen/schoß er ein Pfeil in jhn: Wiewol nun der Schuß nicht durch gieng/noch den Fisch beschädigte/empfunde er gleichwol/ daß es jhm wehe thät. Von der Zeit an halff kein Rüffen mehr an jhm/ vnd wenn er merckte/ daß bärtige vnd auff vnsere Art bekleidete Leut vorhanden waren/ so kam er nicht herfür/man ruffe jhm wie man wolte/vnd hett man jhn auch gleich vmb Gottes willen gebetten. Endlich als auff ein Zeit das Wasser Attibuni sich vngewöhnlicher massen ergosse/vnd so hoch wurde/daß es außbrach/vnd in den See Guainabo lieffe/da ist dieser abgerichte vnnd gesellische Matto auch dem Strom nachgefolget/vnd hat sich widerumb in das Meer vnd sein angeborne Erbwohnung begeben. Hieuon schreibet Petrus Martyr, in den Geschichten vber Meer/im achten Buch deß dritten Theils.

3. Von beyden diesen Thieren schreibet Petrus Martyr in den Geschichten vber Meer/im neundten Buch deß ersten Theils/vnd im neundten Buch deß andern Theils.

Von Francisci Fernandez vnnd Francisci Montegij Zug in die Landtschafft Iucatanam. Deßgleichen von der Iucatanenser klag vber der Spanier Herrschafft vnd Gewalt. Item von verwüstung vnnd verhergung der Prouintz Fonduren/ vnnd derselbigen Einwohner vnuersünlichen Neid vnnd Haß gegen den Spaniern.

Das Fünfftzehende Capitel.

NAch dem wir aus dem Einfurth oder außlauff deß Sees zu Nicaragua seind hinweg gesäglet/ haben wir auff den fünfftzehenden Tag hernach bey Nominis-Dei angeländet/ vnnd seind vns zwey Jagschiff mit Prouiant vnnd Nahrung wel geladen von Nicaragua stracks nachgefolget. Wann man auß der Statt Nomine-Dei gegen Nidergang schiffet/ vnnd an denselbigen Grentzen herumb fahret/ welche allenthalben der vnnd w[illegible] seind/ ligt vngefehr auff die tausendt Spanische Meil wegs daruon die Landschafft oder Prouintz Fonduren/ vnd nicht vber drey hundert tausent Schritt weit daruon/ eben an denselbigen Grentzen/ thut sich die Landschafft Iucatana herfür. Diese Landtschafft hat zum ersten geoffenbaret vnd erfunden Franciscus Fernandez von Corduba/ welcher/ als er noch kaum recht daselbst auff das Landt getretten/ haben jhn die Indianer gantz vnfreundlich vnnd vnbarmhertzig empfangen. Dann er empfieng hie in diesem Scharmützel zwo vnd zwentzig Wunden/ vnd wurd jm der mehrertheil seines Kriegßvolcks erschlagen/ also daß er mit schanden vnd vngeschaffter Sachen widerumb hindersich zu ruck ziehen must gen S. Jacob/ welches die Hauptstatt in der Insel Cuba ist. *Franciscus Fernandez wirt vnfreundlich von den Indianern empfangen.*

Nicht vber ein lange zeit hernach/ nemblich im Jahr fünfftzehenhundert/ sieben vnd zwentzig/ ist Franciscus Montegius mit einer gewaltigen Armada (als er von den grossen Reichthumen der Landschafft Iucatanæ verstanden) vnder dem Titel eines öbersten Gubernators/ aus new Spanien inn diese Landtschafft Iucatanam geschiffet. Er ist mit mehr dann fünffhundert Spaniern/ sampt einer grossen anzahl von Pferden/ vnd vberflüssigem Vorrath von Profiandt vnnd andern nothwendigen dingen/ dahin gefahren. So baldt er da angeländt/ seind die Einwohner mit sampt jren Königischen häuffecht herbey *Francisci Montegii Schiffart in die landschafft Iucatanam/ anno 1527.*

 geloffen

geloffen/ vnd sich gestellt/ als wann sie kundschafft vnnd Freundschafft mit jhm wolten machen/ vnd jhn begerten zu sehen. Als sie aber etliche Tag lang vnder dem Schein der Freundschafft vnd Liebe bey dem Obersten verharreten/ hat jr Königischer auff gelegenheit gesehen/vnd wie er sein Vortheil hat vermercket/zucket er einem Moren deß Gubernators Waffenträger/ den Säbel ohnuersehen auß der Scheiden/ vnd rennet mit dem blossen Säbel auff den Obersten zu. Er hette jhn ohn zweiffel entleibet/wo der Knecht nicht geschwind ein Schwert hett erwüschet vnd jhn mit gewalt von jhm getrieben. Diese seind widerumb zu den jhren vnuerletzt vnnd vngeschädigt kommen/ vnd nach jhrem fürsatz gar nichts außgerichtet.

Nach dem die Indianer diese fräuenliche That an dem Gubernatorn hatten begangen/ hat er als bald sein Kriegßheer in ein Schlachtordnung gestellt/ vnd ist mit demselbigen hin vnd her in der Prouintz gestreifft/ alles verhergt vnd verbrännt was er nur antroffen/ vnd viel auß den Indianern erlegt. Hergegen haben sich die Indianer auch nicht gesäumet/sondern sich Ritterlich vnnd Mannlich zur Gegenwehr gestellt/ vnnd für die Freyheit deß Vatterlandts gestritten. Als aber solches streiten vnd fechten neun gantzer Jar ohn vnderlaß gewehret/ vnd schier alle Königische vnd Oberste der Indianer waren auff dem Platz blieben/ auch an Kräfften vnnd Stärcke den Spaniern gar vngleich/ haben sie sich endlich mit Leib vnd Gut auff Gnad vnnd Vngnad in der Spanier Gewalt vnnd Herrschafft ergeben.

Iucatana die Landschafft von den Spaniern erobert.

Wie nun Montegius die Landschafft Iucatanam vnder sein Gewalt vñ zu Frieden gebracht/theilt er sie/ nach Königlichem Beuelch/ vnder die Spanische Kriegßleut in gewisse Ordnung auß/ durch deren Hülff er sie erobert hette/ vnd gab einem jeden Gewalt vnnd Macht vber seine Vnderthanen zuherrschen. Darnach hat er angefangen newe Stätt vnd Flecken auffzurichten/vnnd newe Völcker zupflantzen/ Nemblich die Statt Hispalim/Emericam,Salmaticam/ vnd andere Stätte mehr/ vnder denen die gröste vnd fürnembste vngefehr drey vnd dreyssig Hoffstätt in der Ringmawr begreifft.

Indianischer Königisch sact dem Montegio schimpfflicher weiß die warheit.

Da er nun alle ding so ordentlich/ zum theil durch seinen fleiß vnnd fürsehung/ zum theil auch durch der Kriegßleut Hülff/ hat versehen vnnd angerichtet/ ist er vngefehr zu einem Königischen kommen (mit Namen Alquinotap/ welcher vber die hundert Jahr alt war/ vnd wiewol er von den Christen getaufft/ seufftzet vnnd beklagt er doch manichmal/ wann er daran gedachte/ daß sein Vatterlandt von der Spaniern mit Gewalt vnnd Kriegßmacht were eingenommen) mit welchem er ein lang Gespräch gehalten. Als aber der alt Mann ein gute weil mit dem Gubernatorn ein Gespräch hatte gehalten/ fieng er an vñ sagt: Mein lieber Montegi/ Es ist vorzeiten/ als ich noch jung was/ ein erschreckliche vnnd gifftige Seuche in diesem Landt gewesen/ welche also erschrecklich war/ daß schier alle Menschen/ so inn dieser Landtschafft wohneten/ grosse lebendige Regenwürm auß dem Mundt herauß speyeten/ vnnd gleich daruon starben. Welche Seuche vnnd Kranckheit also lang inn dieser Landtschafft gewehret/daß wir vermeinten/ wir müsten alle von dieser Kranckheit vmbkommen/ vnnd möchte niemands entrinnen. Deßgleichen haben wir nicht lang

vor

vor deiner Zukunfft mit den Mexicanern zwo schreckliche Feldtschlacht gethan/ darinn auß den vnsern mehr dann anderthalb hundert tausent Mann auff dem Platz seind blieben. Aber diese vorerzehlten Vnglück vnd Gefahr seind gantz gering vnd für nicht zu achten gegen deiner Grausamkeit vnnd Sträfflig keit/welche du vnnd deine Kriegßknecht gegen vns pflegent zuüben/vnnd zu beweisen. Darauff gab jhm der Gubernator kein bescheidt/sondern ließ jhn hin ziehen/vnd sagt/er wolt auff ein andere zeit mit jhm von solchen Sachen weiter reden. Es hat aber der Königische darumb diese Exempel fürgebracht/vnd gesagt/daß sie viel leidlicher sey gewesen/dieweil sie nicht ewig gewehret/aber der Spanier Herrschafft vnd Gewalt werde bey jhnen ewig bleiben/dann sie verhofften nicht daß sie möchten daraus vertrieben oder entlediget werden.

Es ist die Landtschafft Iucatana gantz rauch/vnnd schier vberall steinechtig/ doch etlicher massen fruchtbar an Fischen vnd der Frucht Mayz/darin ein grosser vberfluß wächset. Sie opffern jhren Göttern Menschenfleisch/vnnd versünen sie mit Menschen Blut/aber essen dasselbig nicht/gleich wie die andern Indianer. Man find gar kein Goldt noch Sylberertzgruben darinn. Es bewirbt sich das gemein Volck schier am meisten mit den Imen. Jhr gröste Handthierung vnd Gewerbschafft ist mit Seidengewandt vnd Bawmwollen/darauß sie Regenmäntel oder Wetterkleider/vnnd Hembder ohn Ermel stricken/gleich dem subtilen vnd saubern Leinwath. Von diesen Tüchern geben sie fürnemblich jhren Obersten vnnd Landtherren zehent. Es führen auch die Spanier solche Gewandt von Seiden vnnd Bawmwollen in jene Nationen/Nemblich gehn Mexicum/in die Insel Cubam/vnnd in die Landschafft Fonduren/darinn verkäuffen sie solche Wahr vmb ein grosses Gelt.

Der Landtschafft Iucatana gelegenheit.

Indianer.

Damit wir aber auch die Landschafft Fondurensem nicht vberhupffen vnd stillschweigend hindergehen: Ist zu wissen/das von anfang/als die Spanier diese Prouintz mit Krieg angefochten/mehr dann fünffhundert tausent Einwoner jung vnnd alt hat vermögt/als ich aber darinn ware/fund man nicht vber acht tausendt mehr. Dann es ist der mehrertheil von den Spaniern in den öffentlichen Streiten vnd Feldschlachten erschlagen/vnd eine grosse anzahl in die ewige Dienstbarkeit hinweg geführt vnnd verkaufft worden. Was noch vbrig blieben/die seindt von wegen der vnleidlichen vnd schweren arbeit in den Bergwercken deß Golds vnd Silbers elendiglich zu grundt gangen/Vnd ist die gantze Prouintz schier gar zur Einöde gemacht worden. Die jenigen aber/so noch heutigs Tags darinn wohnen/vnnd bey Leben seind blieben (deren doch gar wenig) die haben sich hin vnd wider in den vnwegsamen Bergen vnd finstern Thälern verkrochen/darinn sie jhre Nahrung elendiglich noch täglich suchen/vnnd lassen sich nicht mehr den Spaniern vnder das Gesicht/also hefftig förchten vnd entsetzen sie sich vor jhrer Vnbarmhertzigkeit vnd Wüterey.

Der Prouintz Fondurensis gelegenheit.

Es haben die Spanier inn dieser Prouintz fünff Stätt oder newe Einwohnung gepflantzt/welche alle mit einander nicht vber hundert vnd zwäntzig Häuser oder Hoffstatt in sich begreiffen/vnd seind der mehrertheil auß grossen dicken Wasserrhöhren zusamen geflochten/mit Mätzen oder stroh bedeckt/vnd wird auß

denen

denen der halb theil nicht mehr bewohnet/ dieweil die Goldt vnd Silbergruben kein außbeut mehr geben/ welche zum ersten die Spanier angereitzet/ daß sie dahin seindt gezogen. Die Häuptstatt darinn wird Trugilium oder Turris-Iulia genennt/ hat ein Bischofflichen Sitz/ vnd ligt die Statt auff einem kleinen Bühel/ nicht weit von dem Mittnächtigen Meer. Es ligt vngefehr auff die hundert tausent schritt daruon ein komlicher Meerhafen oder Port/ welchen sie gemeinlich Porto de Caualli nennen. Von diesem Port ist ein Tagreiß biß zu der Statt Sant Petri/ welche auff einer schönen ebne vnd weite ligt/ die stoßt an die Berg/ vnd fleust nicht ferm daruon der Fluß Vllua/ vnd ein grosser See/ darinn etliche Bühel liegen gleich wie Inseln/ die mit Bäwmen vnd wolschmäckenden Kräutern besetzt seyen/ vnnd halten die Einwohner für gewiß/ daß/ wann die Windt starck wehen/ so bewegen sich die Bühel hin vnd wider/ vnnd standen sie nimmer still.

Trugilium die Hauptstatt in der Prouinz Sondusen.

S. Petri ein Statt.

Es liegen auch die zwo Stätt Comaiaga vnnd Gratia Dei nicht vber acht tausent Schritt daruon/ vnd ist von einer zu der andern vngefehr hundert tausent Schritt. Der Boden herumb ist etwas fruchtbar/ dann es hat ein temperierten Lufft daselbst. Nicht ferm dauon ligt das fruchtbar vnd schön Thal Olanchiana/ welches doch zu vnser zeit des mehrer theil wüst vnd ödt ligt. In diesem Thal haben die Spanier die Statt Sant Jacob gebauwet/ welche nicht vber zwentzig Häuser in jhrem Zirckel begreifft/ vnnd wird der halb theil nicht bewohnet.

Comaiaga vnd Gratia Dei zwo Stätt.

S. Jacob ein Statt.

Damit aber der Leser möge erkennen/ wie lieblich vnd freundlich diese Völcker vns anschawen vnnd verehren/ wann wir zu jhnen kommen/ will ich solches kürtzlich für die Augen stellen/ vnd beschreiben/ was mir von den Indianern ist begegnet. Ich bin auff ein zeit mit einem Spanischen Gesellen auß der Statt Comaiaga gegen der Statt S. Jacob gezogen/ Vnd als wir vier gantzer Tag zohen/ haben wir nirgend kein Menschliche Wohnung oder Hoffstath erfunde/ vnd wie wir all vnser Speiß vnnd Nahrung/ so wir mit vns genommen/ hatten verzehret/ seindt wir vber etlich tag zu einem geringen vnnd schlechten Indianischen Weiler oder Dörfflein kommen. Daselbst haben wir sie gantz freundlich vnd vnderthänig gebetten/ daß sie vns doch Speiß vnnd Nahrung wolten mittheilen. Aber wir mochten solches weder mit bitten/ flehen/ noch mit Gunst/ oder mit Gelt von jhnen erlangen/ daß sie vns etwas hetten mittgetheilet. Sondern sie fluchten vnd wüntschten vns alles Vnglück/ vnd speuwten auff das Erdreich/ vnd deuten vns mit Fingern/ daß wir nicht werth weren/ daß vns der Erdboden trüge/ darumb solten wir vns nur fort trollen/ oder sie wolten vns auß dem Dorff mit Pfeilern vnd Steinen weisen. Da wir also vnbarmhertzig von jhnen seind auffgenommen worden/ haben wir vns eylends dauon gemacht/ vnd auff den Abendt desselbigen Tags in ein Statt kommen. Als aber kein Wirtshaus darinn war/ seindt wir in einem elendiglichen Häußlein einkehret/ das vor der Statt herauß gelegen/ vnd vngessen auff den Rhoren/ nach Landts art/ da vber Nacht blieben liegen.

Indianer neid gegen den Christen.

Es war vor zeiten im brauch in derselbigen Landtschafft (zu der zeit/ als die Spanier nach jhrem wolgefallen darinn lebten/ eh dann deß Keysers Edict von

Spanier haben sich mit dem glück verkehrt.

der

der Indianer Freyheit dahin gebracht worden) daß/ wann ein Frembder in diese Landtschafft kame/ zohen jhm die Spanische Einwohner entgegen mit herrlichem Triumpff vnnd Pomp/ vnd wolten darmit zuuerstehen geben/ daß sie diese Landschafft jmmer vnd ewig mit solcher Glückseligkeit vnnd Wolfarth würden geniessen/ Vnd zanckten offt darumb/ welcher den Frembdling auffnehme/ dann es wolte jhm ein jeder Ehr beweisen. Als aber ich vnnd mein Mittgesell dahin kamen/ zogen sie vns nicht allein nicht entgegen/ vnnd theten vns auch kein Reuerentz an/ Sondern es war niemandts/ der vns vber nacht wolt beherbergen/ vnd zu Gnaden auffnehmen. Dann es hat jetzund viel ein andere gestalt vnd Ordnung darinn/ weder vor zeiten/ als es noch in Blumen vnnd Rosen/ das ist/ in aller Wolfarth stunde. Dann wann sie jetzund ein Frembdling sehen kommen/ verbergen sie sich in die nechsten Wäldt/ oder befehlen/ daß man sag/ es sey niemands daheim. Deßgleichen find man viel Spanier in derselbigen Landes Reuier/ welche leibeigne Leut vnnd Vnderthanen vnder jhrem Gewalt haben vnnd besitzen/ die stecken in solcher grossen Notürfftigkeit/ daß sie kaum das tägliche Brott zuessen haben. Dann die Indianer geben jhren Oberherrn vnnd Landtsfürsten von keinem andern ding Zehent vnd Rent/ weder allein von denen Gütern vnd Gewerbschafft/ die sie pflegen zutreiben. Vnnd ob vielleicht ein Spanier oder Oberherr seine Vnderthanen wolte peinigen vnnd zwingen/ daß sie jhm solten etwas anders für sein Zehent vnnd Rent geben/ wird er als baldt von seinem obersten Landtvogt aller seiner Gerechtigkeit vnnd Gewalt/ sampt den Vnderthanen beraubt vnd entsetzt.

Erklerung der Historien deß fünffzehenden Capittels.

Eben dieses schreibet auch Gomara in seiner General Historien am vier vnd funfftzigsten Capitel/ deß ersten Buchs: Nur allein daß er jhn für Alquinotop nennet Alquimbech/ Vnd sagt/ er sey eben in demselbigen Dorff/ dahin die Spanier nachmals die Statt Emeritam gebawet haben/ der Oberste vnder der Geistligkeit gewesen. Ferners sagt er/ wie daß die gemelte gifftige Seuche/ so achtzig Jahr vor der Spanier ankunfft in dasselbige Landt grassiert hat/ so hefftig hab vberhandt genommen/ daß die Würm dermassen hauffenweiß in den Leuten gewachsen seyen/ daß sie jhnen auch das Gedärm vnnd die Bäuch haben auffgebissen. Die Kriegßläuffte aber/ dauon er schreibet/ haben sich viertzig Jahr hernach begeben. Vnd diß sey die Vrsach/ warumb sie dieses gantz gering vnd schlecht gegen der Spanier Herrschung achteten/ weil sie nicht glaubeten/ daß die Spanier zu ewigen zeiten widerumb auß jhrem Landt abziehen würden.

Wie ein Indianer der Spanier Sitten beschrieben. Item/ Warumb die Indianer der Spanier Joch angenommen/ vnd sich jhnen ergeben. Deßgleichen der Landtschafft Nicaragua Beschreibung vnd Gelegenheit. Letzlich von derselbigen Einwohner Gewerb/ Brauch zu tantzen. Item/ Von dem fewrigen Berg/ so täglich Fewer außwirfft.

Das Sechzehende Capitel.

NAch dem ich aus der Landschafft oder Provintz Fonduren bin gezogen/ bin ich zu den Ertzgruben Chiuluteccæ gereist/ vñ von dannen mein Reiß auff die Landschafft Caraguam genommen/ welche Landtschafft gegen dem Mittägigen Meer ligt. Daselbst bin ich von einem fürnemen Königischen/ als ich das erste mal dardurch reiset/ gar freundlich vnd lieblich zur herberg auffgenommen worden. Es hieß der Königische Gonzallus/ war auff die siebentzig jar alt/ vnnd kondte die Spanische Sprach vber die massen wol reden vnd verstehen. Dieser/ als ich an einem morgen früh bey jm sasse zu reden/ vñ von mancherley sachen mit jm redet/ sahe er mich stracks an/ vnd fieng mit diesen worten an zu reden: Lieber Christ sag mir/ Warzu sind die Christen nütz/ oder was seind sie? Sie begeren vberal Frucht vnd Mayz (also nennen sie das Brott) von vns/ deßgleichen Honig/ Baumwoll/ Seidengewandt/ vñ andere ding/ sampt dẽ Indianischen Weibern zu vnzüchtigen sachen/ vnd schinden vnd schaben das Gold in allen örten/ wo sie es mögen ankommen/ von vns armen Indianern. Vber das/ so wollen sie auch nicht wercken/ spielen/ fressen/ sauffen/ vnnd lästern GOtt darneben. Wann sie schon in die Kirchen zu der Meß gehen/ seind doch jre Gedancken anderßwo im Gerstenfeldt ausserhalb der Kirchen/ vnd schädiget je einer den andern mit verwundung vnd todtschlagen. Letzlich hencket er daran vñ sagt/ daß in gemein die Christen gantz böß von Natur seyen. Als ich aber darauff zur Antwort gab/ daß solches allein von den Bösen geschehe/ vnd nicht von den Guten vnd Frommen. Da sagt er darauff/ Fürwar ich hab noch keine fromme Christen/ sondern eitel böse vnd lasterhafftige gesehen.

Indianer Sententz von den Spaniern.

Indianer warumb sie die Christen in jhr Landt gelassen.

Wie er nun solche Rede von dieser Sach hat vollendet/ fraget ich von jm/ Wie vnd warumb sie die Christen in jhr Landt hetten lassen kommen? Darauff

antwor-

antwortet er mit vielen vnd langen worten/ deren Jnnhalt dieser ist: Mein lieber Mann vnd Freundt/ Als der Christen Vnsinnigkeit vnd Grim̃igkeit durch diese Prouintz hin vnd wider würde außspreitet/ daß/ wo sie hin kämen/ verhergten sie alles mit Todtschlagen/ Bluruergiessen/ rauben/ brennen vnd plündern/ kame letzlich das Geschrey auch zu vns/ daß sie vnsere Landtschafft vnnd Grentzen wolten angreiffen. So baldt ich solches gehört/ hab ich ohn verzug meine nechste Freundt/ Bundtgenossen vnnd Vnderthanen zusammen berüfft/ mich mit jhnen berathschlaget/ wie der Handel vnd Sach were anzuschicken. Da haben sie all einhelliglich beschlossen/ daß sie viel lieber den Todt vnnd alle Verfolgung wollen leiden/ weder daß sie die Christen in jhr Landtschafft einlaßen/ oder vnder jhren Gewalt vnd Herrschafft kommen. Als solches war beschlossen/ haben wir vns mit Speiß/ Steinen/ Pflitzpfeilern/ vnnd andern nothwendigen dingen gerüst vnd gefast gemacht/ vnd mit hertzhafftem Gemüth auff die Feind gewartet. Wie nun die Christen mit jhrem Kriegßheer an vnsere Grentzen gestossen/ seind wir jhnen mit kühnem Hertzen entgegen gezogen/ vnd Ritterlich mit jhnen ein gantzen Tag gefochten/ also/ daß viel auff beyden seiten auff dem Platz blieben. Da wir aber letzlich dem mächtigen Einbruch der Reisigen kein Widerstandt mehr kondten thun/ haben wir vns in die Flucht begeben. Nach diesen verloffenen dingen schickten wir zween Gesandten zu jhnen/ die vmb ein Frieden vnd Bündtnüß bey jhnen anlangten/ welches wir nirgend anders auff spieleten vnd gethan/ weder allein daß wir vns widerumb sterckten/ vnd auff ein newes gefast macheten. Auff diese vnsere Bitt nam vns der Oberst Häuptmañ zu Freundt vnnd Bundtgenossen an/ vnnd seind vnser viel vnder dem Schein vnd falschen Hertzen/ mit jungen vnnd frölichem Gemüth zu jhnen gezogen/ sie mit Goldt/ Silber/ Edelgestein/ vnd andern Kleinotern verehret/ vnnd sie vns zu Freundt gemacht. Da wir sie nun mit diesen Geschencken vnnd Gaben verblendten/ vnd löckleten/ daß sie vns alles guts vertrawеten/ seind wir deß Morgens früe/ als sie noch inn den Bettern lagen/ vnuersehens vberfallen/ vnnd viel auß jhnen erschlagen. Aber es haben die vnsern bald das Hasenpanier auffgeworffen/ vnd die flucht genommen/ gleich wie zuuorhin auch.

Indianer rümen sich ihrer maneydigkeit.

Nach diesem seind wir abermals zum Creutz gekrochen/ vnnd Gnad begert/ auff gleiche Mittel vnnd weg wie zuuorhin. Da wir zum andern mal ein Anstandt vnd Frieden von den Christen erlangt/ haben wir all vnser Volck vnnd Einwohner versamlet/ vnnd endlich bey vns beschlossen/ daß wir eh all wöllen sterben/ vnnd das Leben inn die Schantz wagen/ weder daß wir die Christen zu Oberherren wöllen haben/ vnd vnder jr Joch kommen/ vns darneben ernstlich miteinander verbunden/ daß welcher forthin Feldtflüchtig würde/ oder auß der Schlacht entrüme/ der solte ohn alle Gnadt vnnd Barmhertzigkeit mit dem Strang gerichtet werden. Nach diesem gehaltenen Rathschlag haben wir vnser Schwerter vnd Spieß auff ein newes wider die Christen geschliffen/ vñ vns gerüst gemacht. Als aber vnsere Weiber vnser fürnehmen vnd Rathschlag haben vernommen/ seind sie mit grossem Geschrey vnd wehklagen zu vns kommen/ vnd innigliche gebeten/ daß wir doch von vnserm fürnehmen wolten abstehen/ vnd sich den Christen ergeben/ vñ vnser Leben nicht also schändtlich wagen oder in die Schantz schlagen. Wo wir aber nicht von vnserm fürnehmen vnd Rathschlag wolten abstehen/ vnnd gäntzlich darauff verharzen/ so solten wir doch zuuorhin sie vnd jre Kinder vmbbringen/ damit sie nicht nachmals/ als arme Witwen vnd Wäisen in der Feinde Händt kämen/ mit denen sie ohn zweiffel jämmerlich vnd erschrecklich würden vmbgehen/ vnd sie mit ewiger Dienstbarkeit vnnd andern Martern plagen vnd peinigen. Diß weinen vnd inbrünstige Bitt vnserer Weiber vnnd Kinder hat vns vnsere Hertzen erweichet/ daß wir von vnserm fürnehmen sind abgestanden/ vnd die Waffen freywillig von vns gelegt/ vnd vns den räuberischen Hunden der Christen mit Leib vnd Gut ergeben.

Indianer warumb sie sich den Spaniern ergeben.

Aber es haben sich vnlangst hernach etliche Völcker widerumb zusammen gerottet/ vnd sich wider die Spanier auffgelehnet/ als sie die grewliche Schmachheiten vnd Vnbilligkeiten nicht länger kundten erdulden noch leiden. Aber es haben die Spanier solche Auffrhürer so erschrecklich vnd höchlich gestrafft/ daß sie auch der jungen Kinder nicht verschonet/ sondern mit den Eltern hingerichtet. Deßgleichen haben sie auch andere/ so nicht schüldig waren an dem Auffrhur/ vnder dem schein der Vngehorsamkeit gefangen genommen/ sie jämmerlich geplagt/ vnnd öffentlich für leibeigne Leut verkaufft. Dann wir haben von derselbigen Zeit vnnd Tag an kein Gewalt noch Macht mehr an vnsern Weibern vnd Kindern gehabt/ Sondern es haben die Christen mit jhnen gehandelt nach jhrem wolgefallen. Dardurch seind viel vnder den Indianischen Einwohnern verursacht worden/ als sie den Jammer vnd Elend nicht mehr an jren Weibern vnd Kindern sehen möchten/ daß sie jre eigene Kinder vnd Weiber vmgebracht/ vnnd viel jhnen selbs den Todt angethan/ entweders mit dem Strick/ oder durch Hunger. Diese Verfolgung hat so lang gewehret/ biß endtlich der König in Castilien durch sonderliche Gnad ein Edict hat lassen außgehen/ darinn er vns vnser alte Freyheit widerumb erstattet vnd zugelassen vnd vns aus solchen schrecklichē Trübsalen vnd Elend errettet. Dann wo solche Verfolgung länger gewehret/ were dadurch die gantze Landtschafft wüst vnnd ödt gemacht worden. Wie der Königische solches alles hat erzehlet/ schweig er nachmals still.

Spanier handlen erschrecklich mit den Indianern.

[illegible]

Dieweil wir aber hie vnnd zuuorhin offtermals meldung gethan haben der Landschafft Nicaraguæ/ halte ich dafür/ daß es dem Leser nit vnangenehm werde sein/ wann ich jhm hie derselbigen Landschafft Gelegenheit vnd Eigenschafft für die Augen stelle/ vnd kürtzlich beschreibe.

Der Landschafft Nicaragua gelegenheit vnd eigenschafft.

Es ist die Landschafft Nicaragua ein kleines Ländlein/ aber fast fruchtbar vnd lustig/ vnnd ist im Sommer so heiß darinn/ daß niemands bey Tag mag wandeln/ sondern sie müssen all jhr Geschäfft bey Nacht außrichten/ Dann es scheint die Sonn so heiß/ daß der Sandt vnd Erdreich einem die Solen an den Schuhen verbrännet/ wann man bey Tag hin vnnd wider wandelt. Im Winter regnet es sechs gantzer Monat lang aneinander/ Vnnd wann der Winter auffhöret/ so ist es die vbrigen sechs Monat schön/ also/ daß es gar nicht regnet/ aber gibt deß Morgens grosse Thäw vnnd Nebel/ die erquicken die Frücht vnnd die Kräuter/ daß sie zunehmen vnd wachsen. Es trägt diß Erdreich vber die massen viel Honig/ Wachß/ Edlen Balsam/ Baumwollen/ vnnd andere Landfrücht/ so vnbekandt seind hie zu Landt. Dann es werden besondere Oepffel darinn gefunden/

Wunderseltzame Oepffel.

funden/ die gantz wunderbarlich geformiret/ deren gleichen man weder inn der Insel Hispaniola/ noch andern Orten deß gantzen Indiens findet. Sie sehen schier wie hie zu Landt die Pyren/ haben inwendig rothe Kernen/ vnd seind vngefehr so groß als bey vns die Wälschen Nüß/ doch vmb etwas grössers/ schmäcken aber vber die massen lieblich/ also/ daß ich gern wolte sagen/ ich hette mein lebenlang kein lieblichere Frucht gessen. Der Baum/ so diese Oepffel trägt/ ist hoch/ vnd hat kleine Blätlein.

Dieweil wir hie haben meldung gethan deß Balsams/ halte ich dafür/ es werde dem Leser nit vnangenehm sein/ wañ wir kürtzlich anzeigen/ wie derselbige zubereitet vnd gesamlet werde. Es schreibet Plinius im 12. Buch am 25. Capitel/ daß der Balsam allein im Jüdischen Landt werde gefunden/ Vnd hat Gott insonderheit allein dasselbige Landt darmit begabet/ Aber es ist solche GOttes Gabe diesem Landt zu vnserer zeit entzuckt. Der Balsam so zu vnserer zeit auß dem Mittägigen Indien gebracht wird/ ist zum ersten in der Insel Hispaniola durch anzeigung vnd offenbarung eines Indianischen Weibs erfunden worden. Der Baum/ daraus dieser Edel Safft gezogen/ wird von den Einwohnern Goaconax genennt wie Ouiedus in seiner Indianischen Histori am 10. Buch/ am 3. Capittel bezeuget. Es wird auch dieser Safft heutigs Tags in dem newen Hispanien auß einem Baum gezogen/ welcher nit viel grösser ist denn ein Granatöpffel Baum/ hat zerkerbte vnd zarte Blätlein/ gleich den Nesseln/ wird von den Indianern Xilo genennt. Man zeucht den Balsam auff zweyerley weg herauß. Etliche schneiden viel Kärblein oder Wündlein inn die Rinden deß Baums/ vnd lassen also das Oel herauß trieffen in kleine Geschirrlein/ die sie an die Wündlein fast binden. Andere aber nehmen allein die Zweiglein vnnd Schößlein oder ästlein von dem Baum/ zerschneiden sie zu kleinen Stücklein/ lassens in einem grossen ährinen Hafen hefftig sieden/ wann denn das Oel empor schwimmet/ schäumen sie es mit einem eysern Löffel dauon/ vnd behalten es. Aber diß Oel ist nicht so köstlich vnd heilsam als das erst/ das vnuermischet auß dem Baum fleust.

Man find in dieser Landtschafft wenig Küh vnd Schwein/ Dann/ wann man schon auß Spanien dahin führet/ wollen sie doch nicht gedeyen noch auffkommen. Es liegen viel geringe Dörfflein vnnd Weiler darinn/ vnnd seind die Bawrenhäußlein allein von Wasserrhören zusammen geflochten/ vnd wunderbarlich auffgerichtet/ haben einen kleinen Vmbkreiß vnnd Begriff. Man findt gantz vnnd gar keine Goldt noch Silbergruben darinn/ wiewol sie zum ersten/ als die Spanier darein kommen/ reich an Gold vnd Silber waren/ welches sie von fernen Landen zu jhnen liessen bringen/ ware aber nicht fast zum besten/ sonder gantz gering vnd nachgültig/ vnd das mehrertheils verfälschet. Es werden vber die massen viel Papageyen darinn gefunden/ welche Sommerzeit dem Samen vnnd den Früchten grossen Schaden thun/ vnnd das mehrertheil abfressen/ also/ daß wo sie nicht Butzen oder ströherne Männer auff die äcker vnnd Güter stelleten/ vnd sie mit Steinen hinweg jageten/ möchten sie selten ein vollkommene Erndte einsamlen.

Häuser.

Papageye schädlich in India.

Es haben die Spanier diese Landschafft zum ersten/ von wegen der grossen

Frucht-

Fruchtbarkeit vnd Vberflüssigkeit aller Dingen/Paradisum Mahumetis, das ist/deß Mahomets Paradeiß genennet. Sie trägt vor allen andern Landschafften in Indien zweyerley Ding/welche sonst niergend gefunden werden/außgenommen in der Landschafft Guattimala/in der Prouintz Fonduren/vnnd in dem Königreich Mexico/vnd in dem New Spanien. Das ein ist/ein sonderbare vnnd seltzame Art von Pfawen/welche zu vns herauß in Teutschland gebracht werden/die wir Indianische Hüner pflegen zu nennen. Das ander ist ein sonderliche Frucht vnd seltzams Gewächß/welches sie auff ihre Sprach Cacauate pflegen zu nennen/darauß sie ihr Gelt vnd Gut zuwegen bringen. Der Baum so diese Frucht trägt/ist zimmlich groß/vnd wächßt allein in feuchten vnd schattechtigen Orten/dann so bald die Sonn darzu kompt/vnnd ihn hefftig bescheinet/so verdirbt er. Derhalben pflantzen sie solche Bäum in den dicken Wälden vnnd schattechten oder finstern Oertern. Deßgleichen setzen sie auch andere Bäum neben diesen/welche hoch vnd dick wachsen/die spreiten sie hin vnnd her auß mit den Esten/gleich wie bey vns die Lindenbäum/vnnd machen allenthalben gerings herumb vmb den Cacauatam Schatten/also daß er gantz sicher vor der Sonnen ist/vnd mag gar kein Glantz darzu kommen von der Sonnen. Die Frucht dieser Bäum sihet gleich den Mandelkernen/vnnd wirdt mit eim Häutlein oder Rinden vmbzogen/schier wie ein Kürbß/ist aber etwas grösser vnd dicker weder die Kürbsen/vnd wirdt deß Jahrs nur ein mal zeitig. Wann sie zeitig seynd/brechen sie sie bald ab/vnnd thun die Frucht auß den Schalen oder Rinden/legen sie auff Stroh oder zusammen geflochten Rohren in die Sonnen/lassens also lang dörren/biß der Safft aller darauß kompt.

Indianische Hüner.

Nicaraguenser Müntz.

Der Nicaraguenser Getranck.

Wann sie auß dieser Frucht ein Getränck wöllen machen/legen sie die Kernen in ein irrdin Geschirr/vnnd hebens vber das Fewr/lassens gantz dürr werden/darnach zerstossen vnd zerknitschen sie die mit Steinen klein vnd gantz rein als Meel/schüttens demnach in ein Schüssel (welche gleich einem Kürbs seynd/vnd wachsen von jhnen selbs auff den Bäumen) vnnd besprützens mit frischem Wasser/säyen ein wenig Pfeffer darunder/vnd brauchens darnach für das beste Getranck. Welches mich viel mehr ein Säwträncke weder eines Menschen Getranck duncket seyn. Als ich durch diese Landschafft reisete/hab ich mich sehr ein gantz Jahr lang von dieser Lewren vnnd Säwträncken enthalten/vnnd als ich auff ein Zeit durch ein Dorff zohe/bohte mir vngefähr ein Indianer zu trincken/demselbigen schlug ichs ab/vnd sagt/ich möcht nicht trincken/da verwunderet er sich höchlich darob/vnd fieng oberlaut an zu lachen/vnd verspottet mich. Da ich aber nicht allweg Wein hatte zu trincken/vnnd mir das ärmblich Wasser auch nicht schmäcket/hab ich solches Getränck wol müssen lernen trincken/vnnd andern nachfolgen. Dieses Getränck ist ein wenig sawrlecht/vnd bitzlet einem auff der Zungen/sättiget vnd kältet den Leib sehr hefftig/aber macht nicht truncken/noch voll vnd toll. Mit dieser Frucht treiben die Eynwohner die gröste Gewerbschafft vnd Handthierung/vnd verführen sie in ferme Landschafft: Dann es halten die Eynwohner nichts höhers weder diese Frucht/dardurch sie dann groß Gelt vnd Gut bekommen.

Dieser Völcker Sitten vnnd Gebräuch haben ein kleinen Vnterscheid von

der

der Mexicaner / dann sie essen auch Menschenfleisch / vnd tragen Hembder vnd Wammesser ohn Ermel / vnnd machet jhe ein Nachbawr vmb den andern ein Fewr an / darbey sie kochen / dann wann heut einer eins auff sein Kosten anzündet / thut solches den nachfolgenden Tag ein anderer / vnd geht also nach Ordnung vmb. Wiewol ein grosser Vberfluß von Wachß bey jhnen gefunden wirdt / wissen sie doch solches nicht zu gebrauchen / Sonder brennen deß Nachts Hartz von Fichtenbäumen. Sie haben viererley Sprach darinn / aber der Mexicaner ist die lieblichste vnnd leichteste / vnd die gebräuchlichste / vnd am besten zu lernen. Die Königische oder Fürsten nennen sie Tutruanc, das Brot Tascal, die Hüner Totoli. Occamaia, heißt / wart ein wenig / die Kranckheit Mococoua, vnd das Tantzen Mizote.

Nicaraguenser Gewonheit vnd Brauch.

Sie halten im Tantzen vnd Springen gemeinlich diesen Brauch vnnd Gewonheit. Es kommen an einem Ort etwan auff zwey oder drey hundert / biß weilen auff die drey oder vier tausent / zusammen / von jung vnnd alt / Mann vnnd Weib / nachdem viel Volcks in einer Prouintz wohnet. Wann sie dann zusammen kommen / so säubern vnd kehren sie den Platz / darauff sie tantzen wöllen / allenthalben sauber. Nach dem solches geschehen / trit einer auß dem hauffen mitten auff den Plan oder Platz / vnd fahet an zu tantzen / vnd fuhret den Reizen / demselben Tantzen die andern all einander nach / vnd hangen jhe vier oder fünff Personen aneinander / vnd wan sich der förderste hindersich oder fürsich beuget / auff die arth wie bey vns die Gauckler / thun sie jm solches nach / vnd machen ein wunderbarlich gewirr vnnd Gauckleren / daß sich einer so kranck solt lachen / der es sehe. Es fahet der Pfeiffer oder Spielman zum ersten ein Liedlein an zupfeiffen / demselben singt der Platzmeister von stundan nach / vnd wann das Gepöfel den Platzmeister höret singen / fahen sie all in gemein an zuschreyen vñ zusingen / vnnd tantzen hiemit in der Ordnung in einem Kreiß herumb. Etlich tragen Fuhrmans Geisseln in den Händen vnd klepffen darmit. Etlich behencken sich mit außgeschölten Kürbsen / darinn ligen viel kleiner Steinlein / damit machen sie ein gepolder. Etlich schmucken sich am gantzen Leib / am Kopff / Halß / Armen vnd Knien / mit schönen gulden Spangen vnd Halßbanden / vnd Choralen. Etlich bucken vnnd guappen mit dem Leib hin vnd wider / wie die Elsässer Bättier wann sie ein Tantz halten. Etliche aber heben ein Bein / Fuß / oder Arm auff / vnd jauchtzen. Etliche stellen sich als wann sie Blindt oder Taub weren / Andere lachen vnd schreyen / etliche weinen vnd hewlen. In summa / Sie treiben so wunderbarliche Bossen / das nicht gnugsam darvon zuschreiben ist. Es seindt viel vnder jhnen die Tag vnnd Nacht tantzen / wann sie angefangen / vnd hören nicht auff / biß sie der Hunger darvon abtreibt. Zwischen dem Tantzen trincken sie des vorgemelten Getrancks von der Frucht Cacauata, damit sie dester hurtiger vnd leichtfertiger sein zuspringen.

Nicaraguenser brauch im Tantzen.

Die Schiff so durch das Mittägig Meer zu der Landtschafft Nicaraguam fahren / müssen durch ein engen vnnd gefehrlichen Port / oder Außlauff eines Fluß fahren / von dannen mögen sie vngefehrlich fünff vnnd zwantzig tausent Schritt bey einem kleinen Dörffle anlenden / welches Realegio genennt wirdt. In diesem Flecken seind nicht vber zwölff Häuser / welche all auß Wasserrhören

zusam-

zusammen geflochten/vnd wohnen Spanier darinn. Es fahren aber die Schiffleut insonderheit gern dahin / dieweil daselbst die Schiff mögen sicher stehn vor der Vngestümme deß Meers / vnnd können die Schiffleut oder Kriegßleut daselbst leichtlich Holtz auffladen / das sie zur Notturfft gebrauchen. Von diesem Ort ist gegen Auffgang der Sonnen ein Tagreiß biß zu der Statt Legio / darinn ein Bischofflicher Sitz ist/ vnd liegt die Statt hart an dem See. Es hat diese Statt / mit sampt der Statt Granata / zum ersten erbawet vnnd gepflantzet Franciscus Fernandes. Die Statt Granata liegt vngefähr fünfftzig tausent Schritt weit von Legio / eben an dem Vfer dieses Sees/ nit weit von dem Außlauff deß Sees / da er in das mittnächtig Meer fleußt. Diese zwo Stätt haben nicht gar achtzig Hoffstäht oder Häuser/vnd seynd das meheertheil von Rohren vnd Stroh oder Leymen gebawet.

Legio vnd Granata ein Statt.

Es ligt etwan auff die fünff vnd zwentzig tausent Schritt weit von der Statt Legion ein brennender Berg/der immerzu Fewr außspewt/gleich wie der Berg Ethna in Sicilia / vnnd offtermals so grosse Funcken vnnd Flammen von sich gibt / daß man bey Nacht vber die hundert tausent Schritt weit daruon das Fewr offentlich sihet glåntzen. Es halten etliche daruon / daß inwendig in diesem Berg außgeläutert oder zerlassen Gold sey/ welches ohn Vnterlaß diese Flammen vnd schwebellechtigen Dampff von jhm gebe. Derhalben als ein Dominicaner Mönch solches probieren vnnd erfahren wolte/ hat er jhm ein grossen Kessel oder Pfannen/ vnd ein dicke eyserne Ketten lassen schmiden/ vnnd mit andern vier Spaniern auff den Berg gegangen / vnnd die Ketten mit sampt der Pfannen in das Loch/darauß das Fewr schlegt/gehenckt. Aber es hat das Fewer den Kessel oder Pfannen mit sampt eim grossen Theil von der Ketten zerschmeltzet. Darab ward der Mönch hefftig erzürnet / lieff stracks gen Legion zu dem Schmid / vnd schalte jhn höchlich/ daß er jhm die Ketten etwas dünner hette gemacht / weder er jhm befohlen. Ließ derhalben ein andere Ketten schmiden / die noch drey mahl dicker war weder die erste / vnd hundert vnd viertzig Elen lang / hencket dieselbige auch mit sampt einer dicken eysern Pfannen dareyn. Aber es war jhr Fürnemmen vergebenlich / vnd zerschmeltzete diese dicke Ketten eben so wol von dem strengen Fewr/ als die erste. Vber das schlug das Fewr mit so grosser Vngestümme vnuersehens herauß / vnd warff also grosse Funcken von sich/ daß es schier den Mönchen mit sampt seinen Gesellen hat erstecket vnnd vmbgebracht. Dardurch sie ein solcher Grausen vnnd Schrecken ankommen/daß sie mit schrecklichen Zittern vnd Forcht in die Statt geloffen/vnd haben nachmals nicht mehr vnterstehn wöllen Gold auß dem Berg zu schöpffen.

Brennender Berg.

Ein Spannischer Mönch wil mit einer Pfannen Gold auß dem Berg schöpffen.

Ich hab auch sonst ein andern Priester in dieser Statt gekennet / welcher durch Vnterhandlung deß Königlichen Seckelmeisters daselbst vom König durch Brieff begeret / daß man jhm zwey hundert leibeygener Knecht solte zugeben / so wolte er vnterstehen diesen Berg zu vntergraben / vnnd ein mächtigen Schatz von Gold vnnd Gut darauß bringen/ welche er jhm für gewiß verhiesse/ vnd würde der Vnkosten nicht vergebenlich geschehen. Aber es schriebe jhm der König darauff / wann er deß Willens were / vnnd so für gewiß wüßte / daß ein solch groß Gut in diesem Berg verborgen lege / so solte er jhn auff sein Vnkosten

Ein Priester wirdt ein Ertzgräber vnnd Bergherr.

vnd

vnnd Schaden außgraben / was er darin fünde / das solte sein bleiben / dann er hab auff diß mal keine leibeygene Knecht / die er in ein solch vngewiß Bergwerck stossen vnd schicken könne. Also ist deß Mönchen Fürnemmen vnd Bergwerck oder Gold graben zurück gangen vnd vermitten blieben. Es schreiben sonst andere viel Fabel vnd falsche Gedicht von diesem Berg / aber ich hab allein diß dem Leser wöllen offenbaren / das ich selbs mit Augen gesehen vnd erfahren hab.

Erklerung der Historien deß sechzehenden Capitels.

1. Man helt es darfür / daß der edle Balsam / wie Plinius im 25. Capitel deß zwölfften Buchs daruon redet / so allein dem Land Iudæa von Gott dem HErrn ist beschert gewesen / sey lengst vergangen. Zu vnseren Zeiten aber ist der Balsam / welcher auß der newen Welt zu vns bracht wirdt / erstlich in der Insel Hispaniola erfunden worden / welchen ein Indianisch Frawenmensch offenbaret hat. Die Eynwohner nennen den Baum / darauß dieser edle Safft fleußt / Goaconaz, wie Ouiedus im dritten Capitel deß zehenden Buchs seiner Indischen Natural Historien daruon schreibet. Zu vnseren Zeiten bekompt man auch diesen edelen Balsam von einem Baum / welcher etwas grösser ist als ein Granatenäpffelbaum / so gekerbte dünne Blätter wie Nessel hat. Der Balsam wirdt auff zweyerley Weiß zuwegen bracht vnd auffgefangen. Die erste Weiß ist diese / man schneidet in die Rinde deß Baums hin vnd wider viel Riß / so fleusset das Oel herauß. Die andere Weiß helt sich also: Sie nemmen die Este vnnd den Stamm dieses Baums / zerschneiden dieselbige zu dünnen kleinen Stücklein / lassen sie in einem grossen Kessel vber vnd vber sieden / heben als denn das Oel / welches sich darauß siedet vnd oben auff schwimmet / daruon / vnd verwahren es. Aber das Oel dieser Art ist nicht so köstlich / als das erste. Daruon besihe den Monar. de simplicib. Medic. Indic.

2. Diß ist der jenige / welcher der erst ist in die Landschafft Iucanam kommen / daruon droben im zehenden Capitel dieses Buchs ist gehandelt worden. Vnd es hat jhn nachmals Petrus Arias Abulensis der Gubernator vber das Land Nicaragua, nachdem er jhn / von wegen deß Valboæ Todts / seiner Herrschafft entsetzet hatte / lassen vom Leben hinrichten / dieweil er eine heimliche Verbündnuß mit dem Ferdinando Cortesio gehabt hatte / vnd die Landschafft / welche der Ferdinandus Cortesius auß eygenem Gewalt hatte eyngenommen / mit Gewalt eynbehalten / vnd für sich allein beherrschen wolte. Es liese sich aber ansehen / als ob er jhn fälschlich angeklagt / vnnd vnschuldiger Weiß hette vmbbringen lassen / wie er zuvor auch mit seinem Eydmann gleicher massen gehandelt hatte: Nemlich auff daß er allein in der Prouintz desto freyer nach seinem Wolgefallen herrschen möchte / vnnd keinen anderen neben jhm auffkommen liesse / welchers jhm vnterstünde nach zu thun.

3. Gomara schreibet / der brennende Berg heisse mit Namen Masaia, vnd deß Barfüsser Mönchs Namen sey gewesen Blasius de Ynuesta. Zeigt auch an / daß dieser newe Empedocles, sampt noch andern zween Spaniern / auff daß sie den rechten Grund vnd Vrsach erführen / woher die Fewerflammen kämen / sich in dreyen Körben haben in diese Klufft vnd deß Vulcani fewrige Werckstatt / so ferrn sie gekond / hinunder gelassen: Haben darzu einen Kessel an einer eysern Ketten von oben an auff hundert vnd viertzig Elen tieff hinab gehen lassen / als aber die Flamm an den Kessel kommen / sey er zerschmoltzen / sampt etlichen Gleichen von der Ketten. Wie der Mönch sampt seinen Gesellen solches Wunderwerck der Natur vernommen / sind sie vber die massen erschrocken / vnd eylends vnuerrichter Sachen widerumb herausser gewischt vnd daruon gesprungen / als ob jhnen der Kopff brennete. Hernacher hat Königliche Maiestat im Jahr tausent / fünff hundert vnd ein vnd fünfftzig einem Dechant / so ein Doctor gewesen / mit Namen Ioanni Aluaretz, erlaubet / daß er denselbigen Berg vmbgraben / vnd das Ertz herauß bringen solte / wie Gomara im hundert vnd dritten Capitel deß fünfften Buchs dieses bezeuget.

Von Petri Aluaradi Zug vnnd Kriegßrüstung in das Königreich Peruanum / deßgleichen von seinem Todt/ vnd was er für ein kläglich End genommen. Item von seiner Haußfrawen Gottslästerung/ so sie wider Gott gethan/ von wegen jhres Manns Todt/ vnd wie sie Gott gestrafft hab.

Das Siebenzehende Capitel.

WAnn man von Nicaragua gegen Nidergang schiffet/ auff die drey hundert tausent Schritt weit von Legion/ kan man nicht weiters fort fahren/ sondern muß bey der Statt Guattimala anländen. Diese Statt hat Petrus Aluaradus erstlich/ als er diese Landschafft begwaltiget vnd vnter sein Gehorsam gebracht/ zwischen zweyen Bergen gebawet / welche Berg ohn Vnterlaß mit Rauch vnd Fewrflammen riechen vnnd brennen. Deßgleichen hat er auch die zwo Stätt Sant Michael vnnd Sant Saluator auffgerichtet / welche vngefähr hundert tausent Schritt weit von einander liegen. Nachdem aber der erstgemelt Petrus Aluaradus diese Landschafft hat zu Ruhe gebracht vnd die vorgemelten Stätt auffgerichtet / vnnd ein lange Zeit in höchster Wolfahrt vnd grossen Reichthumben gelebt / hat er solche in die Länge nicht mit Frieden können besitzen / sondern nach grössern Ehren vnnd Reichthumben gestrebt / welches jhn endtlich in Verderbung vnnd Vntergang seines Lebens gebracht. Dann als er höret/ daß Franciscus Pizarrus vnd Didacus Almagrus das Königreich Peru erfunden vnd geoffenbahret / vnd vber die massen grosse vnd vngläubliche Reichthumben darinn gefunden/ hat er auch ein Federn wöllen von der Ganß haben / vnnd durch etlicher guter Gönner vnnd Freund Vnterhandlung bey dem Keyser erworben vnnd erlangt / daß er jhm Freyheit vnd vollkommen Gewalt vergönt / in diß Königreich zu schiffen / vnnd alle Oerter vnd Landschafften daselbst herumb/ so noch nicht von den Spaniern erobert/ vnter sein Gewalt zu bringen / vnd dieselbigen mit newen Eynwohnern zu besetzen.

Sant Michael vnd Sant Saluator zwo Stätt.

Als nun Petrus Aluaradus solches Geleyd vnd Freyheit vom Keyser erworben / ist er im Jahr fünfftzen hundert/ vier vnd dreissig/ mit einer gewaltigen Armada/

mada / darinn auff die tausent Spanier waren / von seiner Prouintz außgesegelt / vnd vber vier vnd siebentzig Tag an den Grentzen der Landschafft Peruana angeländet. Nicht weit daruon ist er bey dem Gestaden Mantæ auff das Land gestiegen / bey den Grentzen / welche die Spanier nachmals Portum veterem genennt haben. Daselbst hat er etliche Indianische Wegweiser zu sich genommen / die deß Lands Art vnd Gelegenheit wusten / vnd ist mit seinem Volck auff dem Mittelland stracks fort geruckt. Als sie letzlich mit grosser Mühe vnd Arbeit etliche hohe Schneegebirg vnd rauhe Weg haben vberstiegen (auff welchen Bergen viel Spanier in dem Schnee ersticken vnd erfroren / vnd viel vor Hunger verschmachteten / also daß sie ihre eygene Roß schlachteten vnnd assen) seynd sie letzlich zu der Landschafft Quiton kommen.

Franciscus Pizarrus vnterstehet den Aluaradum zu vertreiben.

Da nun dem Francisco Pizarro (der zum ersten diese Landschafft erfunden) deß Aluaradi Zukunfft angezeigt worden / hat er ohn Verzug den Didacum Almagrum mit anderthalb hundert Spaniern wider jhn geschickt / daß er entweders jn zurück triebe / oder sein Kriegßuolck abfällig machete / vnd zu jm locke mit Geschencken oder andern Practicken. Wie der Almagrus zu der Statt Tombesiam kommen / ward jhm da angezeigt / daß der Aluaradus viel ein grössers Kriegßheer vnnd Gewalt bey einander hette weder er / derowegen hat er nichts feindlichs noch offentlich gegen jhm dörffen fürnemmen. Derhalben haben sich beyde Heer bey dem Fluß Liribamba gelägert / vnd hat der Licentiat Caldera sich hefftig bemühet / biß er ein Frieden vnd Vereinigung vnter jhnen getroffen. Nemlich mit solchen Artickeln vnnd Conditionen / daß der Aluaradus soll sein Kriegßuolck / so er in diß Land geführet / dem Pizarro vnd Almagro vbergeben vnd zuhanden stellen. Dargegen sollen sie jhm an barem Gelt bezahlen vnd erlegen für sein Kosten vnnd Schifffahrt hundert tausent Ducaten / mit dem Geding / daß er auß dem Königreich weiche / vnd forthin nimmermehr dareyn komme / noch solches anfechte. Diese Vereinigung hat der Aluaradus gutwillig angenommen / vnd als sie jhm das Gelt erlegt vnd bezahlet / ist er mit vier Dienern / außgenommen die Schiffleut / mit grosser Frewd widerumb in sein Landschafft Guattimalam gefahren. Nicht lang hernach hat er ein newe Armada zugerüstet / mit zehen Schnabelschiffen vnd vier Raubschiffen / vnd jhm fürgesetzt / daß er wolte gegen Nidergang der Sonnen fahren / vnnd an denselbigen Grentzen etliche newe Landschafften außspähen vnd erkündigen.

Aluaradus erobert ein gute Beut.

Eben zu derselbigen Zeit als der Aluaradus sein Armada zurüstet / kamen etliche Dominicaner Brüder vnnd alte Mönch gen Mexicum / die hatten das Mittelland gegen Nidergang der Sonnen weit vnd breit durchwandert vnnd erfahren / die verkündigten vnd sagten gantz wunderbarliche vnd seltzame Ding von denselbigen Landschafften / was sie darinn gesehen hetten. Sie sagten vnter andern / daß die Prouintz Sibolla, sampt alle nahgelegene Oerter darumb gantz reich vnnd mächtig weren an Gold / Silber / Edelgestein / Baumwollen vnnd mancherley köstlicher Farben / besonders himmelblawer Farb / deren ein grosser Vberfluß darinn gefunden wirdt.

Durch dieser Mönchen Red vnd Fürgeben wurd Antonius Mendozza / der oberst Landuogt vber New Spanien / vnnd Ferdinandus Cortesius der oberst

m iij Feld-

Feld Hauptmann vber das Kriegßuolck/angereitzet/daß sie entwederß selbs persönlich wolten dahin ziehen/oder andere an jhr staht dar schicken. Als sie aber der Sach nicht gar kondten eins werden / vnd sich nicht aller Dingen mit einander vertragen / seynd sie von einander gewichen / vnd einer hienauß / der ander dort auß gezogen. Cortesius schiffet nach Spanien/ aber der Landuogt kondte nicht rühig sein / Sonder als er von der Armada deß Aluaradi höret / schicket er als bald zu jhm / vnd ließ jhn auß der Prouintz Guattimala zu sich beruffen / vnd entbott jhm / daß er ohn Verzug vnd so schnell als er köndt / mit seiner Armada vnd Kriegßuolck wolte zu jhm kommen. Diß war dem Aluarado ein gelegen Spiel / damit er den gefasten Rahtschlag vnd Fürnemmen in das Werck brächte / vnd sein Hunger vnd Durst nach Gold vnd Silber löschete. Derhalben ist er in kurtzen Tagen hernach auß seiner Landschafft mit einer stattlichen Armada gefahren / vnd bey dem Port Trinitatis angeländet / von dannen ist er auff dem Land gen Mexicum gezogen / vnd sich daselbst mit dem obersten Landuogt von dem Zug in die Prouintz Sibollam berahtschlaget. Wie sie nun die Sach wol erwegen / hat er in dem Königreich Mexico vngefähr auff die siebentzig Spanier zu Kriegßknechten angenommen / vnd sich mit Waffen / Pferden / Prouiant vnd andern nohtwendigen Dingen zum besten versehen / vnd von dannen zu seinen Schiffen / so am vorgemelten Port hielten / kommen / mit denselbigen stracks fort gefahren / vnd jhm grosse Reichthumb eyngebildet / die er in diesem Zug wölle erobern.

[illegible] mit Mendoze vnd Cortesi Zwyspalt.

Aluaradi Fürnemmen geht zurück.

Auff dem Weg aber kam ein Postbott zu jm geremit/ der zeigt jhm an / wie die Indianer in der Landschafft Xalisci weren abgefallen / vnd kriegten wider die Spanier / derhalben eylet er mit dem mehrern Theil seines Volcks dahin / damit er den Spaniern zu Hülff käme/vnd sie auß Gefahr errettet. Wie er dahin kommen / hat er Petrum Zunicam gantz betrübt vnd bekümmert gefunden / von wegen etlicher namhaffter Spanier Todt vnd Niderlag / welchen er getröstet / vnd also mit beyden Häuffen gegen dem Bühel gerucket / darauff die auffrührischen Indianer lagen / vnnd sich fest eyngeschantzet hatten. Der Indianer Schantz war auff solche Weiß gemacht: Sie hatten gantze Bäum mit Esten vnd allem vber einander geschleifft vnd zusammen geflochten / vnd grosse Stein darzwischen vnd darauff gelegt / vnd mit Erden verschüttet / daß es gleich einem starcken Bollwerck vnd Mawr ware / vnd hetten sie sich Jahr vnd Tag hinder dieser Schantz wider die Spanier mögen wehren. So bald aber die Spanier anfiengen auch ein Wahl oder Damm auffzuwerffen / vnd mit jnen begerten zu scharmützlen / fielen sie einßmahls vnuersehens auß jhrer Schantz herauß mit grewlichem grossem Geschrey vnnd Lärmen / vnnd liessen die grossen Stein / so sie in der Schantz hatten / den Berg herab vnter die Spanier rollen / darneben warffen sie schrecklich vnter die Spanier / also daß viel vnuersehens auff dem Platz blieben. Es ward auch dem Aluarado ein Buff mit einem grossen Stein / daß er ab dem Roß fiel / vnnd in zweyen Stunden todt war. Wie er also lag vnd sich vbel gehub / vnd fast seufftzet / fragten jhn seine Diener / wo jhm fürnemlich wehe were: Darauff sagt er / allein an der Seel / die truckt vnnd ängstiget mich hefftig. Er war ein kleine kurtze Person von Leib / aber tückisch/

Indianer Schantz.

Aluaradi Todt vnd Noht im Todtbeht.

tückisch/schwelzicht/betrieglich/vnnd grausam gegen den Indianern/vergaß baldt der bewiesenen Gutthat/also/daß seine eigene Landßleut von jhm schreiben/er habe nie keinem Freundt noch Biderman gehalten/was er jhm verheissen. Deßgleichen so hat er auch in Blutschande vnd vnehrlichem Ehestandt gelebt/denn er zwo leibliche Schwestern auff eine zeit zu Eheweibern gehabt.

Gomaras in seiner General Historien im fünfften Buch.

Wie Aluaradus mit Todt war abgangen/vnd sein fürgenommen Reiß nit hat mögen vollbringen/ist Franciscus Velasques aus Erläubnitz deß öbersten Landvogts/von Mexico mit achthundert Spaniern vnd viel Rossen zu Landt nach der Landtschafft Sibollam gezogen. Da er dahin kommen/hat er an statt der grossen Reichthumb deß Golds vnnd Silbers/ein grosses vnnd vngehewres Schneegebirg/sampt aller Nahrung/grossen Mangel gefunden. Derhalben ist der mehrertheil von den Rossen/vnnd die Indianische leibeigene Knecht hungers gestorben/vnd in dem Schnee erstickef. Wie nun der Oberste keine Hoffnung mehr hat/grösser Reichthumb von Goldt vnd Silber zufinden/ist er mit grosser Schandt vnnd Schaden widerumb zu rück gezogen. Als sie vngefehr auff die anderthalb hundert tausent Schritt weit zu rück seind gezogen/haben sie etliche seltzame Indianische vierfüssige Thier gefunden/welche so groß waren als die Küh bey vns. Dieweil aber die Spanier grossen Hunger vnnd Noth litten/haben sie die Thier angegriffen/vnnd viel auß jhnen geschlachtet vnnd gemetzget/hiermit jhren Hunger gebüsset/vnnd sich widerumb quicket vnnd ermundert. Von dannen hat der Häuptman Velasques/vergebenlich viel Landtschafften vnnd Prouintzen durchstreiffet/vnnd mit den Einwohnern etliche Scharmützel gehalten/welche Männlich für jhre Freyheit vnd Vaterlandt gestritten/jedoch nichts anders oder namhafftigers außgrichtet/weder allein etliche Dörffer vnd Flecken mit Fewer angestossen vnd verheeret/endtlich vngeschaffter Sachen mit Verlust vnd Niderlag vieler Spanier gantz arm vnd bloß widerumb gen Mexicum kommen. Darneben aber hat er die Münche verfluchet vnnd höchlich gescholten/daß sie also ein vergebenlich Geschrey hatten lassen außgehen/von den grossen Reichthumen vnd reichen Ertzgruben/welches doch alles erstuncken vnd erlogen war.

Franciscus Velasques find für Gold vnd Gut schnee vñ hunger.

Darmit wir aber widerumb zu dem Aluarado kommen/vnnd weiters beschreiben/was sich nach seinem Todt hat zugetragen. Wie die Bottschafft von seinem Todt ist gen Guattimalam gebracht worden/hat sein Haußfraw Beatrix de Cueua/welches ein thörecht vnnd vnweißlich Weib was/von Natur stoltz vnd vbermütig/als sie Gott viel mehr solt gelobet vnnd gepriesen haben/daß er jhren lieben Gemahel auß diesem Jammerthal erlöset/geschmähet vnnd geschändet/vnnd höchlich gelästert/vnnd gesagt/Es hette jhr G O T T kein grösser Vnglück noch Schaden auff den Halß können schicken/weder daß Er jhr den Mann genommen/vnnd sie dessen beraubet. Gleich darauff hat sie das Hauß vnnd die Wände allenthalben lassen schwartz anstreichen vnnd färben/auff daß es allenthalben trawriglich vnnd erbärmlich sehe. Vber das hat sie jhre Kleider zerrissen/vnd mit grossem Vnchristlichem Geschrey auff die Erden gefallen/schrecklich Geberd vnd Wort getrieben/derengleichen kein

Deß Aluaradi Eheweib Gottes lästerung.

vnsinnig Mensch pflegt zuthun. Darneben aber hat sie jhm ein herrliche Begängniß gehalten/ vnnd die Fürnembsten der Statt zu sich beruffen/ mit jhnen ein Versamlung gehalten/ sie dahin zubereden/ damit sie einhellig zurath würden/ vnd sie zur Regiererin erwehleten/ jhr auch in gemein schwüren/ daß sie jhr wolten gehorsam vnd vnderthänig sein.

Indianer furcht.

Nicht lang hernach/ als solches geschehen/ nemblich auff den siebenden Herbstmonats/ auff vnser lieben Frawen Tag/ im fünfftzehenhunderten/ ein vnd viertzigsten Jahr/ ist ein schrecklicher Platzregen kommen/ also/ daß vmb die ander Stundt deß Nachts/ welches gleich am andern Tag hernach ware/ etliche Indianer zu dem Bischoff seind kommen (der Franciscus Maroquin hieß) vnnd jhm angezeiget/ daß sie vnden am Berg/ nicht fern von der Statt Guattimala ein erschrecklich vnd grewlich Geschrey/ gethöß vnd krachen haben gehöret. Der Bischoff straffet sie darumb vnnd saget/ Ey hab ich euch nicht schon offtermals darumb gestraffet/ daß jhr solchem Gespänst vnnd Nachteulen nicht sollet glauben geben/ noch euch darfür entsetzen/ dann es geschicht allein auß anstifftung deß leidigen Teuffels/ der euch begert zuuerführen. Als er aber auff ein halbe Stundt mit jhnen redet/ vnd sie tröstet/ sihe/ da kam plötzlich nach Miternacht ein erschrecklich groß Wasser/ welches mit so grosser vnd grausamer vngestümme auß dem Berg daher flosse/ gleich als ein anlauffender Fluß/ welches machtige grosse Steine mit jhm flösset/ vnd etliche Felsen hernider riesse/ vnnd was es ergriesse/ das reiß es zu boden. Deßgleichen höret man auch inn den Lufften ein grewlich vnd jämmerlich Geschrey vnd Wehklagen/ vnnd stunde eine schwartze Kuh inn den Läfften/ die thet von allen örten grossen Schaden/ vnnd durchlieff dieselbige gantze Landtschafft/ brüllet erschrecklich/ dessen zeugniß mir viel Personen geben/ die solches gesehen/ vnd noch heutigs Tags leben.

Sündfluß.

Wunderzeichen am Himmel.

Vnder andern Häusern/ so durch diß Vngewitter hinweg geflöst/ hat es zum ersten deß Landtvogts angegriffen/ vnd zu boden gerissen/ vnd hiemit auch erschlagen vnd ersäuffet die Beatricem/ deß Aluaradi Haußfraw/ sampt jhrem Frawenzimmer/ so mit jhr in ein Capellen geflohen waren/ daß sie Gott anruffeten/ daß er jhnen wolte gnädig sein. Auff solche weise ist die gantze Statt in einem Augenblick jämmerlich vnd elendiglich verhergt vnnd verwüstet worden/ durch diesen Sündfluß. Es sind auff hundert vnd zwäntzig Spanier beyderley Geschlechts hie ertruncken vnd vmbkommen/ Vnd were der Schaden vnd Vnfall noch viel grösser gewesen/ wann nicht von anfang der mehrertheil auß der Statt entwichen/ vnd sich auß der Gefahr gemachet.

Nach dem es Tag worden/ hat man in den nechsten örten herumb/ vñ auff den Feldern viel Spanier gefunden/ Dann etliche die Arm/ etliche die Schenckel vnd Füß/ etlichen andere Glieder am Leib waren abgeschlagen/ vnnd lagen viel in der Ohnmacht/ als wann sie todt weren/ vnder denen auch eine junge Tochter gefunden/ die sonst am Leib nicht verletzt/ welche der Aluaradus von einer Indianischen Frawen hat gezeuget. Es ist sonst niemandts mehr auß diesem Stammen vbrig blieben/ weder diese einige Tochter. Nach diesem jämmerchen vnd kläglichen Vnfall/ haben die Spanier die Statt Guattimalam von newem auffgerichtet/ auff einer kleinen ebnen/ als sie noch heutigs Tags steht/

Die new Statt Guattimala.

etwan

etwan ungefehr drey tausent schritt weit gegen Auffgang von der alten Statt/ und seind nicht uber achtzig Hoffstät oder Häuser darinn/ die seind von gebacken Steinen gebawet/ und mit Ziegel bedeckt.

Es geschehen auch offtermals viel Erdtbidem in dieser Landschafft/ wie ich solches selbst persönlich hab gehört und erfahren. Dann als ich auff ein zeit in einem Closter war/ nicht weit von der alten Statt Guattimala/ (welches Closter gemeiniglich Almolongadi Basso genennet wird) unnd mit dem Prior von mancherley Sachen redet/ erhub sich plötzlich ein grosses Erdbidem/ also/ daß die Glocken von jhnen selbst ein Thon gaben/ und ward die Mawr/ so umb den Closter Garten gieng/ dermassen erschüttet/ daß sie schier gantz zu boden gefallen. Deßgleichen seind auch die Deuchel/ dardurch das Wasser in das Closter geleitet/ verfallen und versuncken/ Und ist die Capellen/ darinn sie Meß hielten/ und das Priesterthumb pflegten zuvolbringen/ schier gar zerschölt/ also/ daß die Ziegeln und das Tach auff einer seiten herunder gesuncken/ unnd sich dermassen das Erdtreich auffgethan/ daß jederman vermeinet/ es werde alles zusammen fallen. Es hat dieses Erdbidem auff eine gute viertel Stunde gewehret/ ohne auffhören/ dardurch denn viel Menschen hefftig erschrocken/ unnd gäntzlich vermeinet/ der Jüngste Tag sey vorhanden.

Erdbidem in der Landschafft Guattimala.

Letzlich ist zuwissen/ daß diese Landschafft von wegen des milten und temperierten Himmels fast fruchtbar ist/ aber es seindt aus allen Bäumen/ so aus Spanien dahin geführet/ unnd da gepflantzet/ keine gerathen/ weder allein die Feigen Bäum und Granatepffel/ wiewol deren Frücht/ wann sie anfähet zeitig werden/ im eingang deß Winters/ fast ungeschmackt unnd ärmlich ist/ also daß sie niemands essen kan.

Fruchtbarkeit deß Lands.

Es wird ohngefehr zwo Tagreiß von der Statt Guattimala an dem Meer (welchen ort die Einwohner gemeinlich Izalchi nennen) ein grosser uberfluß der Frucht Cacauatæ gefunden/ Unnd haben die Spanier in dieser Provintz heutigs Tags keine grössere Gewerbschafft/ weder mit dieser Frucht/ Dann sie führen sie hin unnd wider in die Landschafft deß newen Spanien. Dieweil dieselbige Landtschafft under einem kalten Himmel ligt/ mag man dieser Frucht kaum gnugsam dahin bringen/ dann es brauchen sie die Indianer mit grossem Wollust/ dieweil sie etlicher massen hitzig ist/ unnd deß Menschen Leib hefftig stärcket.

Guattimalenser Gewerbschafft.

Was der Guattimalenser Sitten und Leben anbelanget/ vergleichen sie sich sehr mit den Nicaraguern und Mexicanern. Derhalben treiben sie gewerbschafft und Handthierung mit einander/ unnd vertragen sich gantz wol undereinander. Es bewirbt sich der mehrertheil bey jhnen mit Handtwercken unnd Künsten/ welches sie von den Spaniern gelernet/ Dann mann find bey jhnen viel Schmidt/ Wagner/ Mahler/ Goldtschmidt/ unnd andere Handtwercksleut. Diese brauchten die Spanier vor zeiten für leibeigene Knecht/ unnd lehreten sie solch Handtwerck/ Wann sie aber die Handtwerck begriffen/ unnd die Meister oder Patronen ein Nutz oder Gewinn wolten von jhnen haben/ musten sie sie frey lassen/ sonst thäten sie kein gut/ unnd werckten nichts recht. Sie halten alle Tag Jahrmärckt unnd Kauffmanschafft/ unnd ist die gröste Gewerb-

Guattimalenser Sitten unnd Bräuche.

Handthierung.

Gewerbschafft so sie treiben/mit Selden Gewandt/ Tuch/essender Speiß vnd Nahrung / als da seind Saltz/ Fisch/ Frücht/Kürbsen/vnnd Feigen/so im dem Landt wachsen / auß denen sie ein seltzam Getranck von viererley Matery vndereinander gemischet machen/ daß einer nur vom ansehen solt speyen. Deßgleichen treiben sie auch ein grosse Gewerbschafft mit Baumwollen/ mit gestrickten Hembdern / Filtzmänteln/ Federbüschen von Indianischen Vögeln/vnnd andern geringen dingen/ welches sie doch hoch halten vnd auffmutzen.

Erklerung der Historien deß siebenzehenden Capittels.

1. Petrus Aluaradus/ damit er jhm die Gunst vnd Gnade deß Francisci delos-Gonos erwürbe/hat er sich in ein Blutschande gesteckt/vnnd zwo leibliche Schwestern zur Ehe genommen/vnd dieses zwar durch dispensation vnd Erläubnüß Bäpstlicher Heiligkeit. Dieses bezeuget Gomara im hundert vnd neundten Capittel/deß fünfften Buchs / seiner General Indischen Historien.

Von der Indianischen Völckern

Farb vnd Gestalt deß Leibs. Item/ in was grossem werth der Wein vnd das Eysen bey jhnen seye. Deßgleichen wie hoch sie sich verwundern ob der Spanier schreiben vnnd lesen. Letzlich/ wie offt sie sich vnderstanden der Spanier Joch vnnd Dienstbarkeit von sich zuwerffen/ vnnd wider jhr alte Freyheit zuerwerben.

Das Achtzehende Capitel.

WAs der Indianischen Völcker Farb vnnd Gestalt anlanget/ ist zuwissen/ daß sie in gemein Geelfarb/ vnd Braunschwartz oder Schwartzgeel vnd dunckelgeel sein/ vnd sehen schier all einander gleich. Aber vnder allen Völckern/ so ich in diesem grossen vnnd weiten Lande gesehen/ seind die Parienser vnd Valentioler die schönsten vnnd hübschesten/ fürnemblich die so auff dem Mittellandt wohnen. Welches die vrsach ist/ wie ich dafür halt/ dieweil die Sonn vnnd Hitz jhnen nicht so viel in dem Gebirg zu leid thut/ vnnd werden sie nicht so hefftig von jhr verbrännt/ als die/ so auff der ebne vnd am Gestaden deß Meers wohnen. Dann die Einwohner/ so an den Grentzen deß Meers jhre Wohnung haben/ seind also gar vnflätig vñ schwartz/ daß sie an jhrem gantzen Leib sehen gleich wie geräucht Fleisch.

Es ist vnder allen Gütern vnd Gewerbschafften so die Spanier in Indiam geführet/ den Indianern keine also angenehm vnd lieb als der Wein. Wiewol sie auß jhrer Frucht vnd Kraut/ so sie Mayz nennen/ ein besonder Getranck vnd Wein machen (als droben angezeiget) sagen sie doch/ daß solches gemacht Geträncк sie nicht also frölich mache/ noch den Leib vnd die Kräffte also stärcke vnd erhitzige/ oder so lieblich vnd süsse Schläff bringe/ gleich wie das Getränck/ welches sie aus Castilien zu jhnen führen. *Wein in grossem werth bey den Indianern.*

Gleicher gestalt halten sie auch das Eysen so man auß Spanien zu jnen führet/ in grossem vnd hohem werth/ Dann sie haben vor zeiten gar nichts können schmieden/ weder ährinne Beyhel/ vnd spitzige Messer auß Kißelsteinen/ welche sie am Meer auffgelesen. Aber vnder allen andern dingen verwundern sich die Indianer nirgend ob hefftiger weder ob dem Brauch vnnd Gewonheit deß schreibens vnnd lesens. Derhalben wann sie sahen/ daß die Spanier etwann Brieff zu frembden Leuten/ oder in ferne Nation schickten/ verwunderten sie *Eysen den Indianern angenehm.* *Indianer verwundern sich ob dem schreiben vnd lesen.*

sich höchlich/ wie es doch müglich kündte sein/ oder wie es zugieng/ daß diß weiß Pappier mit schwartzer Farb vnderstrichen/ von jhm selbst köndte reden/ vnnd alle ding offenbaren/ was sich verloffen/ oder was einem angelegen were/ vnnd hielte mehrertheil darfür/ es köndten solche Brieffe reden/ vnnd hetten ein lebendigen Geist bey jhnen. Daher hat sich ein wunderbarliche Histori mit einem Indianer verloffen. Es schicket ein Spanier einem guten Freund zwölff Hutias/ das ist/ gebratener Küniglein/ darmit sie nicht von der Hitz verderbet würden. Als aber der Indianer sich etwas lang auff der Reiß säumet/ fieng jn an zu hungern/ vnd verzehret er drey von den Küniglein/ die vbrigen neun vberantwortet er dem Herrn. Dieser schreib dem andern Spanier seinem guten Gönner/ vnnd sagt jhm grossen danck für die neun Küniglein. Der Spanier/ als er den Brieff lase/ wardt er erzürnt vnnd fragt/ wo er mit den vbrigen drey Küniglein were hinkommmen/ dieweil er nur neun vberantwortet hette/ da läugnet er/ vnnd saget/ daß er sie jhm alle zwölff vberantwortet hette. Als er jhn aber mit dem Brieff vberzeuget/ ward er schamroth/ vnnd sagt die Warheit. Dieser hat nachmals die andern Indianer gewarnet/ daß sie sich solten hüten für solchen Brieffen vnd Blättern/ dann sie köndten reden vnd offenbaren was einer heimlich thut.

Indianer halten die Bücher für lebendige Seelen vnnd Teuffels Gespänst.

Gleichsfals schreibet auch Lerius von den Brasiliensern/ als er bey jhnen gewesen/ habe er etliche Wort auffgezeichnet/ damit er die Sprach möchte begreiffen/ vnd jhnen solche fürgelesen: Da haben sie vermeint/ es sey Teuffels werck vnnd ein Gespänst/ daß einer/ der sie zuuorhin nie habe hören reden/ also leichtlich jhre Sprach verstehen/ vnnd haben angefangen auff ein ander art zu reden/ vnnd vnder jhnen gesagt/ Ist das nicht ein groß Wunder/ daß dieser Mensch/ so zuuorhin nie mit vns geredt/ vnsere Sprach so wol kan reden/ als wir selbst/ durch Hülff vnnd Krafft dieses Blätleins/ es muß nicht recht mit jhm zugehen/ sondern es geschiche solches durch die Werck deß Teuffels.

Es werden zwar auch bey jhnen gefunden/ die schreiben vnd lesen können/ dann man Bücher vnder jhnen hat gefunden. Von dieser Sach schreibt Forales ein Rechtßgelehrter vnd Landvogt vber die Insel Antiquæ-Dariensis/ daß auff eine zeit/ als er ein Brieff gelesen/ ein Indianer zu jhm sey kommen/ vnd sich ob dem Pappier vnd der Schrifft verwundert/ vnd gesagt/ daß sein Oberste vnd Landßleute auch Bücher haben/ die allein auß Blättern der Bäumen gemacht vnnd darauff geschrieben seind. Welcher Bücher Cortesius etliche in Spanien geschickt hat.

Weiter ist zumercken/ daß vnder allen Völckern vnnd Landtschafften/ so die Spanier bißher in Indien vnder jre Gewalt gebracht vnd beherrschet/ die fürnembsten vnd Volckreichesten sind/ das new Spanien/ vnd nach jr die Landschafften Jucata/ Guattimala/ Nicaragua/ sampt etliche Gegend in dem Königreich Peru.

Spanier sind ruhmsüchtige Leut.

Als ich diese newe Welt viertzehen Jahr lang durchwandert/ hab ich allenthalben der Spanier Geschicht vnnd History von jhren Handlungen vnnd thaten so sie darinn begangen/ fleissig gelesen/ aber das mehrertheil vberall gefunden/ daß sie der Ehrgeitz vnd Ruhmsucht hefftig gestochen/ als daß sie in dem rhümen

men vnd loben jhrer Mannlichen Thaten weder glimpff noch maß haben können halten. Dann sie rühmen sich allenthalben/ daß sie ewigs Lob wirdig sein/ allein vmb dieser That halben/ dieweil sie alle Indianische Völcker/ so sie vnder jhrer Gewalt gebracht/ bekehret/ vnnd im Christilichen Glauben haben vnderwiesen. Welches/ so sie es rühmen vnnd sagen/ daß solche Völcker durch sie zu Christen Leuten seind gemacht worden/ dünckt mich eben/ als wann einer sagt/ (zum Exempel) das Brodt sey von dem Becken wol gebacken. Dann/ wann ich Christi deß HERRN reine Lehr recht betrachte/ finde ich einen grossen Vnderscheid vnder den blossen Nahmen der Maulchristen vnd der That selbs/ das ist/ die allein mit dem Nahmen Christen seindt/ aber mit der That weit daruon.

Damit wir aber deren dingen ein warhafftige Zeugniß nehmen/ vnnd für Augen stellen/ wöllen wir die Indianer selbs von jhnen vnd jhrem Glauben hören reden. Dann ob schon sich die Spanier allenthalben in dem Königreich Peru vnnd andern Landschafften fast rühmeten/ daß sie Christen/ vnnd GOtt deß Himlischen Vatters/ der Himmel vnnd Erden erschaffen hett/ Kinder weren/ haben sie doch mit jhrem schändtlichen vnd üppigen Leben zu wegen bracht/ daß die Indianer solches nie haben wöllen gläuben/ noch jhnen solchen Namen vnnd Ehr zuschreiben. Sintemal die Peruauer also ein spitzfindig vnnd listig Volck vnder allen Indianern ist/ daß sie leichtlich an den Federn/ das ist/ an dem Leben der Spanier/ haben mögen vrtheilen/ was sie für Vogel weren. Dann die Mexicaner/ vnnd andere nahegelegene Völcker/ haben baldt nach der Spanier Zukunfft in diese Landtschafft/ sie für Christenleuth bekennet/ vnnd sie allezeit Christen genennet. Aber die Peruaner haben nie mögen dahin gezwungen werden/ daß sie solches gegläubt/ vnd sie für Christen erkennet/ wie wir solches weitläufftig droben angezeiget haben.

Peruaner wollen die Spanier nit für Christen noch Kinder Gottes erkennen.

Derhalben ist kundt vnnd offenbar/ daß alle Völcker/ so den Spaniern vnderworffen/ wo sie mit fug vnd glimpff jhre alte Freyheit widerumb köndten erobern/ würden sie solches mit höchster begier vnnd Ernst vnderstehen. Darumb warten die Indianer/ fürnemblich die Mexicaner/ allezeit auff Glück vnd Gnade/ ob sich etwan das Blat vnd Glück einmal vmbkehret/ daß sie die Spanier möchten beherrschen/ vnnd auß dem Lande treiben. Dann so sich etwan ein Vnglück oder Glückfall (wie dann alle mächtige Königreich vnnd Stätt dem Glück vnderworffen seind/ vnd von jhm geregieret werden) zutrüge/ daß das Königreich Spanien ein Schaden entweder zu Wasser oder zu Landt erlitte/ also/ daß sie nicht mehr nach Gewonheit mit jhren Schiffen köndten inn Indiam fahren/ würden sie ohn zweiffel das Spanisch Joch baldt ab jhrem Rücken stossen/ vnnd alle Spanische Einwohner erwürgen/ fürnemblich die Geistliche Personen/ dieweil sie der Indianer Gottlose Sitten vnd Gebräuch täglich straffen vnd widerstreben.

Indianer begeren mit höchsten fleiß der Spanier joch vom Rücken zu werffen.

Dessen haben wir ein Exempel/ welches sich im Jahr tausent/ fünffhundert/ drey vnd fünfftzig/ in der Landtschafft Guattimala hat zugetragen. Dann zu der zeit/ als die Frantzosen mit den Spaniern kriegten/ vnnd von wegen der Frantzösischen Meer Räuber sich kein Spanisch Schiff auff das Meer vierzehen Monat lang dorffte wagen (außgenommen zwo Nawen/ oder grosse Galeoten/ deren die eine bey Nomine-Dei/ die ander bey Villa-ricca in dem Port deß newen Spanien angeländet) sassen die Spanier allenthalben dermassen in ängsten vnnd sorgen/ daß sie hefftig besorgeten/ es würden die Indianer ein Auffruhr vnd Empörung erwecken/ vnd sie alle vmbbringen/ oder zum minsten auß dem Lande schlagen/ dieweil sich die Nigriter/ von den wir droben gesaget/ schon etlicher massen empöreten/ vnd den andern Indianern auch anlaß gaben/ vnd jhnen anzeigeten/ daß sie jetzunde gelegenheit hetten abzufallen/ Sintemal die Spanier den jhren nicht kondten zu Hülff kommen/ dieweil sie mit den Frantzosen in Kriegen behafftet waren.

Eben vmb dieselbige zeit/ als die Krieg in Franckreich zwischen dem Spanier vnd König in Franckreich wehreten/ war ich in der Landschafft/ welche sie gemeinlich Almolongam nennen/ nit weit von der alten Statt Guattimala/ vnnd hielten mit etlichen Indianern ein Gespräch. Da fraget mich einer vnder jhnen/ ob die Frantzosen auch Pferde hetten/ vnd diejenigen Leut/ so Tau, Tau machten/ wolt darmit zuverstehen geben/ ob sie auch Büchsen vnd ein reisigen Zeug hetten/ darauff knaucket ich mit dem Kopff/ vnd sagt ja. Da seufftzet der Indianer von Hertzen/ vnd schlug mit der Handt an die Brust. Was nun dieser Indianer darmit habe wöllen anzeigen/ weiß Gott der HERR wol. Wiewol die Münche vnd Priester sie täglich vermahneten zur Ruh vnd Einigkeit/ vnnd daß sie nichts newes vnderstünden anzufangen/ denn wo sie solches thäten/ würde der Keyser ein vnzählbar Kriegßheer der Christen wider sie schicken/ vnd sie gantz vnnd gar außrotten/ darzu würden sie viel vnbarmhertziger mit jhnen handeln/ weder die andern gethan: Achteten sie doch solcher warnung vnd Vermahnung gar nicht/ sondern wann jhnen eine gute gelegenheit zu handen stiesse/ würden sie sich nicht säumen/ vnnd die Spanier entweder zu todt schlagen oder auß dem Landt jagen.

Erklerung der Historien deß achtzehenden Capitels.

Anfangs meineten die Indianer anders nicht/ als daß die Brieffe/ welche die Spanier einander zuschrieben/ ein Leben in jhnen hetten/ vnd reden köndten/ daruon denn der Gomara ein sehr lustige Historien erzehlet/ deren Innhalt dieser ist: Ein Spanier schicket seinem guten Freunde einem zwölff Hutien/ dieses ist eine besondere art der Königlein/ deren man in newen Indien/ vnnd sonsten dergleichen nirgendt findet: Als nun der Wilde/ welcher sie hin tragen solte/ entweder auß Müdigkeit vom gehen/ auff dem Wege entschlaffen ware/ oder sonsten sich ein weil zur ruhe begeben hatte/ also/ daß jhm der Weg zu lang/ vnd er darüber hungerig wurde/ nimpt er derselbigen Hutien drey/ bereitet vnd verzehret sie. Wie er nun wider umb zu Hause kömpt/ bringt er von demselbigen seines Herren Freunde ein Schreiben mit/ darinn er sich für die neune vbersandte Hutien gegen dem andern freundlich bedanckete/ Demnach der Spanier dieses Schreiben verlesen/ wurde er vber den Knecht hefftig zornig/ aber der Knecht bleib auff seiner rede/ er hette einmal zwölff Hutien vberliffert/ vnnd dem were anders nicht. Wie er aber mit dem Schreiben vberwiesen wird/ wird er schamroth/ vnd muste bekennen/ wie alle Sachen damit beschaffen weren. Hernacher aber warnete er seine Landßleut vnd alle seine Mitgesellen gantz trewlich/ daß ja jhrer keiner dergleichen Blätter vnd Schartecken im geringsten etwas

heim-

heimlich vertrawen wolte / denn sie schwetzten vnd verriehten alles was sie wusten. Dieser Historien ist nicht vngleich das Lerius von den Brasilianern mit diesen Worten schreibet: Als ich anfangs / spricht er / in dasselbige Land kam / zeichnete ich etliche Wörter vnd Formulen zu reden / damit ich jhre Sprach etlicher massen fassen möchte / schrifftlich auff / vnd verliese dann dasselbige so bald widerumb / daß es die Wilden höreten: Da meyneten sie anders nicht / denn daß es lauter Zauberey were / vnd einer redete den andern mit folgenden Worten an: Jst mir aber das nicht ein seltzam Ding / sprach je einer zum andern / daß dieser Mair / welcher gestern auch nicht ein eintziges Wörtlein von vnser Sprach verstunde / heut schon dieselbige / durch Krafft vnd Hülff dieser Schartecken / welche jhn solche Kunst lehret / so wol vnd perfect mit vns reden kan / daß wir alles verstehen mögen / was er sagt. Weiter lese hieruon beym Lerio im sechtzehenden Capitel seiner Brasilianischen Schifffahrt. Aber es ist nun mehr beweißlich / durch die Bücher / welche zu vns auß denselbigen frembden Landen gebracht werden / daß etliche der Völcker in newen Jndien die Schrifft verstehen / vnd sich derselbigen wol zu gebrauchen wissen: Wie auß folgender Historien abzunemmen / Es hat ein Rechtserfahrner oder Jurist / mit Namen Chorales, Schultheiß in der Statt Darienen, vnter anderen an Königliche Maiestat in Spanien geschrieben / daß ein Jndianer zu jhm bracht sey / welcher seinem Herren entloffen / vnd mitten auß dem fussesten Land der newen Jndien herauß kommen: Als nun derselbige auff ein Zeit zugesehen / wie er sein Herr der Schultheiß ein Schreiben verliese / sey er auch hinzu gelauffen / vnd hab sich fast verwundert / als er solcher Art Schrifft auff vnser Manier gesehen hab / auch vermeldet / daß seine Landsleut vnnd Patron zwar auch Bücher in jhrem Land haben / sie seyen aber gemacht von Baumblättern / welche an einander gehefft werden. Dergleichen dann der Cortesius auß der Prouintz Collucatan ein Muster in Spanien geschickt hat. Hieruon besihe die Geschichten vber Meer deß Petri Martyris, im zehenden Theil deß dritten Buchs.

Was die Indianer von der Christen Religion vnd Glauben halten. Item von der Priester vnd Mönchen in India Geitz. Deßgleichen von den Indianern/ welche von wegen deß üppigen Lebens der Christen ärgste Feind worden/ vnd dardurch den Christlichen Glauben verachtet vnd verspottet.

Das Neunzehende Capitel.

VNter allen Dingen/ so ich in India vnterstanden zu erfahren vnd zu erkündigen/ ist fürnemlich dieses gewesen/ daß ich eygentlich erforschete/ was die Indianer von vnserm Glauben vnd Gottesdienst hielten. Derhalben wil ich solches hie/ alles was ich von den Mönchen vnnd Priestern/ deßgleichen auch von den Indianern selbs hab hören erzehlen/ offenbahren/ damit der Leser darauß möge vrtheilen vnd erkennen/ wie grosse Ergernuß vnnd Irrthumb vnsere Laster vnd schändtliches Leben habe zuwegen gebracht. Ich wil aber hie den freundlichen Leser gebetten haben/ daß er fleissig wölle hie auffmercken/ vnd betrachten/ die herrliche Sententz vnd Lehr/ so sie hie von den Indianern werden hören.

Es wundern sich die Indianer höchlich/ die schreiben vnd lesen können (welches fürnemlich der Königischen Kinder können) daß wir Christen die Gebott Gottes/ vnd sein Göttliches Wort/ welches sie hoch halten/ vnd von den Christen gelernet/ also gar gering achten/ vnd so offtermals wissentlich vbertretten. Darumb reden sie in gemein also von vns: Höre du Christ. Es verbeut Gott offentlich/ daß niemand soll seinen Namen vergebenlich führen: aber du schwerest vnd fluchest vmb einer jeden geringen Vrsach/ vnd mißbrauchest den Namen Gottes schier in allen Dingen. Er befihlt/ Du solt nicht falsche Zeugnuß geben: Ihr Christen aber thut schier nichts anders/ weder daß einer dem andern fluchet vnd offentlich böses nachredt. Er gebeut auch/ daß du deinen Nechsten solst lieben als dich selbs/ vnd jhm seine Sünde verzeihen/ wie du woltest daß dir deine verziehen würden/ Ihr aber thut gäntzlich das Widerspiel. Dann es werden auch die heftig von euch geplagt/ die gar kein Reichthumb/ weder Haab noch Gut besitzen: Vnd so euch jemands etwas schuldig ist/ lasset jhr jhn so lang plagen vnnd

Indianer verdammen die Christen auß Gottes Wort.

peni-

peinigen mit Gefencknuß vnd andern Martern / biß so lang er euch bezahlt / wenn ers schon weder an Leib noch Gut vermag. Deßgleichen wenn ein armer Christ vnter euch ist / auffenthaltet ihr jhn nicht / vnd gebet jhm kein Almusen / sonder schicket sie vns auff den Halß / vnd müssen wir sie erneehren.

Darnach seynd viel vnter den Indianern / welchen vnser Geitz vnd vnersättlicher Hunger vnd Durst nach dem Gold vnnd Silber hefftig mißfällt / vnnd scheiten sie solches höchlich an den Christen. Denn sie nemmen güldene Pfenning oder Müntz in die Finger / zeigens einander / vnnd sagen / sihe / da ist der Christen Gott. Von deß wegen seynd sie auß dem Königreich Castilien mit grosser Gefährligkeit zu vns hieher in diese Landschafft kommen. Von deß wegen haben sie vns vnter jhren Gewalt gebracht / jämmerlich gepeiniget / geplagt / vnd vns für leibeygene Leut verkaufft / vnd andere erschreckliche Schand vnnd Laster an vns begangen vnnd vollbracht. Von deß wegen führen sie stättigen Krieg mit einander / vnnd bringt einer den andern vmb das Leben. Vmb deß willen seynd sie nimmer rühig / Sondern spielen / lästern Gott / verfluchen sich selbs / zancken / vnnd nimpt einer dem andern sein Weib. Vnd in Summa / daß ichs mit kurtzen Worten beschließ / so ist keinem kein Schand noch Laster zuviel / welches er vmb Golds vnd Gelts willen nicht vollbringt.

Indianer rupffen den Christen jhren Geitz auff.

Ich hab ein Priester gekennet / welcher dem Bischoff von Guattimala gantz lieb vnd wehrt war / der zög durch die Indianische Dörffer hin vnd her / vnd verkauffet Wein (wiewol solches von den Landvögten vnd Regenten höcklich war verbotten) dardurch erwuchert vnnd bekame er innerhalb sechs Monat mehr denn auff die vier vnd zwentzig tausent Ducaten. Deßgleichen seynd auch etliche Mönche darinn / die treiben am Tag offentlich so grosse Schand vnd Mutwillen mit Weibern / daß sich andere solches schämmeten bey Nacht zu begehen vnd zu vollbringen. Ich rede hie allein von den Vnfrommen vnd Vnehrbaren / vnd nicht von den Frommen vnd Ehrbarn. Wiewol ein Franciscaner Mönch offentlich geschryen vnd gesagt / daß kein Priester / noch Mönch / noch Bischoff in India gefunden werde / der eines ehrlichen Namens würdig sey. Denn sie seyen alle dem Geitz vnnd Galthunger ergeben / vnd wo sie mercken daß die Indianer grosse Reichthumb besitzen / ziehen sie mit Hauffen an dasselbig Ort / wo sie aber arm vnd nichts vermögen / da komme keiner hin / daß er jhnen das Euangelium begere zu predigen / Sonder fliehen all von jhnen / wie der Teuffel vorm H. Creutz. Der erstgemelt Mönch / als er in der Statt Sant Petri ware / vnd auff ein Schiff wartet / daß er in Spanien schiffet / ward er von wegen dieser Wort gefäncklich eyngezogen / vnd gen Guattimalam geschickt. Ich hab auch offtermals selbs von den Priestern vnd Mönchen gehöret / wenn sie mit einander Gespräch hielten / vnd von mancherley Dingen redten / daß sie sagten / sie weren allein von wegen Gewinns / Gelts vnd Guts halben in diese Landschafft gezogen.

Mönchen Vnkeuschheit in India.

Warheit machet Vngunst.

Ich muß hie noch ein History erzehlen / die ich von einem Mönchen persönlich hab gehört als ich zu Comaiagua war. Dieser zeigt mir an / daß er eines Indianischen Königischen Sohn hette gekennet / welcher ein herrlichen Verstand gehabt /

habt / vnd sich in schreiben vnd lesen / auch andern Tugenten hefftig geübet/ also daß jederman ein gute Hoffnung zu jhm gehabt / er würde mittler Zeit gantz fürtrefflich werden in der Geschrifft / vnd seinen Landsleuten ein gut Exempel fürtragen. Als er aber erwachsen/ vnd auff das dreissigst Jahr kommen/ sey er so ein vnflätiger / Gottloser vnd verruchter Mensch worden / daß man seines gleichen nicht hab mögen finden. Dann er offentlich gesagt/ Nachdem ich ein Christ bin worden/ hab ich durch den Göttlichen Namen/sein Creutz/ vnd Wort deß heyligen Euangelions / gelernet fluchen vnd schweren/ darumb verläugne ich denselbigen / vnd glaub nicht an jhn. Deßgleichen hab ich gelernet spielen / raßlen / liegen/ triegen/ die Leut zu bescheissen / vnd ein Schwert zuwegen gebracht / damit ich mich mit den Leuten zanck vnd plag / oder hadere / vnd sie zu Zorn anreitze. Letzlich/ damit ich gantz nach der Christen Sitten vnd Wandel lebe / so mangelt mir nichts weiters mehr / weder daß ich ein gute feißte Kellerin hab / die mir zu Tisch vnd zu Beht diene/welche ich bald wil bekommen.

Indianer werden durch der Christen üppiges Leben zu lastern angereitzt.

Gleiches Exempel ist mir auch von einem Indianer begegnet / als ich einen straffet/der Tag vnd Nacht in Spielen lag/ vnd Gott darneben höchlich lästert: Gab er mir darauff zu Antwort/vnd sagt/ Wir haben diese schöne Exempel vnd Künst allein von euch Christen gelernt.

Indianer verspotten der Christen Ceremonien im Gottesdienst.

Es werden auch sonst viel andere Indianer gefunden / wenn man sie fragt/ Ob sie Christen seynd? Geben sie zu Antwort / ja sie seyen. Dann es hab sie der Bischoff mit dem Zeichen deß heyligen Creutz an der Stirn gezeichnet/ vnd den Segen vber sie gesprochen/ vnd sie mit Weyhwasser besprengt. Deßgleichen so haben sie zu Lob vnnd Ehren Gott ein Tempel auffgericht / vnnd der heyligen Jungfrawen Marien Bildnuß dareyn gesetzt/vnd Glocken dareyn gehenckt.

Es ist mir auff ein Zeit begegnet / daß ich einen Indianer fraget / Ob er ein Christ were? Gab er mir trutzlich darüber zu Antwort / vnd sagt / Wilt du daß ich zehen oder zwölff Jahr deß Bischoffs Knecht soll seyn / vnd soll jhm Sorg haben zu seinem Maulesel? Andere aber geben zu Antwort / wann man sie fragt / ob sie Christen seyn/ sagen sie ja/ denn es hab jnen der Priester oder Bischoff zum fünfften oder sechsten mal mit Weywasser besprengt. Dann so bald sie ein Priester oder Mönchen sehen kommen / lauffen sie jhm von stund an entgegen / vnd sprechen/Lieber Vatter/bespreng mein Häupt mit Weyhwasser/denn ich wil ein Christ werden/ ob ich schon zuuorhin bin getaufft worden. Wenn denn einer solches vom Priester erlangt/ läufft das ander vnwissend Volck vberal herbey/ vnd begert sich zu täuffen. Aber dieser Gebrauch geschicht allein in denen Orten / da arme Indianer wohnen / dahin selten Priester kommen/ ein gewissen Sitz da zu haben. Es seynd auch viel vnter den Mönchen vnd Priestern erfunden worden / welche die Indianer nicht haben wöllen täuffen / sonder sagten / es were eben als wenn man vnuernünfftige Thier täuffte/dieweil sie den Tauff vnd den Christlichen Glauben für nicht achteten. Andere Mönche aber seynd auß Castilien dahin gezogen/damit sie das vnuernünfftig Volck im Christlichen Glauben vnterrichteten / als sie aber der Indianer vnd Spanier vnehrbar vnd vnchristlich Leben sahen / seynd sie widerumb nach Spanien gefahren / vnd widerumb in jhr Clösterlein gegangen.

Indianer wie sie Christen werdē.

Es kompt mir hie ein andere Historÿ in sinn/ welche Lerius in seiner Schifffahrt vnd Nauigation zu den Brasiliensern verzeichnet. Dieser schreibt vnter andern Geschichten von den Tououpinambaultiern der Völcker in America/ daß sich zugetragen hab/ als sie denselbigen Völckern anzeigten/ wie sie Kinder Gottes weren/ vnd gläubten an einen Gott/ Schöpffer Himmels vnd der Erden/ welcher gleich wie er Himmel vnd Erden/ sampt alles was darinnen ist/ hab erschaffen/ also regiere er solches alles nach seinem Willen vnd Göttlichen Macht. Als die Indianer diß höreten/ sahe einer den andern an/ vnd sagten vnter einander Teh (welches ein grosse Verwunderung bedeutet) schlugen die Augen vntersich vnd erstarreten. Demnach (sagt er) als ich vngefähr mit andern Frantzosen in einem Dorff der Indianer ware/ welches sie Okarentin nennen/ vnd wir offentlich vnter dem freyen Himmel zunacht assen/ lieffen allenthalben die Eynwohner desselbigen Dorffs herbey/ fürnemlich die Eltesten/ vnd empfiengen vns mit viel Zeichen der Freundlichkeit/ stunden vmb vns gerings herumb/ gaffeten vns allein an/ vnd sagten kein Wort. Nach gehaltener Mahlzeit/ trat zu vns der Eltest so vnter dem Volck war/ welcher gesehen vnd gehört hatt/ daß wir vor vnd nach dem Nachtessen hatten gesungen/ vnd fieng auff solche Weiß an mit vns zu reden. Was ist das für ein Brauch vnd Gewonheit/ daß jhr alle mit blossem Häupt vnd gebognen Knien stillschweigend stehet/ vnd einer allein nur vnter euch redet? Wen trifft solche Red an/ die er hat gethan? Trifft sie ewer einen an/ die zu gegenwärtig sind/ oder belangt sie einen frembden vnd abwesenden? Da mir nun hie ein solche gute vnd erwünschte Gelegenheit zuhanden stiesse vnter den Indianern von dem wahren vnd heylsamen Gottesdienst zu reden/ vnd ich ein solche grosse Meng der vngläubigen Indianer sahe/ auch vermercket/ daß sie gantz begierig waren auffzuhören/ hab ich vnsern Tolmetschen gebetten/ daß er wolte dem armseligen Volck mein Red vnd Vermahnung souiel möglich were vnd sie köndten verstehen fürtragen vnd anzeigen. Hierauff hab ich dem erstgedachten Alten auff sein Frag durch den Tolmetschen geantwortet/ vnd gesagt: Wir richteten vnser Gebett zu Gott dem HErren/ welcher ob er schon nicht zu gegenwertig vor vnsern Augen ist/ erhöret er vns nicht allein vollkommenlich/ Sonder weiß auch gründlich vnd ist jhm gar nicht verborgen alles was wir heimlich in vnserm Hertzen haben/ oder in vnserm Sinn vnd Gedancken trachten. Demnach redte ich von der Erschöpffung der gantzen Welt/ vnd befließ mich insonderheit/ daß ich sie lehrete vnd vnterwiese/ wie der Mensch vnter allen Creaturen von Gott die edelste vnd herrlichste were erschaffen/ damit er seines Schöpffers Lob vnd Werck jederzeit höchlich priese vnd erkennete. Darumb (sagt ich) ehren wir jhn auch vnd betten jhn vnterthäniglich an/ dieweil wir durch seine starcke vnd mächtige Hand von mancherley Gefahr vnd Noht in dieser langwirigen Schifffahrt auff dem vngestümmen Meer erhalten werden. Deßgleichen werden wir auch durch sein Hülff vnd Beystand gefreyet/ daß wir vns gantz vnd gar weder in diesem/ noch in dem zukünfftigen Leben dörffen vor dem Aignan (also nennen sie den Teuffel/ von dem sie auff mancherley Weiß geplagt werden) förchten noch entsetzen. Derhalben wenn sie die schreckliche Abgötterey jhrer Caraiber wolten abthun/ vnd jhre Barbarische

Indianer verwundern sich ab der Christen Gebett.

Sitten Menschenfleisch zuessen verlassen / würden sie auch solche Gaben vnnd Gnaden Gottes erlangen / die wir haben. Ferners zeiget ich jhnen viel vnnd mancherley an von dem Fall vnd verderben deß Menschlichen Geschlechts / damit ich jhr Gemüt vnnd Hertz zu Christo dem HERren richtete / so viel müglich ware / vnd sie nach jhrem Verstandt möchten erreichen.

Als sie vns nun mehr dann zwo gantzer Stundt gantz fleissig mit grosser verwunderung hatten zugehöret / ist einer vnder jhnen der ältesten vnd fürtrefflichsten auffgestanden / vnd auff solche weise zu vns geredt: Jhr habt vns viel wunderbarliche vnnd zuuor vnerhörte ding verkündiget. Es erinnert mich zwar ewer rede vnd Lehr dessen / so vns vnsere Altvätter vnnd Eltern zum offtermal erzehlet haben. Nemblich / daß vor vhralten zeiten / vnnd vor viel vnzahlbaren Monaten / welche wir nicht mögen gedencken (dann sie zehlen jhre Jarzeit nach deß Mons lauff / vnd nicht wie wir nach den Monaten oder Jharen) ein Mann (das ist ein Frantzoß / oder ein ander Frembdling / woher er dann sey) inn diese Landeschafft kommen / der auff ewre Manier bekleidet / vnd einen langen Bart gehabt. Dieser habe sie auff gleiche weiß vnd rede vermahnet / damit er sie vnder ewers Gottes Gehorsam vnd Reich brächte. Aber sie haben dem selben Mann vnd sein Geschwätz (wie wir solches offtermal von vnsern Eltern haben hören erzehlen) kein Glauben geben. In kurtzer zeit hernach sey ein anderer kommen / welcher jhnen das Schwert / das ist / das Zeichen vnd Glauben der Vermaledeyung hab gegeben. Daher denn vnter vns Krieg vnd Auffruhr entstanden / also daß wir von der Zeit an mit Mörden vnnd Todtschlagen je einer den andern zu durchächten nicht auffgehöret. Derhalben wann wir vnserer Altvätter Sitten vnd Bräuch / darinn wir erzogen vnd geboren seynd vnd so lang gebrauchet / also stümpfflich verliessen / würden vns vnsere nechste Nachbawren vnd anstossende Völcker höchlich verspotten vnd für leichtfertige Leut halten.

Hierauff gaben wir zu Antwort vnd bewiesen mit höchstem Fleiß vnd Ernst / daß sie sich nicht solten schewen vnd entsetzen vor jhrer Nachbawren Verspottung / Sondern solten gedencken vnd gäntzlich glauben / wann sie den aller höchsten Schöpffer Himmels vnd Erden würden ernstlich anruffen vnd ehren / würde er jn ohn alle Mühe vnd Blutuergiessen den Sieg wider alle jre Feind verleihen / die jhnen jetzund täglich auff dem Halß legen. Endtlich hat GOtt der HErr vnsern Worten vnd Vermahnungen solche Krafft vnd Wirckung gegeben / daß nicht allein ein grosse Anzahl der Barbarer vnd Vngläubigen verhiessen / sie wolten nach vnserm Gesatz welches sie von vns gelernt / jhr Leben forthin richten / vnd der erschlagenen Feind Fleisch oder Cörper nit mehr viehischer Weiß fressen / Sondern sie fielen auch nider auff jhre Knie / danckten vnnd lobeten Gott mit vns. Das Gebet / so einer vnter vns vberlaut in der Versammlung fürgebettet / ward jhnen durch ein Tolmetschen außgelegt. Demnach seynd wir von jhnen in jhre hangende Kammern auß Baumwollen gemacht schlaffen geführt worden. Als wir aber noch nicht eyngeschlaffen / höreten wir sie singen vnnd schreyen / Wir wöllen vns an vnsern Feinden rechen / vnnd erst mehr fressen weder zuuorhin. Hie ist deß armseligen Volcks Vnbeständigkeit vnnd erbärmlich Exempel der menschlichen Natur wol zu mercken. Wiewol

mir

mir nicht zweiffelt / wann der Villagagno nicht were von dem rechten Glauben abgewichen / vnd wir lenger in dieser Landschafft weren verharret / hetten sich ohn Zweiffel etliche zu Christo dem HErrn bekehrt / vnd den Christlichen Glauben angenommen. Darauß dann gründlich ist zu sehen vnd zu lernen / daß in diesen Völckern ein Füncklе der wahren Religion vnd Göttlicher Erkänntnuß stecke / wo sie nicht entweders durch der Christen böses Exempel oder von natürlichen Vrsprüngen zu bösen Sitten vnd Lastern geneigt weren.

Erklerung der Historien deß neunzehenden Capitels.

Es stimmen die Scribenten in diesem fast alle vber ein / nemlich wie daß vnter allen Indianern / der newen Welt / die Wilden in Brasilia seyen die aller gröbsten. Jedoch wie viel dieselbige von der Erkandtnuß Gottes wissen / wie sie sich auch vber die Ehre vnd die Gebott Gottes verwundern / dieses halte ich nicht für vnrahtsam / das ich allhie auß dem Lerio beybringe vnd anzeige. Derselbige / da er von den Tuppin Imba redet / welches ein Nation der Brasilianer ist / schreibet er also: Vnter andern sagt er / Zeigten wir jhnen an / wie daß wir an einen einigen allmächtigen Gott gläubeten / der ein Schöpffer wer Himmels vnd der Erden / welcher auch / gleich wie er die gantze Welt / vnd alles was darinnen ist / erschaffen hat / also dasselbig sämptlich nach seinem Göttlichen Willen vnd Wolgefallen verwalte vnd regiere. Wie sie das höreten / sahe einer den andern an / liessen sich vermercken / wie sie sich höchlich dessen verwunderten / denn sie schryen alle zugleich Teh! Welche Weiß sie haben / wenn sie sich sehr vber etwas verwundern / verstarreten vber vnser Red / vnd wusten nicht was sie sagen solten. Vber wenig Tag hernacher / spricht Lerius, als ich mit etlichen andern Frantzosen in der Wilden Dörffer einem hielte / welches sie mit Namen Ocarentin nennen / vnd wir vnter dem freyen Himmel auff einem offenen Plan vnsere Mahlzeit zurichten vnd zusammen sassen / kamen die Inwohner desselbigen Dorffs vnd insonderheit die Eltesten hauffenweiß zusammen / gaben viel vnd manche Anzeigung alles guten geneigten Willens gegen vns / vnd daß sie in allem guten zu vns kommen weren / stunden rent vmb vns herumb / fielen vns auch nicht mit dem geringsten Wörtlein in vnsere Red / sahen vns gantz stillschweigend ohn Vnterlaß an / biß daß endlich nach gehaltener Mahlzeit ein alter betagter Mann auß jnen / als er vernommen / daß wir vnsere Mahlzeit mit einem Lobspruch gesang weiß hatten angefangen / dieselbige auch mit einem Lobgesang widerumb beschlossen / zu vns trat / vnd also sprach: Was habt jr Mair für einen Gebrauch / vnd was bedeut solche Weiß / die jr jetzund geführt habt? Nemlich daß jhr alle zugleich ewere Häupter entdeckt / vnd sämptlich außgenommen einen der das Wort gethan / seyd so still gewesen? Zu wem thät derselbige solche Rede / die er führt / redet er ewer einen / die jr da zugegen waret / oder etwan einen Frembden / der sich anderßwo hält / an. Als ich solches höret / war ich in Warheit sehr wol zu frieden / daß mir ein so gute Gelegenheit eben zu rechter Zeit fürkam / bey jnen von dem rechten Gottesdienst vnd wahren Göttlichen Wort etwas zu reden / bate auch vnsern Dolmetschen / daß er jnen meine Red wolte auff jre Sprach zu verstehen geben / vnd also fürbringen / daß sie es fassen möchten / insonderheit dieweil ich spürte / daß nit allein die gantze Nachbarschafft vnd Gemein desselbigen Dorffs beysammen war / sonder daß sie auch viel fleissiger zuhörten vnd drauff merckten / als sonsten jhr Brauch ist. Nam also anfangs deß alten Frag für mich / antwortet jm / daß solches were vnser Gebett gewesen / welches wir zu Gott dem HErrn gericht hetten / vnd daß vnser HErr vnd Gott / ob jhn die Wilden wol nit leiblich für Augen sehen / hab nichts desto weniger / nicht allein vnser Gebett außtrücklich vernommen / sonder sehe vnd verstehe auch alles eygentlich / was ein jeder vnter vns verborgens in seinem Hertzen hab. Demnach kam ich auff die Erschaffung deß Menschen / bemühete mich dahin / daß ich jhnen bewiese / wie der Mensch die edelste Creatur vnter allen andern von Gott erschaffen were / solte derhalben auch sich so viel desto mehr für anderen befleissigen / seines Schöpffers Glori vnd Ehr mit Danckbarkeit zu preysen vnd hoch zu rühmen. Dieweil denn wir seinen Namen ehreten / vnd jn für vnsern Gott hielten / so weren wir auch durch seine gewaltige Hand diese ferrne weite Reiß vber das wilde Meer auß vnzählichen vielen Vnglücken vnnd Gefahr errettet worden / vnnd denn weil wir vns auff seinen Schutz vnnd Schirm verliessen / so dörfften wir vns gantz vnd gar für dem Aignan nicht förchten (denn also nennen sie den leydigen

Teuffel/welcher sie fast plagt vnd stättig anfechtet) wir seyen auch für jm sicher vnd gefreyt/ beyd so lang wir hie auff dieser Welt lebeten/ vnd nach vnserm Absterben/ wenn wir im ewigen Leben seyn würden. Derhalben so sie wolten absetzn/ von dem verjrrten vnd betrieglichen Wesen/ darinn sie jhre Caralbes gesteckt hetten/ vnd von dem erschrecklichen Brauch/ das Menschenfleisch zu essen/ so solten sie eben der Gnaden vnd Gaben Gottes/ welche sie an vns vernemmen vnd sehen/ auch theilhafftig werden. Ferrners haben wir jnen auch viel fürgehalten von deß Menschen Verderbnuß/ vnd seinem Abfall von Gott/ auff daß wir jre Hertzen bereiteten/ die Gnad vnd den Verdienst Christi anzuhören/ brachten dasselbig/ so viel müglich/ mit Argumenten vnd Exempeln für/ die sie fassen vnd verstehen möchten/ welche allhier weitläufftig zu erzehlen ich für vnnötig achte. Wie sie vns nun gar eben vnd fleissig länger als zwo gantzer Stund hatten zugehört/ da fieng ein alter bescheidener ansehenlicher Mann auß jhnen also mit vns an zu disputieren/ in Warheit/ spricht er/ jr habt vns von sehr seltzamen Guten vnd von Dingen/ so wir zuvor nie gehört haben/ jetzunder geprediget/ vnd ich hab mich dardurch widerumb erjnnert/ dessen so wir vorzeiten von vnsern Voreltern offtermals haben erzehlen hören: Nemlich wie daß vor alten Zeiten/ vnd vor so viel Monschein/ daß wirs nun mehr nicht so lang gedencken können (denn es rechnen die Wilden die Zeit nach Monatscheinen/ vnd nicht nach Jahren vnd Monaten wie wir) ein Mair (das ist/ ein Frantzoß oder sonsten einer auß vnsern Landen) zu vns in diese Land kommen sey/ so da bekleidet vnd bärtig gewesen sey wie jr/ derselbige hab eben solche Red zu jhnen/ damit er sie zu ewerem Gott brächte/ geführt/ vnd dergleichen Ding erzehlet/ wie jhr vns heutiges Tages auch fürgehalten vnd erzehlt habt. Sie haben aber seinen Worten keinen Glauben wöllen geben/ wie vns denn vnsere Eltern dasselbig darneben auch anzeigten. Sey derhalben bald darauff ein anderer erschienen/ welcher jnen ein Schwert als ein Zeichen deß Fluchs hab zugestellt. Daher seyen zwischen vns stättige Kriege vnd Vnfrieden entstanden/ vnnd von derselbigen Zeit an hab das Blutvergiessen zwischen vns nie auffgehört. Weil wir denn nun mehr desselbigen Wesens durch langwirigen Brauch gewohnet haben/ vnd so wir jetzund plötzlich von vnserer Vorfahren Weiß würden ablasen/ auch einen newen Glauben annemmen/ kämen wir dardurch bey allen vnsern Nachbarn vnd vmbliegenden Völckern zu Spott vnd Schanden. Da wir solche jre Beschwerung vernamen/ haben wir mit allem Ernst vns darwider gelegt/ jnen eyngeredt/ vnd höchlich betewert/ daß sie sich derhalben für der Benachbarten Nachreden vnd Eyntrag im geringsten nichts zu besorgen hetten/ oder sich daran kehren dörfften/ ja daß sie hergegen/ wenn sie würden den höchsten Schöpffer Himmels vnd der Erden für Augen haben/ allen denjenigen/ welche jnen ohn Vrsach würden Vberlast anthun/ solten obsigen vnd sie vberwinden. Endtlich verliehe Gott der allmächtige vnsern Worten so viel Krafft/ daß nit allein viel der Wilden vns zusagten vnd versprachen/ wie sie sich hinfürter der Regel vnd Lehr/ welche sie von vns gelernt hetten/ wolten gemäß halten/ vnd forthin auch kein Menschenfleisch mehr essen/ sonder sie fielen nach gehaltener Red mit vns auch nider auff jre Knie/ lobten vnd danckten Gott für solche Gnad: Das Gebet aber/ welches die vnserigen mit heller Stimm mitten vnter jnen zu Gott dem HErrn thäten/ haben wir jnen durch vnsern Dolmetschen als bald darauff außlegen vnd fürsagen lassen. Demnach sind wir von jnen in die Schlaffgarn zu ruhen freundlich beleydet worden. Aber ehe wir entschlieffen/ höreten wir sie singen vnd springen in aller Höhe: Sie sungen daher/ wie man sich an den Feinden rechnen/ vnd jhrer furthin mehr als zuvor aufffressen solte. Hieran kan nun einer leichtlich abnemmen/ wie dieses armseliges Völcklein so vnbeständig vnd wanckelmütig sey/ welches denn ein trawriger Spiegel ist vnserer menschlichen schwachen blöden Natur. Jedoch wolt ichs gäntzlich darfür gehalten haben/ vnd zweiffelt mir auch nit/ wo der Villagagno nit von der rechten Religion wer abtrünnig worden/ vnd wir länger da im Land verharret hetten/ es were nicht ohn Frucht abgangen/ sondern wir wolten jhrer zum wenigsten etliche zum Christlichen Glauben gebracht haben. Biß daher hab ich nun deß Lerij Wort eyngeführt: Darauß klärlich abzunemmen/ daß auch dieselbige Völcker noch ein rechtes Füncklein einer Religion in sich haben: Aber daß sie von derselbigen natürlichen Inclination vnd Neygung auff vngereymtes Fabelwerck vnd vnflätige böse Sitten/ zum theil durch jhre eygene angeborne Thorheit/ zum theil durch das ärgerliche Exempel der Christen leichtlich gerahten/ vnd abweichen.

Von der Indianer halßstarrigen Abgötterey. Item wie Didacus Lopez an die Spannische Oberkeit in Indien/nemlich an die Geistlichen vnd Gericht Presidenten/ geschrieben/vnd jhre Sitten vnd Laster offentlich mit scharpffen Worten gestraffet.

Das Zwantzigste Capitel.

ALs ich zu Guattimala war/ vnd offtermals in das Kloster daselbst zu Sant Francisci wanderte/ machte ich mit einem Mönch Kundschafft vnd Freundschafft. Dieser hieß mit Namen Franciscus Betanzus, ein fürtrefflicher Mann / der in allen Sachen vnnd Händlen derselbigen Prouintzen / fürnemlich zu Guattimala vnd in New Spanien gantz wol war erfahren / vnd redet zweyerley Indianische Sprach. Als ich jhn auff ein Zeit fragte / was sein Meynung were / vnnd was er von dieser Völcker Glauben hielte? Da gab er mir zu Antwort/ vnd sagt/ daß sie gantz halßstarrig vnd steiff in jhrem Glauben vnd Abgötterey weren / also daß wann sie schon den Christlichen Glauben annemmen / verharreten sie nicht darbey / sonder opfferten heimlich jhren Abgöttern vnd Teuffeln / darzu er offtermals were kommen / daß sie jhnen Menschen auffgeopffert hetten. Derhalben wenn man wolt daß jhre Kinder in Christlichem Glauben blieben vnnd verharreten / müßt man sie Noht halben von den Eltern thun/ damit sie keine Gemeinschafft mehr mit jnen hetten/ vnd sie dieselbigen nicht/ wann sie erwachsen / in jhren bösen Sitten vnd Aberglauben köndten vnterweisen. Deßgleichen sey der gröszte Theil der getäufften Indianer allein nur mit dem blosen Namen vnd nicht mit der That Christen/vnd halten sie den Christlichen Namen gar für nicht.

Wie ich nun mit diesem ein lang Gespräch hielte / vnd jhn von allerley Sachen fragte / nemlich von der Spanier Sitten vnd Regierung/ oder jhrem Regiment vnd gemeinen Nutz/so sie in India pflegten zu haben/mercket er darauß/ daß ich ein grosse Begier hette alle Ordnung vnd Geschicht / so sich in Indien verloffen/ zu erkündigen. Da zeigt er mir ein Copey eines Brieffs/ darinn funde ich alle Laster weitläufftig verzeichnet. Denselbigen hatt ein Baccalaureus seiner guten Freund vnd Bekannten einer / mit Namen Didacus Lopez de Zunega, an die Bischoff/Presidenten vnd Richter der Landschafft Guattimalæ geschrieben/von denen er dann höchlich vnd hart gestraffet/dieweil er jhre Laster vnd böse Sitten offentlich vnd vnuerholen hat gescholten. Dieweil aber derselbig Brieff nicht war versiegelt/sonder offen zu den Presidenten geschickt worden/hat jhn der Mönch auß dem rechten Original abgeschrieben/vnd die nachfolgende Copey daruon behalten. Desselbigen Brieffs Innhalt aber war dieser:

Ein Spanier beschreibt der Spanier Sitten vnd Laster in der Newen Welt.

Nachdem mich das Glück darzu erschaffen/daß ich auff dem Erdboden solte hin vnd wider reisen/bin ich viel Königreich vnd Landschafften durchwandert/vnd niergend etwas vngewöhnlichs/oder das wider die Natur were/gesehen. Als mich aber das Glück in diese Landschafft deß Newen Indien gebracht/welche Terra Aurea (das ist/das gülden Land) genennt wirdt/hab ich so viel grewliche Exempel aller Schand vnd Laster darinn gefunden/daß ich solches mit meiner Zungen weder gnugsam reden/noch viel weniger mit meinen Gedancken ergreiffen oder erreichen kan. Vnter andern Lastern die mir mißfallen/vnd ich gemercket hab/seynd diese die ärgste/daß jhr kein Gerechtigkeit vnd Billichkeit/kein Tugent/Keuschheit vnd Frommkeit/liebet vnd haltet: Sonder aller Zanck/Meyneidigkeit/Rauben/Diebstal/Zwytracht/Auffsatz/Mißgunst/Neyd/Haß/Spielen/Gotteslästerung/innerliche Krieg vnnd Zwyspaltung/Wollust/Vnzucht/Geylheit/Geitz/vnd andere böse schändliche Laster vnter euch regieren/vnd im Schwanck gehen. Vber das/welcher vnter euch sich der frömbst vnd best läßt duncken/der ist der aller ärgst vnd bösest. Ich hab mit höchstem Fleiß erfahren vnd gesehen/daß der mehrer Theil vnter euch/so in Indiam gezogen/solche Personen seynd/die nit allein der Himmel vnd das gantz himmlisch Heer/Sonder auch das Erdrich vnd die Teuffel hassen/vnd ein Abschewen vor jhnen haben. Derhalben sollet jhr gewiß vertrawen/daß gleich wie jhr mit grosser Tyranney vnd Vnbarmhertzigkeit diese Völcker habt geplagt vnd gepeiniget/also werdet jhr auch durch Christi Verhengnuß von jhnen mit ewiger Dienstbarkeit geplagt vnd gepeinigt werden. Dessen zum Exempel leset alle alte Geschicht vnd History der Latiner vnd Griechen. Schawet die Statt Rom an/welche ein Häupt vnd Zier deß gantzen Erdbodens gewesen/deßgleichen die Statt Athen vnd Lacedemon/sampt andere mächtige Königreich vnd Fürstenthumb/so vor zeiten mächtig vnd herrlich gewesen/vnd vber andere Völcker geherrschet vnd geregnieret/die jetzund in der äschen liegen/vnd zu grund gangen/oder zum wenigsten andern Völckern vnterworffen seynd/vnd von jhnen geregiert werden/vber die sie vor zeiten geherrschet. Wenn solches semlichen mächtigen vnd gewaltigen Stätten ist begegnet vnd widerfahren/die so herrliche vnd fürtreffliche Männer/die mit allen Tugenten vnd Weißheit begabt/seynd geregiert vnd vergwaltet worden: Vermeynt jr daß euch Gott verschonen werde/als wenn jr besser vnd fürtrefflicher weret/da jr doch am geringsten jnen nicht gleich seyd? Oder vermeynet jhr daß Gott der HERR jmmer vnd ewig werde blind sein/daß er ewre Schandt vnnd Laster nicht sehe/vnnd dieselbigen vngestrafft werde lassen? Wie könnet jhr also blindt vnnd toll sein/Oder/Was gedencket jhr doch? Wie dürffet jhr euch rhümen/Ihr wöllet die Indianer zu Christen

machen/

machen/die jhr doch selbst keine seind/sondern allein Maulchristen/ vnd mit dem blossen Nahmen? Es ist alles vergeblich/ was jhr nur gedencket vnnd fürnehmet. Gläubet mir/ jhr meine liebe Herren/ daß ein Tag/darin man züchtig vnd erbar lebet/ vnnd gute Exempel führet/bey diesem Volck kräfftiger sey/vnnd viel mehr wircke/ weder wenn jhr jhnen ein gantz Jahr prediget vnnd lehret/ aber darneben alle Schandt vnd Laster begehet. Denn was ist diß für ein Frucht vnd Nutz/ wann jhr mit dem Mundt vnnd Zungen vnder diß Volck wolschmeckende Blumen vnd Rosen außbreitet vnd säet/ aber gleich darauff mit ewren bösen vnd schändelichen Wercken vnnd Lastern/ sie mit Dörnen vnnd spitzigen Geisseln martert vnd plaget?

Es seind auch etliche / die sagen/daß ewer Heiligkeit/ lieber Herr Bischoff/ wol gnugsam guts thue/ aber sehe sie nur/ daß sie solches recht vnd wol vollbringe/ Denn es thun viel vnder dem Schein deß guten Böses / vnder deren Zahl auch ewer Heiligkeit ist. Dann die jenigen/so jhr sollet bekleiden vnd schmücken/ beraubet jhr. Jhr machet auß bitterm süß/ auß dem süssen bitters/auß dem guten böses/vnd auß dem bösen gutes. Jhr verachtet die guten vnnd Frommen/ vnd lobet vnnd preiset die Verruchten vnd Gottlosen. Jhr thut denen guts/so arg vnd böse seind/plaget vnnd martert die Frommen vnd Erbarn. Letzlich/so seid jhr nur von ander Leut Gut freygebig vnd kostfrey/ aber wanns auß ewrem Säckel geht/so hat er keine Riemen/ daß man jhn mag auffziehen. In summa/ daß ichs mit einem Wort/vnd kürtzlich beschließ: Es were ewer Heiligkeit/lieber Herr Bischoff/ viel tauglicher vnnd geschickter an einem Ruder zustehen/ vnnd das Schiff helffen regieren / weder daß jhr das Bisthumb vnnd die Christliche Kirche sollet regieren/ darzu jhr also geschickt vnnd genatüret seid / gleich als ein Esel zu Lauten oder Harpffen zuschlagen.

Andere sagen / daß Ewer Heiligkeit mit hohen Ehren vnnd Wirden sey gezieret/ hierinn betracht deß weisen Senece Sententz/ der spricht: Daß der Narren Lob von den Weisen vnd Klugen für ein Zeichen der Schandt vnd Laster sey zuhalten. Denn alles was die Narren thun vnd gedencken/ das ist vergeblich vnd nichts werth/Was sie reden/das ist falsch vnd ertichtet/Was sie verwerffen vnd schelten/ das ist zuloben/ Was sie loben vnd rhümen/das ist böß vnnd nicht nütz/ Vnnd ist in summa all jhr Lob/so sie einem geben/ mehr ein Schandt dann ein Ehr/ Vnnd alles was sie thun vnd anfangen/ das ist voller Narrheit. Aber das ist ein recht Lob vnd Ehr / so einer von ehrlichen vnd erbarn Leuten gelobt vnnd gerühmet wird / Vber dasselbige Lob ist dieses das höchste vnnd beste Lob/wann einer Gott vnd Christo dem HERRN seinem geliebten Sohn gefället.

Weiter haben mir etliche angezeiget/daß sich Ewer Heiligkeit höchlich hat verwundert ob den Betrübnissen/Angst vnd Noth/ so ich hin vnd wider in meiner Reise habe erlitten/vnd mit grosser Gedult getragen. Darob ich mich nicht gnugsam kan verwundern ob ewer verwunderug gegen mir. Es ist euch vnbewust/ was der Apostel leret/daß wir hie auff dieser Welt mit Christo dem HErren sollen gecreutziget werden/ so viel diese Welt anbelangt/damit wir dort mit Christo dem HErren der ewigen Frewd mögen theilhafftig werden. Deßglei-

 chen

chen ist euch der Sententz gantz verborgen/ welchen S. Paulus in der 1. Epistel an Timotheum schreibet/ Nemblich: Daß alle die/ so in Christo Jesu wollen Gottselig leben/ die müssen hie auff dieser Welt viel Verfolgung vnnd Trübsal leiden. Wisset jhr nicht/ Was dem zeitlichen Cörper schadet/ dasselbige nutzet der Seel? Wisset jhr nicht/ daß das Himmelreich nicht durch lauffen der vnuernünfftigen Thier/ durch Gelt vnd Gut/ so in der Kisten beschlossen/ durch Ertzgraben der armen leibeigenen Knechte/ etc. deren Ewer Heiligkeit noch viel vnder jhr hat/ nicht durch Betrug/ List/ Finantzerey/ Liegen vnd Triegen/ Sondern durch Verfolgung/ Kranckheit/ Gefängniß/ Brandt/ Armut/ Hunger/ Durst/ Schmacheit/ Elendt/ Marter/ Peinigung/ Creutz vnd andern Trübsalen vnd Jammer erworben vnd erlanget wird? Wann solche ding ewer Heiligkeit nit weist/ halte ich euch nicht allein für keinen Bischoff/ sondern für kein Menschen/ vnnd ärger weder ein vnuernüfftig Thier/ mit denen jhr ehe zuuergleichen seid/ weder mit der Priesterlichen Zierde. Ich hette vnnd köndte euch noch viel sagen vnd schreiben von ewer Herrschafft vnd Gewalt/ deßgleichen von der Presidenten vnnd Richtern Vngerechtigkeit/ Aber wann ich euch all ewer Laster vnnd Schandt solte anfahen zubeschreiben/ fürchte ich/ daß ich weder Zeit noch Pappier gnug möcht haben/ Vnd möchte ich die geringsten Laster auff keine Kühaut verzeichnen/ ich wil geschweigen/ wann ich erst die gröbsten vnnd alle in gemein solte erzehlen. Derhalben wil ichs darbey bleiben lassen/ vnd kein Wort weiter darzu thun. Verhoffe/ es werde diese meine Warnung Krafft vnnd Wirckung bey euch haben. Geben in der Statt Trugili/ den 20. Tag deß Meyen/ im Jahr nach vnser Erlösung vnnd Seligmachung/ fünffzehenhundert/ zwey vnnd fünfftzig.

Didacus Lopez de Zunegua.

Wie

Wie Ceracus der Licentiat jhm fürgesetzt hab/der vnbillichen Richtern vnd Priestern schalckheit vnd sträfflich Leben vor dem Keiser anzuklagen/ vnnd dasselbige helffen zuverbessern/ Aber solches nicht in das Werck gebracht/ sondern vnuersehens mit Todt abgangen. Item/ von seines Nachfahrs schnellen Todt/ sampt von dem Ampt vnd Befelch der Richter.

Das ein vnd zwäntzigste Capittel.

ALS ich zum ersten mal gen Guattimalam bin gezogen/ war damals Statthalter vnnd Regierer daselbst der Ceracus/ welcher zum ersten deß Keysers Edict/ von der Indianer Freyheit/ in die Insel Dominicam gebracht hat/ wie wir droben gesagt/ vnnd zum Landtvogt darüber gesetzt worden. Ich kan für die warheit sagen/ ohn alle Gleißnerey/ daß in gantz India kein frömmer noch herrlicher Richter sey erfunden worden weder dieser/ vnd ist keiner vnder allen gewesen/ der deß Keysers Befelch vnd Edict so fleissig vnd trewlich ist nachkommen vnd gehalten. Dann er verhütet auff alle weg vnnd Mittel/ darmit die Indianer von den Spaniern nicht mit Schmacheit angefochten vnd verletzt/ oder etwan härter weder sich gebürt/ gehalten würden. Derhalben haben die Spanier offtermals hefftig vber jhn geklagt/ vnnd jhm geflucht/ vnnd gesagt/ er habe viel grösser Sorg für der Indianer Glück vnd Wolfarth/ weder für seines eigenen Volcks. Wann jm dann die Spanier solche Schmachwort vnd andere Vnbilligkeit zufügten/ sagt er allein/ O wolte Gott/ daß ich einmal möchte von diesem Gottlosen Volck erlöset werden. Er trewet auch jhnen offtermals/ wenn jhm GOtt Gnade verliehe/ daß er widerumb in Spanien käme/ wolte er den Keyser dahin bereden/ daß er forthin keine Münche noch Priester mehr in diese Landtschafft schicket dann sie doch nichts weiters außrichteten/ weder daß sie allein das arm Volck schindeten vnd plageten/ vnd alle Laster vnd Schandt an jhnen begiengen. Aber es hat jhn Gott zu baldt auß diesem Jammerthal zu sich beruffen/ daß er sein Christlichen Rathschlag/ so er bey jhm beschlossen/ nicht inn das Werck hat mögen bringen.

Ceraet Lob vnd Gottesfürchtigkeit.

Nach seinem Abschiedt ist an seine statt vnnd ort von Mexico dahin geschickt worden Doctor Chesada/ der nicht vber zween Monat/ nach dem er gen

Chesada lebt nit lang in seinem Ampt.

Guat-

Guattimalam kommen / geregieret / sonder plötzlich gestorben. Als jhn etliche Münche vnd Priester in der Kranckheit trösteten / vnnd sagten / Herr President seid getrost vnd guts muts. Da gab er darauff zur antwort / vnd sagt: Ach wie kan dieser frölich vnd guter ding sein / der Gott vmb vieler ding vnd begangener Laster halb muß rechenschafft geben?

Richters Ampt. Diese rede vnd Sententz habe ich darumb wöllen erzehlen / vnd für augen bilden / damit alle Richter / vnd ein jede Oberkeit / durch solches Exempel bewegt würden / daß sie vber andere gleiches Gericht vnd Gerechtigkeit sprächen vnnd fällen / welches sie wolten / daß Gott jhnen sol sprächen vnnd geben. Darneben hie zeitlich betrachten / was jhr Ampt vnd Befelch innhalte / vnnd sich nicht mit Vngerechtigkeit gegen den Vnderthanen vergreiffen / darumb sie dann GOtt am Jüngsten Gericht werden Rechenschaffe geben müssen.

Erklerung der Historien deß ein vnd zwäntzigsten Capitels.

Ludouicus / mit seinem Zunamen der Heilige / regierender König in Franckreich hat ein herrliches Exempel / welches sich hieher nicht vbel reimet / hinder jhm verlassen: Denn als derselbige auff eine zeit sein Gebet auß dem Psalter Dauids zu Gott dem HErrn thäte / tritt einer vnder dem Gebet hinzu / vnd thut eine Fürbitte bey dem Könige für einen Gefangenen / welcher das Leben verwirckt hatte / Der König winckete demselbigen / als ob ers jhm zusagte / vnd jhn seiner Bitt gewehret / jedoch ließ er sich in seinem Gebet nicht jrren: Baldt darauff / als jhm vngefehr dieser Versicul im Psalter fürkam / da im 106. Psalm also stehet: Beati qui colunt Iusticiam in omni tempore: Das ist / Wol denen / die das Gebot halten / vnd thun jmmerdar recht: Da ließ er von stundt an denselbigen / welchem er seine Gnade zugesagt hatte / widerumb zurück ruffen / vnnd stieß seine Zusage wider vmb / redet darzu diese herliche Wort vnnd schönen Sententz: Principem qui punire potest crimen, neque punit, non minus coram Deo reum esse, quàm si id ipse perpetrasset; Pietatis esse opus nec sæuitiam, Iusticiam facere: Das ist / Ein Fürst vnd Landtherr / welcher ein Laster straffen kan / vnnd es vngestrafft läst hingehen / derselbige ist gegen Gott eben so wol an solchem Laster schüldig / als der jenige / welcher es in eigener Person begangen hat / Vnd daß es ein Gottesfürchtiges Werck / vnd nicht ein Tyranney sey / der Gerechtigkeit beystehen. Hiervon lieh die Annales Gallicas. Vor andern aber ist wol zu mercken / der Fall vnd das letzte Ende deß Cantzlers in Franckreich / Oliuarius genandt / an welchem sich billich alle Richter spiegeln / vnd ein Exempel darauß nehmen solten. Denn / nach dem derselbige das gefellte / trawrige vnd blutige Vrtheil / welches vber etliche fromme Männer / so in der Statt Cabreria vnnd in der Statt Merindolio / im Königreich Franckreich in Prouintz gelegen / die reine Religion fortpflantzten / ergangen war / auch durch seine Stimm / jedoch wider sein Gewissen / approbiret vnd vnderschrieben hat. Aber wie er nach der handt zur Erkändnüß der rechten Warheit kommen ist / hat er zum öfftermal mit weinenden Augen selbst bekennet / daß er billich derhalben von Gott verworffen werde / Er ist aber nichts desto weniger hernach widerumb in den Amdosianischen Tumult der Oberst vnder den Richtern vnd Rahtßleuten gesessen / welche viel fromme vnnd streitbare Männer (so sich beyd jhren König vnd das Landtvolck auß der Tyrannischen Gewalt frembder Potentaten / zwar mit grosser Tapfferkeit / aber mit geringem Glück / zu erlösen vnderstanden) gleich als Auffrhürer vnnd Meutmacher / wider jhr eigen Gewissen / zum Todt verurtheilet vnnd verdampt haben. Als nun damals Petrus Campagnacus / ein wol gelehrte junge Person / sich zu verantworten wurde für Recht gestellet / da ließ jhn der Cantzler kein Wort für sich reden / fragte jhn auch im geringsten nicht / sondern rieff ohn verhörter Sach / häncket diesen / häncket diesen jmmer auff: Als Campagnacus diese Wort erhöret / Wie / sprach er / sol man mich auffhäncken? Dieses / O Herr Cantzler / habt jhr zwar leichtlich zusagen / Aber so man euch so offt hette sollen auffknüpffen / als offt jhrs verdienet habt / so weret jhr vor drey Jahren schon den Raben zutheil worden / vnd hettet bey weitem nicht so viel

Buben-

Bubenstück können vollbringen. Wisset jhr euch auch noch zu erinnern/ was böser That jhr zu Pictaui begangen habt/ da jhr mit mir im Rechten studieret/ gedenckets euch auch/ wie mörderischer weise jhr einen ewer Gesellen daselbst habt vmbs Leben bracht? Daher jhr dañ in ewers Vatters Vngnade so hefftig gerathen/ daß jhr sint derselbigen zeit jhm nicht habt vnder Augen kommen dürffen: Vnd eben dieser Mißhandlung halben ist auch der Arquinuillerius/ ein böser verzweiffelter Bub/ vnd dazumal ewer Mitegesell/ zu Pariß gehänckt worden. Von diesen Worten ist der Oliuarius/ welcher sich dann dieser That schüldig gewust/ dermassen erschrockē/ ist jhm also die Bekümmerniß vnnd Tobsucht zu Hertzen gangen/ daß er in schwere langwirige Schwachheit gefallen/ vnd wider Gott den HErrn selbst grewlich gewütet hat/ Vnnd ob er auch wol am Leibe gantz vnnd gar verzehret gewesen/ hat er sich doch auff seinem Bett so gewaltig auffgebehret/ vnnd hin vnd her geworffen/ daß er gleich einem rasenden Menschen/ oder sonsten einem starcken Jüngling/ das gantze Gemach dadurch erschuttert hat. In dieser seiner schweren Schwachheit/ kömpt der Cardinal von Lotharingen zu jm/ daß er jn als seinen guten Freund besuchte. Oliuarius aber/ da er empfande/ daß sich seine Schmertzen durch deß Cardinals Gegenwertigkeit mehreten/ hat er jn stracks heissen auß seinem Gemach von jhm abtretten/ hat jhn auch nicht ansehen mögen. Demnach er nun vermerckte/ daß der Cardinal zimlich weit von jm abgewichen war/ hat er mit seufftzen solche Wort fahren lassen/ Ach/ Ach/ O Cardinal/ Du bringst vns alle in das ewige Verderbniß/ Darauff tritt der Cardinal hin zu jm/ vnd vnterstehet sich von jm selbst jhn zu trösten/ vnnd jhm einzureden/ spricht zu jhm/ Der böse Feind ficht jhn an/ Er solle nur fest vnd vnbeweglich im Glauben bestehen/ vnd von der Warheit nicht abweichen: Ja freylich/ spricht der Cantzler darauff/ Ja freylich/ Herr Cardinal/ jr selbst sollet auch wol solchen Glauben haben/ Vnd von dem an hat er den Cardinal weder sehen noch hören wollen/ hat auch ferner kein Wort mehr gesprochen/ vnnd also kurtz darauff verschieden. Inn seinen grösten Schmertzen aber hat er fürnemblich deß durchauß frommen vnd auffrichtigen Manns vnnd Rathsfreundes Annæ Burgij Todt bitterlich beweinet. Denn er durch deß Cardinals begehren vnd geheiß war vnbesonnener weiß vbereilet wordē/ daß er dem Bluturtheil vber gemelten Burgium gefellet/ vnderschrieben hatte. Dieses ist nun der rechte Lohn aller solcher Richter/ welchen die Gunst oder viel mehr den Dunst zu Hoff jhnen mehr/ als jhr eigen Gewissen/ geliebet lassen.

Ende deß Andern Buchs.

AMERICÆ

Das Fünffte Buch/

Vol schöner vnerhörter Historien / auß dem andern Theil Ioannis Benzonis von Meylandt gezogen: Von der Spanier Wüten/beyd wider jhre Knechte die Nigriten / vnnd auch die arme Indianer: wie die Spanier von den Frantzösischen MeerRäubern zum offtermal angriffen vnd geplündert worden/ deß auch/ wie sie erstlich das newe Spanien erfunden haben/vnd gantz erbärmlich mit dem armen Landtvölcklein daselbst vmbgangen sind.

Sampt kurtzer vnd nützlicher Erklärung der Historien/bey jedem Capitel.

Auch einer schönen LandTafel/deß newwen Spanien in America.

Alles mit schönen vnd kunstreichen Kupfferstücken vnd deren angehenckten Erklärungen/an Tag geben/ durch Dietherich von Bry/ Burger in Franckfurt am Mayn.

An den Durchleuchtigen Hochgebornen Fürsten vnd Herrn/ Herrn Moritzen Landtgrafen zu Hessen/rc.

Die Nigritten werden auß Mohrenlandt in die newe Insel zum Bergwerck/ geschickt.

NAchdem die Einwoner der Insel Hispaniolæ, wegen grosser vnd schwerer arbeit/ dermassen jämmerlich waren vmbkommen/ also daß auch sehr wenig auß jhnen vberblieben/ haben sich die Spanier/ Noth halben mit andern leibeigenen Knechten mussen versehen/ das Bergwerck furbaß mit jhnen zu bestellen. Derhalben haben sie vmb jhr eigen Gelt deren ein zimliche Anzahl erkaufft/ vnnd zu jhnen bringen lassen auß der Nigrite Landschafft/ Guinea genant/ welche ist das vierte Theil Africæ, diese haben sie zum Bergwerck gebraucht/ biß daß die Fundgruben mit der zeit keine Außbeut mehr geben wolten. Denn nach dem die Portugaleser dasselbige Theil Africæ, welches sie Guineam, die Inwohner aber Genni oder Genna nennen/ durch Kriegs gewalt erobert vnnd vnder sich gebracht hatten/ pflegten sie alle Jahr etliche hundert der Einwohner andern Nationen zu verkauffen/ so an Statt der Leibeigenen Knecht zu gebrauchen waren.

Als die Fundgruben keine Außbeut mehr geben wolten/ werden die Nigritten zum Zucker sieden angehalten.

ANfangs haben die Spanier die Nigritten zum Bergwerck gebraucht/ Nach dem dasselbig aber keine Außbeut mehr geben wolt/ haben sie nachmals diese gevbt auff den Stoßmülen/ darauff man das Zuckerrohr stößt/ auß welchem sie den Zucker sieden. Vnnd diese Arbeit mussen sie mehrertheils noch heutiges tags verrichten. Denn dieweil die Insel Hispaniola von Natur feucht vnnd warm ist/ so wechst das Zucker rohr leichtlich darinnen.

Dasselbig Rohr/ wenn es erstlich zerstossen/ nachmals in einem Kessel gesotten/ vnnd entlich wol abgeleutert ist/ lassensie als dann an der Sonnen gestehen/ oder so kein Sonnenschein ist/ verwahren sie es in einer beschlossenen Schewren/ da keine Lufft zu kompt/ vnnd welche mit einem sanfften Fewer erwärmet ist/ alldaes gleicher massen außtrucknet vnnd Zucker wirdt: darvon sie dann ein grossen Nutzen haben. Vber das brauchen sie die Nigritten fur Hirten zum Vihe/ auch zu andern jhrer Herren notwendigen Geschefften.

Wenn etwan ein Nigrit sein Tagwerck nicht volbracht hat/ wirdt er von seinem Herren grewlich tractirt.

ETliche vnter den Spaniern vben vber die massen grewliche vnd vnerhörte Wüterey. Denn es bey jhnen nichts newes ist/ wenn sie jhre Knechte/ so etwas verschuldet/ in straff nemen/ als nemlich/ so sie etwan jhr Tagwerck nicht vollbracht haben/ oder sonst etwas verwirckt/ wenn dieselbige auff den Abend von der Arbeit heim kommen/ stellt man jhnen weder zu essen noch zu trincken für/ sondern man zeucht jhnen jhre Hembder/ so fern sie anders deren an haben/ vom Leib ab/ reisset sie mit gewalt zu boden/ bindet jhnen Händ vnd Füsse/ vnd steupt sie also nackent/ oder man zerschlegt vnd zergeisselt sie/ mit knöpffechten Riemen vnd Stricken/ so viel vnd so lang/ biß daß allenthalben vber jren gantzen Leib das Blut herauß dringt. Als denn nemen sie geschmeltztes Bech/ oder heisses Olj/ lassen jhnen einen Tropffen nach dem andern auff den Leib in die Wunden fallen. Zu letzt machen sie ein Brey auß Indianischem Pfeffer vñ Wasser/ darmit vberschmieren sie die gegeiselten/ bindē sie also auff ein Brett mit Leilachen oder Sergen bedeckt/ lassen sie so lang mit grossem Schmertzen ligen/ biß die Herren bedünckt/ sie seyen nun wiederumb starck genug zur Arbeit.

Etliche haben ein andere Weiß/ denn wañ sie jhre Knecht also jämmerlich vnd erbärmlich zugericht haben/ stossen sie dieselbige in eine Gruben darzu bereitet/ darinn verscharren sie dieselbige biß an den halß/ vñ brauchen diß gleich für ein Artzney/ denn sie geben für/ wie das Erdreich das geronnen Blut zertheile/ vnd den Leib wiederumb zu recht bringe. Im fall aber einer derselbigen stirbt/ wie offtermals geschicht võ wegen deß vnleidlichē Schmertzens/ legt man seinem Herren kein andere Straff auff/ als daß er vermög der Spanischen Statuten/ der Kön. May. einen andern leibeigenen Knecht/ an deß Verstorbenen stat/ verehre.

Die Ni-

Die Nigritten entlauffen von wegen der Spanier Wüterey auß jhren Diensten/ vnnd erschlagen etliche Spanier.

ANno M D. XXII. auff weinachten deß morgens/ als etliche auß den Nigritten die vnmenschliche Marter in keinen weg lenger dulden kundten/ sind jhrer 20. verursacht worden/ auß jren Diensten zu entlauffen/ Nachdem sie nun also in der Insel/ als die aller Hoffnung beraubt waren/ herumb zogen/ haben sie noch andere 20. jhrer Gesellen erlediget/ vnd an sich gehenckt: Diese 40. schlagẽ zu todt/ soviel sie der Spanier können antreffen. Derhalben deñ sich der Amiral Ludouicus Columbus/ mit den Königlichen Räthen der Insel S. Dominicæ berathschlagt/ reitet den flüchtigen Knechten nach/ in deß aber hatten gemelte 40. Nigritten eines Spaniers Hauß angefallen/ den Herren dariñ mit all seinem Gesinde ermordet vnd geraubet alles was sie funden haben/ waren also mit dem Raub widerumb nach andern grossen Mühlen gezogen/ dariñen noch viel andere Nigritten waren/ in hoffnung dieselbige auch ledig zu machẽ/ in dem sie aber vber nacht darfür liegen blieben/ hat sie Capiten Franciscus d'Auila mit s. Pferden vnd etwan 6. Knechten im Schlaff/ wie das Vieh/ vberfallen/ ein theil erschlagen/ vnd ein theil/ andern zum Exẽpel/ auffhencken lassen. Dieses furnehmen ist zwar anfangs den Spaniern glucklich genugsam von stat gangen: Aber die Nigritten sind mit jhrem Schaden auff solche weiß gewitziget worden/ haben nachmals auff jhre schantz besser achtung geben.

RPJCE

Die Spanier erobern ein Frantzösisch Schiff / welches geschicht durch Zaghafftigkeit deß Frantzos. Capitens. V

ANno MDXLIII. vermerckte der Spannische Rath / vnd die Amptleut in der Stat S. Dominico, daß sich zwey Frantzosische Raubschiff nicht weit von jhrer Stat auff dem Meer hielten. Derhalben richten sie fünff Schiff zu / darunder waren zwey zimlich groß / mit denselbigē liessen sie den Frantzösischen Schiffen nachstellen. Als aber dieselbige vermerckten / daß sie vbermañt waren / besorgten sich die Cantabri oder Bisoyen / welche in einem Frantzösischen Schiff waren / sie möchten in der Spanier Gewalt kommen / vnd gleich als Verrähter grewlich gestrafft werden / denn sie der Spanier Vnderthanen sind / derhalben spannen sie die Segel / vnd setzen vnredlicher weiß darvon. Der Oberste im andern Frantzösischen Schiff vertrawete jm nicht allein / mit den seinen die er bey sich hätte / so viel Feinde zu bestehen / vermahnete seine Kriegsknecht / sie solten jhre Wehr vnd Waffen niderlegen / vnd sich den Spaniern ergeben. Aber der meiste theil war jhm zu wider / in sonderheit ein Oberster vber das Geschütz / derselbige vermasse sich / er wolte in vier Schössen der Feinden oberstes Principal Schiff in grund schiessen / vnnd ließ so bald ein groß Stuck auff die Feinde abgehen / dardurch er der Feinde principal Schiff hefftig beschedigte. Als er aber noch ein Stück auff die Spanier brennen wolt / nimt jhm sein Oberster die brennende Lunden auß der Hande. Also kamen die Frantzosen in der Spanier Gewalt / allein durch Zaghafftigkeit jhres Obersten / werden nach der Stat S. Dominico mit solchem Triumph vnd frolocken der Einwohner geführt / als ob die Spanier gantz Franckreich vnder sich bracht hetten / dem Schiff nahmen sie das Geschutz / die Segel / Anchor / Schiffseil vnd ander zugehör / furten es auff das hohe Meer / vnd schickten es im Fewer gen Himmel.

Die Frantzosen treiben die Spanier in die Flucht / brandschatzen die Stat Hanaua, vmb ein groß Summa Gelts.

IM Jahr MDXXXVI. kam ein klein Frantzösisch Schiff in den Pfort Hanaua, die Frantzosen darinnen namen die Stat mit gewalt ein. Aber die Spanier / damit die Stat nicht mit Fewer verheeret würde / gaben den Frantzosen 700. Ducaten zur Brandtschatzung / die Frantzosen lassen sich also damit begnügen / vñ ziehen darvon. Weil es die Spanier aber hefftig verdroß / daß ein eintziges Frantzösisch Schiff sie also solte tribulirt haben / so bestellte deß andern tags der Stathalter daselbst / daß drey grosse Last schiff / welche damals ankommen waren / jr Golt / Silber / vñ andere Wahren außlehren solten / vnd dẽ Frantzösischen Raubschiff nach jagen / welches also geschach / Derhalben sie auß dem Pfort abstiessen / vñ jedes seinen angehenckten Bod neben jm mit fuhrte. Das oberste principal Schiff eilete fur den andern her / trifft das Frantzösische Raubschiff hinder einem Berg an / darff aber allein nicht an dasselbe setzen / sondern helt es fur rathsam / daß es der andern erwarte. Als nun die Frantzosen mercketen / daß die Feind jnen selbst nicht trawẽ / noch sich gehertzt an sie wagen dürfften / lassen sie jhr Geschütz zum ersten auff die Spanier loß. Daher den Spaniern der massen der Mut entfiele / daß sie nicht begerten sich zur wehr zu stellen / sondern springen in den angehenckten Bod vñ wöllen darvon fliehen: aber es waren jrer zu viel / vnd truckten den Bod vnter / vñ die jenige so dariñ waren / musten ans Land auß schwimmen vnd jr Leben also erretten. Als dieses die andern / so im zweiten Spanischen Schiff waren / erfahen / nemlich daß die Kriegsknecht auß dem principal Schiff entflohen waren / wichen sie auch zu ruck / deßgleichen theten die im dritten Schiff. Auff solche weiß wurden die Frantzosen wider frölich / ob sie wol anfangs sich fast besorgten / erobern also diese drey Schiff / vnd segeln damit stracks auff die Stat Hanaua zu / rantzionen die Burger wider auffs new vmb eine Summa so groß wie zuvor / vnd ziehen damit darvon.

RPJCB

Die Frantzosen erobern vnnd plündern die Stat Chioreram, vnnd brennen sie im grund ab.

ANno M D. L V I. wurd die Stat Chiorera in der Insel Cuba von den Frantzosen geplundert/ aber sie finden wenig Beut dariñ. Deñ dieweil die Spanier zuvor gewitziget waren/ flöheten sie jre fahren hab auff jhre Meyerhöff. In dem nun die Frantzosen die Stat durch suchen/ fertigen die Spanier zwen Gesandten ab/ zu erkundigen wie starck die Frantzosen weren/ jedoch vnder demschein als ob sie mit jhnen der Gefangenen vñ Brantschatzung halben handeln solten. Der Frantzosen Oberster fordert 6000. Ducaten: Die Spanier beklagen sich/ sie können Armuts halben das nicht eingehen/ vñ treffe die Sum̃a Gelts mehr an/ deñ sie alle an Leib vnd Gut vermöchten: Jedoch wolten sie solches an die Herrn deß Raths gelangen lassen/ vñ deß andern tags/ bey Trew vnd glauben/ gewisse Antwort bringen. Aber die Spanier haben sich vnder deß zum Kampff gerustet/ verachteten anderer Verstendigen trewe Warnung/ rüsten auch jhre leibeigene Knecht/ vñ vberfallen die Frantzosen bey nacht/ der meinung sie wolten sie im besten Schlaff vberrastẽ/ Erschiesen erstlich 4. Frantzosen/ vnder welchẽ deß Obersten Enckel war/ Die andern Frantzosen greiffen eilend vnerschrocken zur Wehr/ vnd brennen das groß Geschütz auff die Spanier loß/ der Oberst befihlet seinen Dienern sie sollen die Haußthürn/ Haußposten/ Fensterladen/ vnd alles was von Holtzwerck gemacht wer/ mit schiffbech/ dessen sie da viel Toñen in grosser anzahl funden/ bestreichen/ Fewer darein werffen/ vnd alles im grundt hinweg brennt. In dem nun die gantze Stat im Fewer stund/ zündet der Oberst selbst auch die Kirche an: Dieses ersach ein Spanier/ wagt sich herbey/ vnd redet den Capiten vnderthänig an/ sprechend/ Lieber Herr Capiten/ habt jhr nicht ewer Mütlein genug an der Stat gekület/ muß das Gotshauß auch her halten? Darauff jhm der Capiten ein murrisch gesicht gab vñ sprach/ was mangels hastu hieran du Schandvogel? weistu nicht daß die Leut/ in welchen weder trew noch glauben ist/ keiner Kirchen bedurffen? Wie nun solches alles vollbracht war/ furthen sie die Schiff in haffen/ beluden sie mit dem Raub auß der Stat/ vñ zohen also dahin.

Die Frantzosen erobern durch Hülff eines Spanischen Schiffmans die Stat Carthaginem, gelegen auff dem fußvesten Landt in India/ Derselbe Schiffman durchsticht den Richter daselbst/ von dem er vor der zeit war mit Ruthen gehawen worden. VIII

EBen zu derselbigen zeit trug es sich zu/ daß ein Spanischer Richter zu Carthago/ welches ein Stat vnd Herschafft ist der Landschafft Indien/ einen Schiffman einer schlechten vrsach halben/ hat lassen mit Ruthen streichen/ vnd wider ledig geben. Der Schiffman begab sich widerumb in Spanien/ vnd von dannen in Franckreich/ vnnd zu letzt nachdem er fünff Schiff an sich bracht/ ist er in Indien geschiffet/ vnd in dem Pfort der Stat Carthago die Anchor außgeworffen/ bey hundert Kriegsknecht in kleinen Schifflein zu land gefuhrt: Mit welchen er ein stund vor Tag die Spanier im besten Schlaff vberfallen hat/ in die Heuser mit gewalt gebrochen/ deren ein theil höltzern waren/ etliche von Rohr geflochten/ vnnd mit Dattelbaumen blettern bedeckt. Der Schiffman lieff eilendt mit etlichen Frantzosen das Richterhauß zu/ der jhn zuvor mit Ruthen hat lassen zerschlagen/ gibt jhm mit dem Sebel etliche Stich/ vnd läßt jhn alda todt liegen: Die Andern lauffen allenthalben herumb/ suchen wie sich möchten gute Außbeut bekommen. Aber der mehrertheil Spanier gaben die flucht/ etliche wurden erschlagen/ vnd zum theil gefangen. Also ward die newe Carthago/ wie sie es nennen/ geplundert vnd verbrent/ vnd wie man sagt/ so haben die Frantzosen darvon bracht hundert vnd fünfftzig tausendt Ducaten vom Raub vnnd Rantzionen.

Die Spanier reitzen die Indianer in der Insel Cubagua durch eine Practick an die Frantzosen.

DAmit ichs aber mit der Beut vnd Raub/welchen die Frantzosen von den Spaniern bekommen haben/ ein ende mache/will ich nur ein eintziges Exempel noch erzehlen. Zu der zeit als in der Insel Cubagua der Perlenfang im schwang gieng/kam ein Frantzösisch Schiff daher gefahren/ohn gefehr allda zu lenden. Wie das die Spanier ersahen/rüsteten sie alsobald zwey Schifflein zu/wie sie daselbst gebreuchlich sind/ mit wol gewapneten Indianischen Bogenschutzen beladen. Die schicken sie dem Frantzosischen Schiff entgegen/ oberreden sie es weren eitel pædicones, das ist Knabenschender/vnnd wenn sie sie nicht also bald vmbbrächten/würden sie zu landt herauß fallen/vnnd mit jhnen gleich als mit Weibern grewlicher weiß handeln vnnd vmbziehen. Die Indianer meineten nicht anders/deñ es weren solche Leut/arbeiten hefftig/so lang biß sie das Schiff erreichten. Die Frantzosen/wie sie sahen daß sie nahe zu jhnen kamen/besahen die nackende Leut gar wol/ gedachten sie kämen vielleicht derhalben zu jhnen/ daß sie lust hetten sie zu sehen: oder der Perlen halben mit jhnen zu handlen/ vnd vmb andere Wahren zu vertauschen. Wie sie aber näher hin zurücken/ fiengen sie an für die edele Perlen/ vergiffte Pfeil vnder die Frantzosen zuschiessen/deren sie etliche verwundten. Die Frantzosen/so bald sie vermerckten/ daß jhre Gesellen gifftige Schöß empfangen hetten (denn von dem Saffe deß gifftigen Krauts/darmit sie die Spitz an den Pfeilen beschmieren/wusten sie nichts/ hatten nur der Perlen gute achtung) kehrten sie wider vmb ohn allen verzug/ ist auch/ wie man sagt/ forthin kein Frantzosisch Schiff mehr an diesem Ort ankommen. Also seind die Spanier mit solchem lüstigen vnd geschinden Ranck den Frantzosen entgangen vnd auß der Handt entwichen/ wiewol sie in grosser Angst vnnd Forcht stunden.

Von Handthierung vnd Kauffmanschafft der Carthaginenser in India. X

DJE Einwoner der Landschafft Carthaginis haben eine gute Notturfft an Fischen / Früchten vnnd anderer notwendiger Speiß. Sie brauchen im Krieg wider die Feindt vergiffte Pfeil. Jhr fürnembste Gewerb vnnd Kauffmanschafft sind Fisch / Saltz / Pfeffer / das fuhren sie an solche Ort / darinnen deren Wahr keine zu finden ist / vnd verwechslen eine Wahr vmb die ander. Da es noch wol vmb sie stund / vnnd gute zeit bey jhnen war / fiengen sie ein Gewerbschafft an / vnnd hanthierten vnder einander / mit vielem Getreidt / mit edlen Früchten / Baumwoll / Feddern / Röck von Feddern gemacht / gülden Geschmeid / mancherley Perlen / Smaragden / leibeigenen Knechten / vnd anderer mehr gutter Wahr / so in jhrem Landt zu finden / gaben einander / was einem Jeden von nöthen war / ohn allen Geitz vnd Kargheit / gib mir (sagten sie) das / so will ich dir diß dargegen geben. Es ist auch bey ihnen nichts in so grossem werth / als Essenspeiß vnd das Getränck / wiewol es nicht ohn ist / daß der mehrertheil dieser Völcker heutiges tags hefftig nach Gelt vnd Gut vnnd nach zeitlichen Gütern trachtet / welches sie allein von den Christen gesogen haben. Jedoch hat solcher Eiffer bey vielen nachgelassen vnnd ist nunmehr sehr erkaltet.

Wie die Jndianer zum Krieg außziehen.

DJE Jnwoner deß Thals Tuniæ vnd der angrentzenden Orter/halten die Sonne fur jhren höchsten Gott/vnd beten sie an. Weñ sie in Krieg ziehen/so hencken sie an die Stangen vnd Rohr/der streitbaren vnd berümten Männer/so vor zeiten vnder jhnen gelebt haben / tode gebein / vnd Sceleta: tragen solches für jhr Feldzeichen vnd Fähnlein herumb/darmit sie durch solches anschawen auffgemundert werden/vnd desto gehertzter den Feindt angreiffen. Jhre Waffen vnd Pfeil sind auß Dattelbaumen ästen gemacht/vnd die Schwerter von spitzigen Steinen. Jhre Könige begraben sie gantz ehrlich vnd herrlich/legē jnen güldene Halßbandt an/die mit Edelgestein vnd Smaragden versetzt sein/auch thun sie Brot vnd Wein zu jhnen ins grab. Vnd es haben zwar die Spanier feiste wol gespickte Gräber alda funden / Aber bey dem grossen Fluß/ so da zwischen der Stat Carthagine vnd S. Martha hinleufft/ wohnen die Caribes, vnd die Sant Marthenser/ die schmieren jhre Pfeil mit Gifft/welches mit vergifften Kreuttern zubereitet wirdt. Sie sind Manlich/ frech/ vnd rachgirig/führen jhren Abgot Chiappam mit jhnen im Krieg/als welcher für sie streiten vnd jnen den Sieg erhalten sölle. Ehe sie aber in Krieg ziehen/opffern sie jhme der Leibeigenen Kinder / oder etwan einen auß den Gefangenen jhrer Feinde. Sie bestreichen deß Abgots Bildnuß mit deß auffgeopfferten Menschēs Blut vberall wol/vnd essen sie das Fleisch vndereinander mit grossem frolocken vnd Frewden. Weñ sie im Krieg den Sieg erlangen vnd widerumb zu hauß kommen/zechen sie vnd sind lustig biß sie alle voll vnd doll werden/ vnd besprengen deß Abgots Bildnuß/mit jhrer Gefangenen Blut. Weñ sie aber vnden liegen vnd vberwunden werden/ ziehen sie trawrig vnd demütig heim/vnd versünen den Abgott Chiappam mit einem andern Opffer/beten jhn vnderthäniglich an/daß er jhnen forthin wölle gnedig vnd barmhertzig sein/ vnd jhnen den Sieg wider jhre Feinde verleihen.

Als er

Als etliche Kauffleut in einer Einöde kein Proviant mehr hatten/werden sie auß not gezwungen/ bey nacht zu etlichen Indianern in jhre Hütten ongewarnter sachen zu gehen. XII

Ieronymus Benzo reiset vber Land von dem Stättlein Achla, so da gelegen ist in dem Meerschoß Vraba, mit etlichen Kauffleuthen/ welche Maulthier nach der Statt Panamam in der Landschafft Nomen-Dei furten/vnd hatte bey sich einen der jhn den Weg weisen solt/sampt etlichen Knechten / welche der Maulthier warteten. Auch waren sie mit viel Proviant versehen/als viel jhnen zu solcher Reiß jhrem beduncken nach notwendig war. Da sie aber deß rawen Wegs halben lenger/als sie vermeint/ vnder Wegen sein musten/ging das Proviant mit jhnen auff/ ehe sie den halben theil Wegs volbracht hatten / kundten auch nichts an denselben einödigen Orten/so doch etwan vor der zeit erbawt gewesen/antreffen. Darumb beschlossen die Kauffleut ein Maulthier zu schlachten/damit sie die Reyß vber zu leben hetten/ In dem begab es sich daß sie ohn gefehr auff einer Spitzen eines Berges vnden im Thal einen Rauch ersehen/was Frewden sie darob empfangen/hat menniglichẽ leichtlich zu erachten. Aber sie sahen es fur rathsam an/ daß sie biß auff die ander Wacht verharreten/ vnd als dañ erst zu den Hütten/ da sie den Rauch vernommen hatten/ zunaheten: damit die Indianer / weñ sie jhrer gewar würden/ nicht etwan dar von lieffen/als die sich besorgten/man möchte sie in die ewige Dienstbarkeit hinweg fuhren. Derhalben schleichen sie gantz still biß auff den halben Berg hinunder / allda verziehen sie biß zu Mitternacht / nachmals sind sie schnell fort gerückt/vnd zu der Indianer Hutten kommen. In dem erwachen die Indianer vom Getümmel / erkennen sie alsbald / erheben derhalben ein groß vnd erschröcklich Geschrey / ruffen in gemein Guacci Guacci, (dieses ist ein vierfüssiges Thier/welches bey nacht hin vnd wider leufft/vnd alles vmb bringt was es erschnapt/) mit diesem Namen pflegten sie die Christen zu nennen. Die vbrige Nacht bringen sie vollendt mit klagen vnnd zitter geschrey zu. Die Christen sprachen jhnen zu/ vnd trösteten sie auffs best/ zeigten jhnen an/wie deß Königs Edict außgangen sey/ man solte bey Leibs Straff keinen Indianer mehr in die Dinstbarkeit führen. Also haben sie Brot/ Fisch/ Obs/ vnd Schweinen Fleisch von jhnen bekommen/ jhre Reiß vollendts zu vollstrecken.

D Benzo

Benzo fengt mit seinen Gesellen in Hungersnot am Vffer Mehrschnecken/ deren man in dieser Landart vber grosse findet. XIII

IM Jahr 1540. ist *Diego* oder *Didacus Gottierez* ein Burger von *Madril* von Keyser *Carolo V.* zum Landvogt vnd Statthalter/ vber die reiche Provintz der newe Statt *Carthago* gesetzt worden. Als er da ankam/ hat er sich freundlich gegen die Indianische Cacicos erzeigt/ denn sie jhm zum Willkom ein stück Goldt verehrten/ welchs auff die 7000. Ducaten werth geschetzt. Er fragte sie/ wo sie das Golt grüben/ gaben sie jhm zur Antwort/ daß man solches von fernen Landen zu jhnen brächte/ vnd es würde auß gantz rawen Bergen gegraben. Ziehen also widerumb heim/ jedoch schicken sie offtermals etliche zu jhm/ die brachten jhm Fisch/ Gemüß/ geräuchert Schweinen Willprät. Demnach aber solches nicht mehr so offt geschach/ vnd die Landsknecht vermerckten/ daß das Proviant von tag zu tag abnam/ lieffen sie heimlich darvon/ vnd liessen jhren Herren allein mit vier Knechten/ seinem Enckel vnd einem Schiffman. In dem er nun weder auß noch ein wust/ sihe da kam ohn gefehr daher gefahren/ sein oberster Leutenant *Barientus*, mit einem Raubschiff/ welches mit Proviant vnd Kriegsknechten wol beladen war. Er nimt den Leutenant mit höchster Reverentz auff/ schicket ein Schiff alsbald nach der Statt *Nomen-Dei*/ darüber setzet er seinen Enckel *Alphonsum de Pisa* zum Obersten mehr Kriegßknecht an zu nemen. Der Oberster *Alphonsus de Pisa* wie er seine angenommene Knecht dem Gubernator zu führe wolt/ vnder welchen auch *Benzo* war/ vberfellt jhn viel vnd groß Vngewitter/ als daß er sein Schiff an ein Vfer anlenden muste/ da die Indianer wohneten/ von denen sie Nahrung möchten begeren. Derhalben stigen sie auß/ vnd als sie gantzer acht tag nichts als Wäld/ Pfützen vnd hohe Berg durchzogen/ musten sie endlich widerumb zu ruck gehen/ zogen am Gestatten des Mehrs her/ allda sie nichts funden zu essen/ als Holtzäpffel vnd Mehrschnecken. Endlich kamen sie an das Ort/ da der Landvogt mit seinen Knechten still lag. Aber das Schiff ist auff den zwentzigsten tag hernacher in den Pfort angefahren/ als bald widerumb hinder sich zu ruck nach *Nomen-Dei* geschickt/ mehr Kriegsknecht darinn zu holen. Als sie an diesem Ort still lagen/ vnd warteten biß das Schiff widerumb ankäm/ fiengen sie vber die massen viel grosser Mehrschnecken/ denn man find sie da am Vfer vier Monat lang in grosser menge/ vnd sie kriechen zu gewisser Zeit deß Jahrs auß dem Mehr auff das Land/ vnd legen da Eyer im Sand/ wie die Crocodillen/ welche als bald von der Hitz der Sonnen brütig werden/ vnd auß schlupffen. Dieser Schnecken assen sie ein theil so bald auff/ weil sie noch frisch waren/ ein theil saltzen sie in Tonnen ein zum vorrath/ dieselbigen aber hielten sich nicht lang/ sondern verdorben. Jedoch schmeltzten sie die Feistigkeit darvon/ vnd huben es auff in steinern Hafen.

Der Spanische Gubernator Diego Gottierez berufft die Cacicos oder Könische der Landschafft Sucre, Chiappa vnnd von andern Orten her/so zu jhm waren kommen/jhn zu besuchen/zur Malzeit.

DEr Gubernator *Gottierez* fehrt mit allen seinen Krigsknechten auß dem Port das Wasser hinauff/vff dreissig tausent schrit weit/kömpt in die Landschafft Sucre/steigt auffs Land/läst sich zum ersten nider in sein klein Hertzlein/ welches der Könische derselbigen Landschafft zum Lust hatte gebawt. Diß Hauß war geformirt wie ein Ey/hatte in die leng fünff vnd viertzig Klaffter/möcht etwas breiter sein als neun Klaffter/war gerings herumb mit grossen Indianischen Wasser Rohren verzeunet/vnd mit Dattelbäumenblettern gantz künstlich gedeckt/wie er etliche Tage an demselbigen Ort verharret/kamen die Könische der Landschafft *Sucre* vnd *Chiappa* sampt andern jn zubesuchen/verehrten jn allein mit Früchten vnd essenspeiß. Der Landvogt verwundert sich/daß sie so gar kein Gelt brachten: Lesset inen anzeigen durch einen Spanischen Dolmetschet/der jhre Sprach ziemlich verstund/vnd der vmb jhr wesen wuste/daß er allein der Vrsachen halben zu jhnen kommen sey/auff daß er mit jhnen von grossen wichtigen Sachen handelte/darauß sie alle Trost schöpffeten: Vber das hat er sie zu Gast/vnd setzt sie vber seine Fürstliche Taffel/darüber auch ein Priester mit sampt dem Dolmetscher sasse. Als er aber kein andere Speiß auffsetzete/weder Hüner vnd gesaltzen Schweinenfleisch/waren solches die Indianer gar vngewont/vnd versuchten es kaum/so man jhnen auch etwas fürlegte/gaben sie solches jhren Knechten/die hinder jhnen auff der Erden sassen/dieselben namens an/lachten/vnd warffen es den Hunden für. Nach gehaltener Malzeit fieng der Landvogt also mit jhnen an zu reden: Jhr meine liebe Brüder vnd Freund/ich bin allein vmb dieser vrsachen willen in ewer Landschafft kommen/damit ich die Abgötterey außrotte: dardurch euch der Teuffel bißher verblendet hat/vnd daß ich euch den rechten weg zur Seligkeit klerlich anzeigte: vnd das Jesus Christus Gottes eingeborner Son vom Himmel herab kommen sey/auff diese Welt/damit er das Menschlich Geschlecht erlösete: Wie jhr denn solches alles vernemmen werdet von diesem Priester/welcher keiner andern vrsachen halben auß Spanien geschifft ist/als daß er euch im Christlichen Glauben vnd Fundament der Religion vnderrichtete vnd lehrete. Derhalben beraitet ewer Hertz/das Göttliche Wort auffzunemmen/vnd gebet euch vnder deß Römischen Keysers Caroli deß fünfften/deß allermächtigsten Schutz vnd Schirm. Wie die Indianer solche rede hatten gehört/gaben sie gar kein antwort darauff/sondern sie neigten sich mit den Köpffen/als wenn sie jhm heimlich wilfahren wolten/stunden hiemit vom Tisch auff/vnd gieng ein jeder heim zu hauß.

Der Spanische Gubernator legt die Königsche in schwere Band/ läst ein Fewer anmachen/vnd träwet jhnen/er wölle sie verbrennen/ wo sie jhm nicht den fürgestellten Korb sechs mal voll Golts zu wegen brächten.

AM nachfolgenden Tag schickt der Gubernator einen Spanier mit sampt zwen Indianern zu zwen Königschen/so jenseyt deß Flusses wohnen/vnd sagt jhnen frey sicher Gelet zu/ daß jhnen gar keine Gefahr solte drauff stehn/solten derhalben so bald zu jhm kommen. So bald sie aber dahin kamen/wiewol vngern / ließ sie der Gubernator in sein Speißkammer führen/vnd ein jeden mit einer sonderlichen Ketten vmb den Halß binden/ (Diese Königsche waren diejenige/welche dem Gubernator/als er erstlich in dieselbe Landschafft kam / sieben hundert stück Golts verehret hatten) Nachmals läst er sie in sein Kammer also gebunden führen / vnd an seine Bettstollen anbinden. Daselbst sind sie auff der Erden mit Blettern bestrewet deß nachts gelegen. Allda hat er mit grosser Marter von jhn geforschet/wo die Fesser mit Saltz vnd Honig weren hin kommen/die er bey dem Mehr vergraben/als er hinweg gezogē / hierauff geben sie jhm zur antwort/sie wüsten solches nicht. Der Gubernator ward zornig/ wolt mit gewalt die Fesser widerumb haben/träwete jhnen darüber hefftig. Derhalben war der Jünger vnder diesen zweyen mit namen *Chamachiren* auß not dahin gezwungen/ daß er jhm etliche güldene Geschir schenckete. dieselbige waren gemacht wie Schwein / Tygerthier / Fisch / Vögel vnd sonst ander Gethier/waren besser werth/als zwey tausent Ducaten. Aber diß war ein geringes gegen dem zu rechnen / das der Gubernator begeret. Läst derhalben ein grosses Fewer anzünden/vnd führet eben diesen *Chamachire* allein darzu. Darnach stellet er jhm ein grossen Korb für die Füß / vnnd träwete dem Indianer / wo er nicht in vier Tagen denselbigen Korb sechs mal vol Gelt zu wegen brächte/wolt er jhn ohn alle Barmhertzigkeit lassen verbrennen. Ob diesem Träwen entsazte sich der Königsche / vnd verhieß er wolte solche Summa jhm zu wegen bringē. Aber es begab sich in derselben Nacht eine/ daß der Königsche die Ketten ledig machte vnd darvon lieff. Daher sich der Gubernator der massen bekümmert/daß er dardurch in Schwachheit fiel. Ehe er aber widerumb recht gesundt wurd/träwete er dem andern *Cacic.* mit namen *Corori* eben so hefftig/vnd wo er jhm nicht würde das begerte Golt zu wegē bringen/wolt er jhn lebendig schlachten vnd zermetzigen. Demnach nun der Gubernator solche träw wort offtermals brauchte/ der *Cacieus* aber bestendig auff seiner Rede verblieb/er hette noch wüste kein Gelt/ergrimmet der Gubernator/spricht zu jhm: wirstu mir nicht so viel Golts als ich begert hab zu wegen bringen/will ich dich den Hunden lebendig fur werffen vnd zerzerren lassen. Darauff antwortet jhm der Königsche vnverzagt vnd mütiglich/vnd sprach. Ja recht eben du verhönest vnd verspottest mich / vnd bist ein verlogener leichtfertiger Mann/denn du mir so offt geträwet hast mich zu tödten / bist aber nicht so kün solches an mir zu vollbringen: Auch spricht er/ich weiß mich nicht auß den sachen zu berichten/was doch die Christen fur schendliche Leut seyen / weil sie allenthalben so grosse Schand vnd Laster treiben: vnd es wundert mich vber die massen/wie doch das Erdreich / darauß sie entspringen/also gedultig vnd sanfftmütig sey/daß es solche Bestien vnd vnbarmhertzige Thier ernehre/vnd jnen Vnderhaltung geb.

Der Spanische Gubernator legt die Kauffschiff in seiner Land / läßt ein Geschrey [illegible]

[illegible]

Die Indianer greiffen die Spanier an/schlagen jhren Obersten zu tod/entlich werden sie doch verjagt. Aber es kommen andere frische Indianer/die vberfallen vnd vberwinden die Spanier widerumb/in dem bekommen die Spanier ein hinderhalt/vnd welche noch vnverletzt waren auß der Schlacht kommen/ dieselbe ziehen darvon.

ALs die Spanier auß hungers not/durch die Wildnuß fort rückten/ werden sie von den Indianern auß einem Walde vberfallen/der Gubernator wirdt erschlagen/sampt etlichen Spaniern. Als der Streit schier auff ein viertheil stund wehret/ auch viel Indianer auff dem Platz blieben/ musten die Wilden endlich die Flucht geben. Demnach aber den Indianern frisch vnd geruhet Volck entgegen kam/kehreten sie sich vmb/vnd griffen die Spanier von allen Orten auff ein newes an: aber die Spanier/als die müde vnd krafftloß von der Schlacht waren/werden zum theil erschlagē/ zum theil musten sie lauffen so sehr sie jmmer kundten/wolten sie anders das Leben fristen/biß jhnen ohn gefehr der oberste Leutenant Alphonsus Pisanus mit 24. Spaniern auffstieß/welche dem Landvogt nach ziehen vnd jhn suchen wolten: da sie nun zu samen kamen/hielten sie bey einander/vñ zogen das Wasser lang jmmer fort/ damit sie desto sicherer auß solcher Not vnd Gefahr der Feinden entrinnen möchten: In dem sie also passirten/sihe da kam ein grosse Schar der Feind/mit Schwertern/Tarschen/vnd Bogen/welche sie den erschlagenen Spaniern genommen hatten/ sehr wol staffirt/ sprungen vnnd tantzeten vmb sie herumb. Deßgleichen waren etliche die schrien in Spanischer Sprach zu jhnen/deñ jhrer etliche verstunden spannisch/vnd sagten/ kom Christ kom/ nimb Gelt/ nimb Gelt von vns: Jedoch wie sie vermerckten/daß der Christen ein zimliche Anzahl war/ wichen sie widerumb zu rück. Von dannen sind die Christen also mit grosser mühe vnd arbeit/ widerumb an das Mehr kommen. Es sind von den Spaniern 34. mit sampt zwen Mohren auff dem Platz blieben/ vnd sind nur sechs vberall darvon kommen. Der Indianer/so man auff vier tausent geschetzt/sind viel mehr blieben.

Ferdinandus Sotto treibt grosse Wüterey in der Landschafft Florida, darinnen er Gubernator war/ läst auch etlichen Könischen die Händ abhawen.

FErdinandus Sotto war mit königlicher Gewalt vnd Befelch zum Gubernator in die Landschaff Florida geschickt/ so bald er in die Landschafft kam/ hat er durch alle Ort vnd Winckel mit seinem Kriegsvolck hin vnd her gestreifft/ allenthalben Golt vnd Gelt gesucht. Wie er nun das Land als durchsuchet/ trifft er ohn gefehr etliche Indianer an/ die trugen güldene Arm vnd Halsbender/ die selbige fragt er/ woher sie das Golt nehmen / sie geben jhm zur Antwort / daß sie solches auß fernen Landschafften zu jhnen bringen liessen. Er aber vermeinet sie sagten solches darumb / damit sie jhn mit List auß dem Land brächten/ (denn er wuste woll daß die Indianer der Spanier Geitz kenneten) derhalben befahle er/ man solte jhrer etliche fangen/ vnd auff die Fulter ziehen/ daß sie bekenneten wo die Goltgruben weren. Vnder andern Exempeln aber der Grimmigkeit/ so dieser Wüterich wider die armen Indianer vbte / ist furnemlich dieses / so man billich nicht verschweigen sol. Er ließ auff ein zeit funffzehen Cacicos oder Könische fangen. Den selbigen träwete er/ wo sie jm nicht würden anzeigen/ woher sie das Golt hetten / welches sie antrugen / wolt er sie alle lebendig lassen verbrennen. Ob diesen Träuworten vnd gegenwertigen Tod/ entsetzten sich die Indianer hefftig/ verhiessen jhm/ daß sie jhn innerhalb acht tagen an ein Ort fuhren wolten/ daher er so viel Golts nemen möchte/ als er selbst wolt. Aber sie wusten fur Forcht selbsten nicht / was sie redeten oder versprachen. Der Gubernator Sotto fuhret sie herumb/ daß sie diese Goltgruben suchen solten. Als sie aber lenger denn 12. gantzer tag fort zogen/ vnd niergendt keine Goltgruben antroffen/ war der Landvogt so sehr ergrimmet / da er sahe / daß er von den armen Wilden geäffet wurde/ daß er jhn allen die Hände ließ abhawen/ vnd sie also gestümmelt von sich ziehen.

 Petrus

Petrus Aluaradus lässet in abwesen deß Cortesij die Jndianer zu Mexico/ als sie jhr Fest hielten/mit blosen Wehren vberfallen vnd erwürgen/ vnd die gülden Armbänder damit sie geziert waren jhnen abziehen.

DEmnach Ferdinandus Cortesius durch Verwilligung deß Königs Montezumæ das Königreich Mexicun auch vnder sein Gewalt bracht hatte/vernimbt er/wie Pamphilus Naruaez mit neun hundert Spaniern wider jhn außgeschickt sey/jhn zu vertreiben. Aber er zog dem Naruaez entgegen/ vñ verordnet zum Schutzhern in seinem abwesen Petrum Aluaradum seinen Leutenant/mit sampt zwey hundert vnd funffzig Kriegsknechten zu Mexicun, die solten die Statt verwaren. Wie nun der Cortesius hinweg war/begab es sich/daß viel edele Jndianer/mit etlichen andern vom gemeinen Pöffel auff einen Tag zu Mexico ein groß Fest jhrem Abgott zu ehren hielten/vnd sich all auff das köstlichs mit gülden Spangen vnd mit gülden Halßbanden gezihret hatten/zohen also mit herrlicher Proceß durch die Statt hin vnd her/sungen jhrem Abgott zu Lob vnd ehren etliche Liedlein. Zu welchem Specktackel die Spanischen Kriegßknecht auch herfur kamen/zu besichtigen diesen Proceß vnd Vmbgang. Da jhnen aber das Golt vnd Edelgestein also lieblich vnder augen schien/wie sie die schöne Halßbender vnd köstlichen Zirat an den Jndianern ersahen/wurden sie dardurch zum verfluchten Geitz angereitzt/vnd setzten all Ehr vnd redlichkeit hindan. Der Statregierer Aluaradus selbst so wol/der mehrer theil der Spanier fielen mit grosser Vngestim vnd Lermen mit gewehrter Hand in die einfeltige vnd andächtige Jndianer/die jhnen solches gar nicht vertraweten/schlugë zu tod das mehrer theil jung vnd Alt/was nur nach Golt vnd Edelgestein glantzet/rissen jhnen die gülden Halß vnd Armbender von jhrem Leib. Die Jndianer aber in Mexicun rotteten sich vnd griffen zur Wehr/vnnd schlugen das mehrer theil der Spanier zu todt.

 Fran-

Franciscus Monteius wird Gubernator in der Provintz Jucatana / einer auß den Indianischen Cacicis nimt sich grosser Freundschafft an / als ob er ein Verbündnuß mit jm machen wolt / vnderstehet sich aber den Monteium mit einem Sebel zu erhawen.

IM Jahr MDXXVII. als der Spannische Leutenant Franciscus Monteio von dē grossen Reichthumb der Landschafft Jucatan vernam / ist er vnder dem Tittel eines obersten Gubernators auß new Hispanien in diese Landschafft Jucatanan geschifft. Er ist mit fünff hundert Spaniern / sampt einer grossen anzahl von Pferden / vnd vberflüssigem Vorath an Proviant / vnd andern notwendigen dingen dahin gefahren / so bald er da ankehret / sind etliche Könische zu jhm kommen / vnd sich gestellt / als wolten sie Freundschafft zu jhm machen / vnd begerten jhn zu sehen: Damit man auch jhnen desta besser vertrawete / sind sie ein zimliche lange zeit bey jhm an seinem Hoff verharret / biß daß einer auß den Könischen sein gelegenheit ersahe / zücket einem Mohren deß Gubernators Waffenträger den Sebel ohn gefehr auß der Scheiden / vnd reiset mit dem blosen Sebel auff den Obersten zu / will jhn zu boden hawen: Als der Gubernator deß Indianers freuentlichen Vorsatz ersahe / erwehret er sich seines Lebens mit seinē Schwert. Wie nun die Indianer sahen daß sie nichts außrichteten / gaben sie eilendts die Flucht / jedoch beyder seits ohn einigen zugefügten schaden. Der Gubernator stellt sein Kriegsvolck als bald in ein Schlacht ordnung / vnd ist mit denselbigen hin vnd her in der Provintz gestreifft / hat alles verheert vnd verbrandt / was er nur antreffen mochte. Hergegen haben sich die Indianer auch nicht geseumet / sondern sich ritterlich vnd männlich zur gegenwehr gestellt vnd für die Freyheit jhres Vatterlandts trewlich gestritten. Als aber solches streiten vnd fechten neun gantzer Jahr ohn vnderlaß gewehret / vnd schier alle Könische vnd Oberste der Indianer waren auff dem Platz blieben / auch an Kräffte vnd Stärcke den Spaniern gar vngleich / haben sie sich endlich mit Leib vnd Gut / auff Genad vnd vngenad in der Spanier Gewalt vnd Herschafft ergeben.

Des

Des Benzonis Gespräch / so er mit einem Könischen Cacico gehalten in der Landschafft Nicaragua, von dem Wesen vnd Sitten der Christen.

Als Benzo durch die Provintz Nicaragua seine Reiß anstellete / ist er von einem furnemen Obersten Indianer freundlich zur Herberg auffgenommen worden. Es hieß dieser Könische Dun Gonsaluus, war auff die siebentzig Jahr alt / vnd kundt die Spanische Sprach vber die massen wol reden vnd verstehn. Dieser / als Benzo andern Morgens bey jhm sasse von allerley sachen zu reden / sahe jhn stracks an / vnd fieng mit diesen worten zu jhm an zu rede: Lieber Christ sag mir / watzu seind die Christen nütz / oder was seind sie? So bald sie zu vns in vnsere Wonung eintretten / begeren sie vberall Frucht vñ Maiz / Honig / Baumwoll / Seiden Gewand / vnd andere ding / darzu eine Indianerin zu vnzüchtigen sachẽ / schinden vnd schaben das Golt vnd Silber an allen orten / wo sie es mögen ankom̃en / von vns armẽ Indianern. Vber das / so thun sie keine arbeit / sind verlogene leichtfertige Leut / spielen / fressen / sauffen / sind böse Buben vnd lästern Gott darneben / weñ sie schon in die Kirchen zur Meß gehn / thun sie anders nicht / deñ daß sie fabuliren vñ andere Leut außrichten / vnd sind jre Gedancken anders wo im Gerstenfeldt / sie selbst hawen / stechen / vnd erwürgen sich vndereinander / in Sum̃a es sind gantz schandlose ehrvergessene Leut von natur. Als Benzo aber zur antwort gab / daß solches allein von den bösen geschehe / vnd nicht von den from̃en. Da sagt er darauff / wo find man deñ derselbigen from̃en? Furwar es ist mir noch kein frommer Christ vnder augen kom̃en / sonder eitel böse Bubẽ vnd lasterhafftige Leut. Darauff verdrehet jm Benzo die rede / vnd fragt von jm / wie vnd warum̃ sie die Spanier in jhr Land hetten kommen lassen vnd auff genommen? Darauff antwortet er also / Mein lieber Mañ / wir haben dz beste gethan / vnd haben vns gewehrt so lang wir gekönt haben / Als wir aber von jnen durch Hülff jhrer Pferde zum offtermal sind geschlagen vnd vberwunden worden / haben wir es fur rathsamer angesehen / jr Joch auff vns zu nemen / alsdaß vnser Geschlecht / durch stetige Krieg vnd Blut vergiessen solte gantz vnd gar vndergehen vnd außgerottet werden.

Wie sich die Wilden in der Landschafft Nicaragua in dem Tantzen stellen/ vnd wie sie daher springen. XXI

DIE Einwoner der Landschafft Nicaragua, halten in jhrem tantzen vnd springen gemeiniglich diesen Brauch vnnd gewonheit. Es kommen an einem Ort etwan auff zwey oder drey hundert/ bißweilen auff die drey oder vier tausent zusamen/ von Jung vnd Alt/ Mann vnd Weib/ nach dem viel Volcks in einer Provintz wohnet. Weñ sie dañ zusamen koñen/ so seubern vnd kehren sie den Platz/ darauff sie tantzen wöllen/ allenthalben sauber. Denn tritt einer auß dem Hauffen mitten auff den Plan/ vnnd fehet an zu tantzen/ vnd fuhret den Reyen/ dem tantzen die andern alle einander nach/ vnd hangen je drey oder vier Personen an einander in guter Ordnung. Der erste so den Reyen führt/ gehet mehrertheils hinder sich/ vnd verkehret sich auch bißweilen vmb/ die andern thun jhm solches nach. In dem fengt ein Pfeiffer/ oder Spielman/ oder Trummenschläger ein Liedlein an/ demselben singt der Platzmeister von stunden an nach/ vnnd wenn der Pöffel den Platzmeister höret singen/ fangen sie all in gemein an zu schreyen vnd zu singen/ vnd brauchē mancherley Geberden darzu. Der ein hat ein Wedel in der Handt/ der ander ein auß gehölten Kürbeß/ dariñ liegen viel kleiner Steinlein/ darmit machet er ein geressel: der dritte hat den Kopff mit Feddern behengt/ der vierte hat Schellen auß Schnecken heußlein gemacht/ vnd mit einem Strick durchzogen/ dieselbe bindet er vmb die Knie/ oder Arm. Etliche bücken sich vnd knappen mit dem Leib auff diese Seiten/ die andern auff jene Seite/ wie die Elsasser Betler/ weñ sie ein Tantz halten. Etliche heben ein Bein auff/ etliche ein Arm vnd jauchtzen. Etliche stellen sich als weñ sie blind oder schel/ etliche als weñ sie taub weren/ einer lacht/ der ander heult/ der drit weinet/ in Summa sie treiben so wunderbarliche Bossen/ daß nicht genug darvon zu schreiben ist. Zwischen dem tantzē trincken sie deß Geträncks vnd der Frucht Cacauata, so bey jhnen breuchlich ist/ bringt einer dem andern eins/ vñ tringt auff den andern bescheidt zu thun. Auff solche weiß tantzen sie offt ein gantzen tag an einander/ ja auch wol offt ein gantze nacht darzu an einem stück.

Petrus Aluaradus, welcher von dem Landvogt in new Hispanien Antonio de Mendozza in die Prouintz Sibolla geschickt wurde / der wirdt fast mit allem seinem Volck von den Xaliscanern erschlagen.

ANtonius de Mendozza Gubernator vnd Stathalter in new Hispanie / fertiget den Petrum Aluaradum ab mit 700 Kriegsknechten / in die Proving Sibollam, deñ er von grossem Reichthumb dariñen vernommen hatte / da er nun die Pferde vnd andere vberflüssige Notturfft zu diesem Zug dienstlich bey einander hatte / kompt ein Postbod zu jhm an dem weg / zeigt jhm an / wie die Indianer in der Landschafft Xalisci weren abgefallen / derhalben eilet er mit dem mehrertheil seines Volcks dahin / damit er den Spaniern zu Hülff käme. Vnderwegen findt er den Petrum de Zuinga gantz betrübt vnd bekümert / von wegen vieler namhaffter Spanier Tod vnd Niderlag: welchen er tröstete vnd zu sich nam: rückte also mit beyden Hauffen gegen den Bühel / darauff die auffrührische Indianer lagen / vnd sich fest eingeschantzet hatten. Der Indianer Schantz war auff solche weiß gemacht: Sie hatten gantze Bäum mit den ästen vnd allem auffeinander geschleifft / vnd zusamen geflochten / vñ grosse Stein darzwischen vñ darauff gelegt / vnd mit Erden beschüttet / daß es gleich einem starcken Bollwerck vnnd Mawer war / hatten auch sonst mehr grosse Stein darhinder hauffen weiß getragen. So bald die Spanier dahin ankamen / renneten sie so bald mit jhren Pferden den Berg hinauff zu der Schantz zu. Da fielen die Indianer mit grossem Geschrey vnd Lermen herauß / hawen die Bande / daran die Bäume angehefft lagen entzwey / lassen sie also sampt den grossen Steinen mit aller gewalt / den Berg hinunder vnder die Spanier / welche mit gewalt hinauff drangt / ablauffen / sie liessen auch sonst viel grosser Stein hinunder rollē / welches so viel es der Spanier / auch was es sonsten antraff / als zerschmettert: So warffen vber das die Indianer so schrecklich mit Steinen zu / daß viel der Spanier auff dē Plag blieben. Des Aluaradi Pferd ging auch mit den andern vber vnd vber / vnd er selbst burgelt hernach / vnd starb deß andern tags. Wie er also lag vnd sich fast vbel gehab / fragten jhn seine Diener / wo jhm furnemlich wehe were: Darauff sagt er / allein an der Seyle / die truckt vnd engstiget mich hefftig

ENDE.